012

ZHI CHINA

知中

# 洋人

The Foreigners in China



中信出版集团 · 北京

图书在版编目（CIP）数据

知中·洋人 / 罗威尔主编. -- 北京：中信出版社，2018.2
ISBN 978-7-5086-8290-7

Ⅰ. ①知… Ⅱ. ①罗… Ⅲ. ①外国人—生平事迹—古代 Ⅳ. ① K812.5

中国版本图书馆 CIP 数据核字 (2017) 第 264507 号

知中·洋人

主　　编：罗威尔
出版发行：中信出版集团股份有限公司
（北京市朝阳区惠新东街甲 4 号富盛大厦 2 座　邮编　100029）
承 印 者：北京利丰雅高长城印刷有限公司

开　　本：787mm×1092mm　1/16　　印　　张：13
字　　数：300 千字　　插　　页：8
版　　次：2018 年 2 月第 1 版　　印　　次：2018 年 2 月第 1 次印刷
广告经营许可证：京朝工商广字第 8087 号
书　　号：ISBN 978-7-5086-8290-7
定　　价：59.80 元

ZHI CHINA



知中

ZHI CHINA

# 知中 12

## 洋 人

**出版人 & 总经理**
苏静
**Publisher & General Manager**
Johnny Su

**主编**
罗威尔
**Chief Editor**
Lowell

**艺术指导**
汉堡
**Art Director**
Ariyamadisco

**内容监制**
陆沉
**Content Producer**
Yuki

**特约撰稿人**
李暮雨 / 戏雕刀 / 孔德罡 / 崔寒杨 / 安晓良 / 朱七九 / 李冰洁 / 金阁寺 / 燃灯 / 奚炜轩 / 李亦凡 / 安妮 / 迟广赟
**Special Correspondent**
Li Muyu/ Xi Diaodao/ Kong Degang/ Cui Hanyang/ An Xiaoliang/ Zhu Qijiu/ Li Bingjie/ Jin Gesi/ Ran Deng/ Xi Weixuan/ Li Yifan/ Annie/ Chi Guangyun

**插画师**
DOUNAI/Ricky/ 陈雪珺 / 卢君意
**Illustrator**
DOUNAI/ Ricky/ Chen Xuejun/ Lu Junyi

**策划编辑**
王菲菲
**Acquisitions Editor**
Wang Feifei

**责任编辑**
宋江伟
**Responsible Editor**
Song Jiangwei

**营销编辑**
李晓彤
**PR Manager**
Li Xiaotong

**平面设计**
强尼
**Graphic Design**
Johnny Hu

**联系我们**
zhichina@foxmail.com

**商业合作洽谈**
（010）67043898

**发行支持**
中信出版集团股份有限公司，北京市朝阳区惠新东街甲 4 号，富盛大厦 2 座，100029

**受访人 / interviewees**

**包弼德**

包弼德（Peter K. Bol），美国著名的中国历史研究学者，1982 年获美国普林斯顿大学历史学博士学位，1985 年起历任哈佛大学副教授、教授、讲座教授，1997 年至 2002 年任东亚语言文明系主任，现任哈佛大学副教务长、地理分析中心主任等职。作为哈佛大学副教务长，他主持了哈佛大型网络公开课项目（HarvardX）以及哈佛学习与教学倡议（Harvard Initiative for Learning and Teaching），并与柯伟林教授（W. C. Kirby）一起开设了哈佛大学中国历史公开课（ChinaX）。

**肖雪强**

上海和平饭店老年爵士乐团经理兼次中音萨克斯手。上海和平饭店老年爵士乐团成立于 1980 年，乐团最初由周万荣组建并担任队长，以演绎三四十年代的爵士名曲为主，堪称 20 世纪玫瑰色的爵士时代浪潮中保留至今的一颗明珠。乐团多次应邀出访美国、日本、新加坡等多个国家，并广受赞誉。1996 年，老年爵士酒吧被美国《新闻周刊》评为世界最佳酒吧之一。

微博账号
@ 知中 ZHICHINA

微信账号
ZHICHINA2017

**协力机构 /Cooperative organizations**

**美国哈佛大学**
**Harvard University**

哈佛大学坐落于美国马萨诸塞州剑桥市，是享誉世界的私立研究型大学，常春藤盟校成员。知名校友包括 8 名美国总统、133 位诺贝尔奖得主、18 位菲尔茨奖得主和 13 位图灵奖得主，是当今世界顶尖的高等教育机构之一。

Harvard University, Cambridge, MA 02138, United States

**上海和平饭店**
**Peace Hotel**

1929 年，犹太商人维克多 · 沙逊（Victor Sassoon）构思并创建了华懋饭店（Cathay Hotel），此即后来的和平饭店。和平饭店是中国首家世界级著名饭店，也是上海近代第一幢现代派建筑，拥有极具特色的九国式套房及众多餐厅、宴会厅、多功能厅等。

上海市黄浦区南京东路 20 号

**美国大都会艺术博物馆**
**Metropolitan Museum of Art**

大都会艺术博物馆坐落于美国纽约市第五大道，藏品超过 300 万件，是美国最大的艺术博物馆，与英国伦敦的大英博物馆、法国巴黎的卢浮宫、俄罗斯圣彼得堡的艾尔米塔什博物馆并称世界四大博物馆。

1000 Fifth Avenue New York, NY 10028, United States

**美国弗利尔美术馆**
**Freer Gallery of Art**

弗利尔美术馆以珍藏东亚文物闻名，其中以来自中国与日本的相关藏品居多。美术馆建立者弗利尔醉心于中国文化，四处收集中国古代文物，馆中所藏中国古代绘画作品多达 1200 件，为美国博物馆之最。《洛神赋图》存世 9 卷，该馆就藏有保存完整的南宋白描本。

1050 Independence Ave SW, Washington, D.C. 20560, United States

**西安博物院**

西安博物院位于陕西省西安市，以小雁塔为中心，是一座集博物馆、名胜古迹、城市园林为一体的博物馆。2007 年起对外开放，结束了西安没有大型市级博物馆的历史。馆中陈列文物 660 余件组，以 13 代王朝古都西安为主线，集中反映西安都城发展的历史与社会生活状况。

陕西省西安市友谊西路 72 号

**日本正仓院**

日本正仓院即日本奈良东大寺内的正仓院，建于 8 世纪中期。现藏有服饰、家具、乐器、玩具、兵器等 9000 多件文物，珍宝一半以上来自中国、朝鲜等国。正仓院馆藏主要来源，一为唐代传入日本的中国文物，二为经由中国传入日本的西域文物，三为奈良时代日本模仿中国所制器物。

日本奈良县奈良市杂司町 129

ZHI CHINA

# Words of Editor

## 编辑的话

过去我们关注的更多的是中国自身的文化与文明。讲中国，不可能丢掉传统，所以解构传统承袭的部分，自然而然成为知中的选题逻辑之一。

但没有文明是孤立生长的，中国也从来不是一座孤岛。今日之中国，可以说是过去之中国在与各民族不断交流融合、彼此学习、相互激发中形成的。所以我们想，或许应该用一本特集来聚焦中国之外的世界、世界之中的中国，于是有了这本《洋人》特集。

洋人，顾名思义，是指那些远渡重洋而来的人。旅居中国的洋人们是那个相对封闭的时代里双方文明得以沟通的桥梁。东洋人与中国的交往开始得较早，遣唐使曾为日本带回彼时的“现代典范”；随着航海技术的发展，各国都开始探索海洋对面的未知世界，明初郑和的海上远航也推动了中国与南洋的和平交流；我们与西洋人的交往则更曲折，对他们来说，中国曾是丝绸之路上商人们趋之若鹜的超级大国，是马可·波罗笔下人人向往的繁华盛世，也是被坚船利炮打开国门的列强殖民地。清末民初，西方的文化与科技面对着闭关锁国的中国，相对先进的制度、观念、科学、技术等一股脑涌入，古老的帝国终于穿上“近世文明”的外衣。

各个国家有着不同底色，一个国家既不会、也无必要变成另一个国家，但文化的进步似乎往往需要全世界共同协作来实现和推动。

基于此，在制作这本特集的过程中，我总会想起日本学者内藤湖南的发问：国民，或者民族，存在于世界之中的目的仅仅是聚敛财富，还是创造能使全世界人类向上发展的文化呢？

# The Foreigners in China

China

中心南移

376年 东晋太元元年，前秦伐前凉，前凉亡。之后，前秦又伐鲜卑拓跋部所建之代国，代亡。至此，中国的北方一带完全由前秦统一

386年 东晋太元十一年，北魏建立，北朝开始

399年 东晋隆安三年，孙恩乱起。法显赴印度求佛经

414年 东晋义熙十年，法显从印度回到中国，著《佛国记》

420年 东晋元熙二年，刘宋永初元年，刘裕称帝，国号宋，史称『刘宋』，东晋亡，南朝开始

439年 刘宋元嘉十六年，北魏太延五年，北魏攻北凉，北凉亡。五胡十六国时代终，南北朝始

453年 刘宋元嘉三十年，北魏兴安二年，宋文帝卒。武陵王刘骏称帝，是为孝武帝

330年 罗马帝国迁都拜占庭，改名为君士坦丁堡

374年 日耳曼诸部开始大举入侵罗马帝国，欧洲民族大迁徙

376年 西哥特人渡过多瑙河，因不堪古罗马的压迫掀起大暴动

392年 基督教成为罗马帝国国教

395年 罗马帝国分裂

410年 西哥特人攻陷罗马，罗马军团撤出不列颠

入侵西罗马帝国

439年 汪达尔人在迦太基故地建国

443年 匈王阿提拉（上帝之鞭）兵进君士坦丁堡

451年 沙隆战役爆发，匈人入侵西罗马帝国

453年 阿提拉卒，匈人帝国瓦解

1085年 北宋元丰八年，宋神宗病逝，新法被废，王安石变法失败

十字军东征

1127年 北宋靖康二年，金天会五年，金军攻破东京，北宋徽、钦二帝被俘，北宋覆灭

1206年 南宋开禧二年，铁木真被尊为成吉思汗

1215年 南宋嘉定八年。成吉思汗攻西夏和金

1219年 南宋嘉定十二年，蒙古军团开始西征

1240年 南宋嘉熙四年，蒙古人占领现今俄罗斯大部分土地

1088年 意大利博洛尼亚大学成立，为欧洲第一所大学

1096年 第一次十字军东征开始。历史上的八次十字军东征前后持续了近二百年，客观上促进了东西方文化的交流

1099年 十字军占领耶路撒冷，建立耶路撒冷王国

1166年 英王亨利二世颁布《克拉林敦条例》，设司法陪审员制度

1192年 源赖朝开创镰仓幕府，为日本史上第一个幕府政权

1203年 十字军攻陷君士坦丁堡

1206年 印度德里苏丹国建立

1215年 英国国王约翰签署《大宪章》

1236年 卡斯蒂利亚人攻陷科尔多瓦

## 中国

1256年 南宋宝祐四年，旭烈兀率蒙古军团占领伊朗全境

1258年 南宋宝祐六年，旭烈兀率蒙古军团攻陷巴格达，阿巴斯王朝（东大食）灭亡，阿拉伯帝国终结。次年蒙哥去世

1271年 南宋咸淳七年，元至元八年，忽必烈登基，元朝建立

1275年 元至元十二年夏，马可·波罗来到中国，受到元世祖忽必烈的盛宴欢迎

1279年 南宋祥兴二年，元至元十六年，崖山海战，南宋覆灭

陆上丝绸之路的开辟

1368年 元至正二十八年，朱元璋在应天府登基，建立明王朝

1405年 明永乐三年始，至宣德八年，郑和奉明成祖之命率领庞大船队七下西洋，先后访问亚、非30余国和地区，最远抵达今东非肯尼亚的马林迪，并有完整的航海图，是世界航海史上的壮举。主要目的在于『耀兵异域，示中国富强』，借此促使东南亚国家向明

## 外国

1291年 十字军丧失了在东方的最后据点，十字军东征告终

马可·波罗会见忽必烈

1299年 奥斯曼帝国建立

1321年 但丁创作《神曲》，拉开文艺复兴的序幕

1415年 葡萄牙占领北非的穆斯林据点休达。1415年后，葡萄牙亨利王子的远征船队开始了对非洲西北部的探索，陆续发现加那利群岛、马德拉群岛、亚速尔群岛，以

## 中国

1740年 清乾隆五年，清政府招商采煤

1755年 清乾隆二十年，清政府禁止满汉民间往来

1757年 清乾隆二十二年，清政府禁止英国赴浙贸易之请

1762年 清乾隆二十七年，清政府设立伊犁将军

1773年 清乾隆三十八年，东印度公司在孟加拉国取得了鸦片贸易的独占权。鸦片源源不绝地输入中国，使中英贸易形成巨大逆差，尽管中国输出茶叶、丝绸和瓷器，仍未能阻止白银大量流出

1775年 清乾隆四十年，清政府禁止广西商民出口贸易

1784年 清乾隆四十九年，乾隆第六次南巡，美国商船『中国皇后』号抵达中国

1785年 清乾隆五十年，乾隆办『千叟宴』

1787年 清乾隆五十二年，文字狱达到高潮

## 外国

1740年 奥地利王位继承战争爆发

1750年 18世纪50年代，工业革命开始于英国

1757年 英国占领孟加拉国

1762年 卢梭发表《社会契约论》

1768年 理查·阿克莱特发明水力纺纱机

1769年 瓦特改良纽昆门的蒸汽机成功。理查·阿克莱特发明水力纺纱机。瓦特改良蒸汽机之后，由一系列技术革命引起了从手工劳动向动力机器生产转变的重大飞跃，随后自英国扩散到整个欧洲大陆，19世纪传播到北美地区

1775年 美国独立战争爆发；第二次大陆会议召开

1776年 美国发表《独立宣言》。亚当·斯密出版《国富论》。瓦特蒸汽机投入商业生产

1785年 英国发明蒸汽动力织布机

工业革命

1787年 费城的制宪会议制定美国宪法

称臣纳贡，向世界宣扬国威

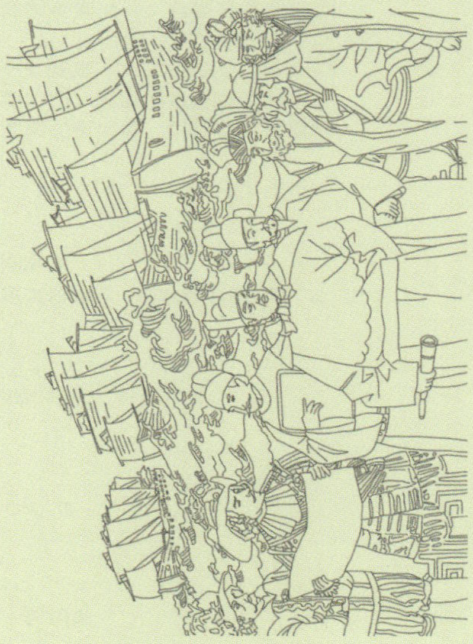

郑和下西洋

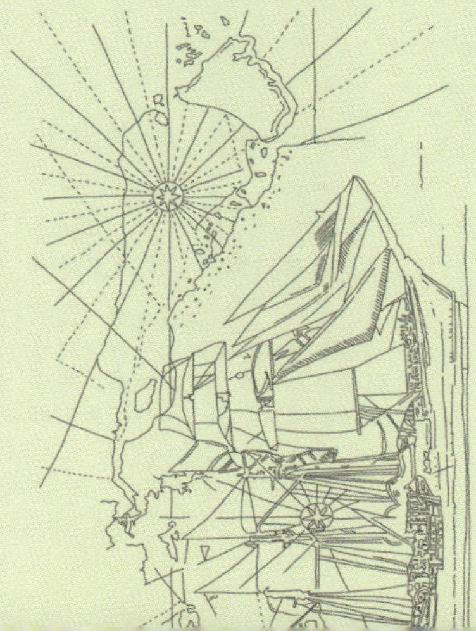

欧洲大航海时代

角群岛

1450年 欧洲的活版印刷技术出现。书本的大量印刷，使得知识得到广泛传播，不再是一部分僧侣的专利，人们知识水平的提高，使其探索未知世界的渴望越来越强烈，为大航海时代的到来提供了思想基础

1453年 君士坦丁堡被土耳其人攻陷，拜占庭帝国（东罗马帝国）灭亡，通往东方的陆上和海上商路分别被土耳其人和阿拉伯人控制。迫使西欧各国纷纷采取行动，企图另辟蹊径，寻找一条绕过地中海通达东方的新航路

1467年 日本应仁之乱爆发，日本进入战国时代。战乱之中的失败武士沦为浪人，开始不断骚扰洗劫我国东南沿海

1488年 迪亚士到达好望角（Good Hope）

1492年 西大食残余势力被消灭，西班牙收复格拉纳达。克里斯托弗·哥伦布发现新大陆。德国人马丁·倍海谟设计出第一台地球仪

1497年 达·伽马受葡萄牙国王派遣，率船从里斯本出发

1498年 达·伽马绕过好望角到达印度的

鸦片战争

1840年 清道光二十年，鸦片战争爆发

1850年 清道光三十年，洪秀全起义反清，次年建立太平天国

1853年 清咸丰三年，太平军占领南京

1860年 清咸丰十年，英法联军攻入北京，火烧圆明园，清政府于次年设立总理衙门

1864年 清同治三年，太平天国覆灭，清朝与沙俄签订《中俄勘分西北界约记》

1789年 法国大革命爆发，颁布《人权宣言》。华盛顿当选美国第一任总统

1793年 俄罗斯和普鲁士第二次瓜分波兰。伊莱·惠特尼发明轧棉机

1814年 史蒂芬逊发明蒸汽机车。反法盟军攻入巴黎，拿破仑被迫退位，路易十八成为法国国王，波旁王朝复辟。维也纳会议召开。巴拉圭独立

1821年 拿破仑死于圣赫勒拿岛。法拉第发明电动机。希腊独立战争爆发。巴拿马脱离西班牙统治，归并入哥伦比亚。秘鲁独立。西班牙中美洲殖民地危地马拉代都督加因萨宣布危地马拉独立，此后中美洲各个西班牙殖民地相继独立

1824年 英国开始侵略缅甸，欧文创办新和谐公社

1836年 清道光十六年，英国工人发动争取普选权的宪章运动

1848年 《共产党宣言》出版。西西里爆发革命。美国加利福尼亚州发现金矿，引发淘金热。法国二月革命爆发，国王路易腓力被迫退位，法兰西第二共和国成立

1853年 美国黑船到达日本

1860年 林肯当选为美国总统，美国南方各奴隶州相继脱离联邦，另组美利坚邦联，即联盟州

1864年 第一国际成立

1865年 美国内战结束，林肯遇刺身亡

日本关中屠杀，大政奉还，明治维新。明治维新的这次改革使日

97年 东汉永元九年，班超遣甘英出使大秦（古罗马）、条支（今伊拉克境内），至安息（今伊朗高原一带）西界而还

105年 东汉元兴元年，蔡伦发明『蔡侯纸』

130年 东汉永建五年，张衡提出浑天说

166年 东汉延熹九年，第一次党锢之祸。『大秦王安敦（马可·奥勒留）遣使自日南徼外献象牙、犀角、玳瑁，始乃一通焉。』这是见于史料的中国与罗马帝国的第一次往来

220年 曹丕称帝，东汉亡

265年 魏元帝禅让，司马炎称帝，魏亡，西晋始

304年 西晋永安元年，氐族豪帅李雄称成都王，匈奴酋长刘渊称汉王，十六国始

311年 西晋永嘉五年，匈奴攻陷洛阳，掳走晋怀帝，史称『永嘉之祸』

317年 西晋亡，东晋始，中国经济文化

70年 罗马帝国攻陷耶路撒冷，焚毁犹太圣殿，并驱逐犹太人

130年 托勒密提出『地心说』

海上丝绸之路的开辟

约285年 汉字传入日本

313年 君士坦丁一世和李锡尼联名发布《米兰敕令》，基督教在罗马帝国取得合法地位

751年 唐天宝十载，唐将高仙芝攻阿拉伯军队于怛罗斯城，大败而归，唐此后逐渐失去中亚霸权

754年 唐天宝十二载，鉴真和尚到达日本

755年 唐天宝十四载，安史之乱爆发

788年 唐贞元四年，回纥改称回鹘。此后从唐德宗贞元十一年至唐宪宗元和十六年（795—821）为回鹘汗国全盛时期

789年 唐贞元五年，吐蕃大举进攻北庭都护府，回鹘出兵救援。次年吐蕃大胜，北庭都护府和安西都护府失联，中华帝国丧失对塔里木和准噶尔的控制达千年之久

907年 唐天祐四年，朱全忠称帝，国号梁。唐亡，五代十国开始

960年 后周显德七年，赵匡胤称帝

1005年 北宋景德元年，辽统和二十二年，宋辽缔结『澶渊之盟』

1069年 北宋熙宁二年，宋神宗任用王安石变法，是为熙宁变法

750年 阿拉伯帝国阿巴斯王朝建立，中国史称东大食，又称黑衣大食

751年 法兰克王国宫相矮子丕平篡位，建立加洛林王朝

756年 教皇国建立。阿拉伯帝国阿巴斯王朝王子在西班牙建立后伍麦叶王朝，定都科尔多瓦，中国史称西大食，也称白衣大食。阿拉伯帝国分裂

843年 法兰克帝国一分为三，奠定了意大利、德意志、法兰西三国雏形

909年 法蒂玛王朝建立，占有西西里和北非，中国史称南大食，又称绿衣大食

962年 神圣罗马帝国诞生

1031年 西大食灭亡，西班牙分裂为二十多个小王国

1054年 东西方教会大分裂，罗马公教和东正教诞生

约前 369 年 庄子诞生

前 356 年 商鞅变法

前 221 年 秦王嬴政灭六国，称始皇帝

前 202 年 垓下之战，项羽兵败自杀，刘邦称帝，汉朝建立

前 141 年 汉武帝登基

前 140 年 西汉建元元年，中国开始使用年号纪年

前 139 年 西汉建元二年，张骞出使西域

前 115 年 西汉元鼎二年，置酒泉、武威郡；张骞自乌孙回国，西域与汉建交，丝绸之路形成

前 33 年 西汉竟宁元年，昭君出塞

25 年 刘秀称帝，东汉开始

67 年 东汉永平十年，佛教正式传入中国

前 356 年 罗马平民可任独裁官

前 273 年 印度进入阿育王时代，以佛教作为国教

前 241 年 第一次布匿战争中，迦太基败于罗马，西西里成为罗马行省，为罗马在海外建立行省之始

前 202 年 第二次布匿战争中，汉尼拔战败

前 146 年 罗马征服希腊，设阿卡亚行省

前 4 年 耶稣诞生

30 年 耶稣被罗马犹太行省执政官本丢·彼拉多判处在十字架上钉死

57 年 日本遣使到中国，受封『汉倭奴国王』

李渊称帝于长安，唐王朝建立

629 年 唐太宗贞观三年，玄奘法师赴印度取经

630 年 唐贞观四年，唐破东突厥，唐太宗被尊为『天可汗』

635 年 唐贞观九年，唐军攻陷吐谷浑国都。景教传入中国

玄奘返回长安

645 年 唐贞观十九年，玄奘法师回到长安

660 年 唐显庆五年，唐高宗病重，武则天执政。新罗联唐灭百济

668 年 唐乾封三年，唐灭高句丽，尽有其地，于平壤设安东都护府

670 年 唐咸亨元年，吐蕃大举攻唐，罢安西四镇

690 年 唐载初元年，武则天称帝，国号周，改元天授

694 年 武周长寿三年，摩尼教由波斯人拂多诞传入中国，时称明教

630 年 日本开始派出遣唐使

635 年 阿拉伯攻陷拜占庭帝国重镇大马士革

638 年 阿拉伯人占领耶路撒冷

641 年 拜占庭帝国皇帝希拉克略卒，君士坦斯二世开始执政

645 年 日本孝德天皇推行大化革新

日本遣唐使访华

1517年 葡萄牙商人远至中国广州，欧洲商人直接与中国贸易从此开始

1561年 明嘉靖四十年，倭寇大举进犯台州，戚继光率领所部九战九胜，取得台州大捷。1565年，长期为害东南沿海的倭寇之患，终被荡平

1582年 明万历十年，意大利传教士利玛窦来到中国。张居正去世

1588年 明万历十六年，戚继光去世

1592年 明万历二十年，万历朝鲜之役爆发，丰臣秀吉跨海入侵朝鲜半岛，明派兵援朝

1517年 奥斯曼帝国攻陷开罗，征服埃及。马丁·路德公布《九十五条论纲》，在德意志揭开欧洲宗教改革序幕

1519年 西班牙人灭阿兹特克

1522年 麦哲伦船队完成环球航行，证实了地圆学说

1529年 葡、西两国签订《托迪西拉斯条约》，完成了对亚洲地区的势力划分

1533年 西班牙人灭印加帝国，中国成为世界上仅存的古文明

1557年 日本被逐出中国朝贡体系

1571年 勒班陀战役爆发，奥斯曼帝国的海军在该战役中被西班牙和威尼斯的联合舰队打败，失去了对地中海的控制权。从此，奥斯曼帝国开始走下坡路

1582年 教皇格列高利颁布现代历法

1588年 无敌舰队覆灭，西班牙失去海上霸权

1592年 莎士比亚创作《理查三世》

1600年 英国进入印度，东印度公司成立；布鲁诺被教廷处以火刑

1602年 荷兰东印度公司成立，英、荷两国矛盾加剧

1623年 英国国王詹姆士一世允许设立专利权以保护发明者的权利

1876年 清光绪二年，郭嵩焘为首任驻英公使；左宗棠率湘军进入新疆

1890年 清光绪十六年，张之洞创办湖北枪炮厂

1894年 清光绪二十年，甲午战争爆发，台湾被日本占领

1896年 清光绪二十二年，严复译成《天演论》

1899年 清光绪二十五年，发现甲骨文

1900年 清光绪二十六年，清朝对列强宣战，八国联军攻入北京

1901年 《辛丑条约》签订

1903年 清光绪二十九年，英国入侵西藏

1905年 光绪三十一年，废除科举制度和凌迟

1911年 清宣统三年，辛亥革命爆发，中国传统皇权专制体制终结；清华大学的前身清华学堂建立

1912年 中华民国成立，颁布《中华民国临时约法》

路的国家，逐渐跻身于世界强国之列，是日本近代化的开端，是日本近代历史上的重要转折点。

1867年 加拿大成立自治领，为英国自治领之始。美国自俄国以720万美元购得阿拉斯加。奥地利和匈牙利协议组成双元帝国，即奥匈帝国。马克思出版《资本论》第一卷。第二次英国议会改革，放宽选举人财产限制，有投票权者从100万增为200万人

1869年 苏伊士运河开通。门捷列夫编制出元素周期表。米舍尔首次分离出DNA

1876年 奥托造出内燃机；贝尔发明电话

1882年 美国《排华法案》出台，英国占领埃及

1890年 凡·高自杀

1896年 希腊雅典举办第一届现代奥运会；马可尼发明无线电

1899年 美国发表对华实行门户开放政策

1900年 弗洛伊德出版《梦的解析》。普朗克提出量子假说

1901年 首次颁发诺贝尔奖。英国维多利亚女王逝世

1903年 飞机诞生

1905年 爱因斯坦提出相对论

1912年 『泰坦尼克』号沉没

1914年 巴拿马运河完工。萨拉热窝事件引发第一次世界大战爆发

| 中国 | 年份 | 年份 | 世界 |
|---|---|---|---|
| 明天启四年，荷兰殖民者侵占台湾岛 | 1624 年 | 1624 年 | 英国人在北美建立第一个殖民地弗吉尼亚 |
| | | 1636 年 | 哈佛大学创建，俄国征服西伯利亚 |
| | | 1639 年 | 日本宽永十六年，日本第五次颁布锁国令 |
| | | 1640 年 | 里斯本发生起义，葡萄牙恢复独立。查理一世重开议会，世界近代史开始 |
| 明崇祯十七年，清顺治元年，李自成攻入北京，明朝灭亡 | 1644 年 | 1644 年 | 克伦威尔共和军战胜国王军 |
| 清康熙元年，郑成功赶走盘踞台湾的荷兰人，收复台湾 | 1662 年 | | |
| | | 1688 年 | 奥格斯堡同盟战争爆发。威廉·丹彼尔发现澳大利亚。英国光荣革命爆发，建立君主立宪制政体 |
| 清康熙二十八年，清朝与俄国签订《尼布楚条约》 | 1689 年 | 1689 年 | 彼得一世主政，开始西化改革。英国国会通过《权利法案》 |
| | | 1707 年 | 英格兰与苏格兰正式合并为大不列颠联合王国 |
| | | 1713 年 | 英西战争结束，英国取得海上霸权，大航海时代进入尾声 |

七七事变

| 中国 | 年份 | 年份 | 世界 |
|---|---|---|---|
| | | 1917 年 | 芬兰宣布脱离俄国独立。俄爆发十月革命，临时政府被推翻，布尔什维克掌权，向德奥求和，退出第一次世界大战 |
| | | 1918 年 | 奥匈帝国瓦解，德意志奥地利共和国成立；德国爆发十一月革命，威廉二世宣布退位，德意志帝国灭亡，日本文人政府成立 |
| 五四运动爆发 | 1919 年 | 1919 年 | 协约国战胜，在巴黎签订《凡尔赛条约》，第一次世界大战正式结束；各国共产党在莫斯科成立共产国际 |
| | | 1920 年 | 国际联盟正式成立，甘地领导第一次非暴力不合作运动 |
| 中国共产党在上海成立 | 1921 年 | 1921 年 | 苏俄实行新经济政策 |
| | | 1922 年 | 墨索里尼掌权，意大利法西斯党执政伊始 |
| 『七七事变』爆发 | 1931 年 | 1931 年 | 日本关中大饥荒 |
| | | 1939 年 | 苏联和德国瓜分波兰，第二次世界大战爆发。导弹和喷气式飞机诞生 |
| 皖南事变 | 1941 年 | 1941 年 | 日本偷袭珍珠港；德国入侵苏联 |
| | | 1945 年 | 第二次世界大战结束，联合国成立 |
| | | 1948 年 | 甘地遇刺；联合国颁布《世界人权宣言》 |
| 北平更名为北京；中华人民共和国成立，颁布《共同纲领》 | 1949 年 | 1949 年 | 朝鲜废除汉字。乔治·奥威尔发表小说《1984》，汉娜·阿伦特创作《极权主义的起源》 |

# 世界史视角下的中外大事件

## Big Events in World History

编：李暮雨　绘：Ricky
edit : Li Muyu　illustrate: Ricky

新航路的开辟、欧洲工业革命、大航海时代以及中国的民族危机，这些事件从世界史的角度看来，都有着内在的联系，我们不能仅仅单独地来看中国文化与西方文化有过哪些方面的交流。一种文化所出现的动荡，一种新风气的产生，它们的背后，其实都可以说是整个人类世界史大链条的运作结果。因此梳理人类历史上的中外大事件发生的时间轴，站在世界史的角度来看发生在中国的和世界其他国家的事件，能够让我们从更为多元的视角来了解世界，了解我们自己。

**中国**

- 武王伐纣　前 1046 年
- 国人暴动，周召共和　前 841 年
- 平王东迁，春秋开始　前 770 年

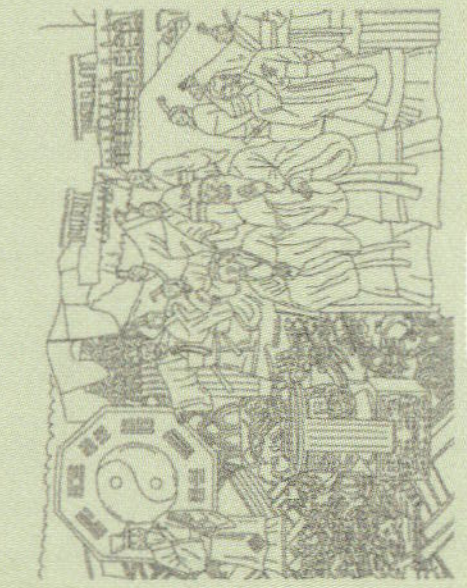

百家争鸣

- 孔子诞生　前 551 年
- 战国开始　前 475 年
- 墨子诞生。杨朱与墨子同时，生年不详　前 468 年
- 孟子诞生　前 372 年

**外国**

- 前 969 年　腓尼基推罗国王希拉姆一世即位
- 前 753 年　罗马建城
- 前 586 年　新巴比伦王国国王尼布甲尼撒二世攻陷耶路撒冷，灭犹太王国，犹太教在巴比伦之囚中形成
- 前 580 年前后　毕达哥拉斯诞生
- 前 569 年前后　释迦牟尼诞生
- 前 538 年　犹太先知撰成『摩西五经』
- 前 509 年　罗马共和国诞生
- 前 469 年　苏格拉底诞生
- 前 427 年　柏拉图诞生
- 前 384 年　亚里士多德诞生

**中国**

- 刘宋元徽四年，北魏承明元年，北魏献文帝卒，冯太后以太皇太后名义临朝称制，开始政治改革　476 年
- 南朝齐永明十一年，北魏太和十七年，齐武帝萧赜卒　493 年
- 南朝梁普通八年，北魏孝昌三年，梁武帝第一次舍身同泰寺，菩提达摩见梁武帝　527 年
- 隋开皇元年，杨坚称帝，定都长安，隋始　581 年
- 隋开皇九年，陈亡，隋统一中国，南北朝终　589 年
- 隋大业六年，隋炀帝再赴江都，开江南河，自京口至余杭八百里　610 年
- 隋大业十四年，隋炀帝在江都被　618 年

**外国**

- 476 年　日耳曼雇佣军废西罗马帝国末帝，西罗马帝国亡
- 493 年　东哥特人攻陷罗马城，建立东哥特王国
- 496 年　法兰克国王克洛维皈依基督教
- 527 年　东罗马帝国皇帝查士丁尼即位
- 592 年　日本推古天皇继位
- 597 年　基督教传入英国
- 610 年　伊斯兰教先知穆罕默德得到天启。亚美尼亚人希拉克略成为拜占庭帝国皇帝

Yang
Ren

《知中·洋人》特集·言论

**ZHICHINA**
***The Foreigners in China***
**Expressions**

编：李亦凡 绘：DOUNAI
edit: Lee Yifan illustrate: DOUNAI

## 唐太宗

**唐代第二位皇帝**

中国百姓，实天下之根本，四夷之人，乃同枝叶，扰其根本以厚枝叶，而求久安，未之有也。

——《贞观政要》

## 明成祖

**明代第三位皇帝**

太宗言胡、越一家，有矜大自得之意，朕所不取。唯天下之人，皆遂其生，边境无患，兵甲不用，斯朕志也。

——《明史纪事本末·亲征漠北》

## 徐光启

**明代科学家、政治家**

（西洋）制器之巧，实为甲于古今。寸有所长，自宜节取。且书中所载，皆裨益民生之具，其法至便，而其用至溥，录而存之，固未尝不可备一家之学也。

——《四库全书总目提要》

## 纪昀

**清代政治家、文学家**

明天启中，西洋人艾儒略作《西学》，凡一卷。言其国建学育才之法，凡分六科：勒铎理加者，文科也；斐录所费哑者，理科也；默弟济纳者，医科也；勒斯义者，法科也；加诺搦斯者，教科也；陡禄日亚者，道科也。其教授各有次第，大抵从文入理，而理为之纲。文科如中国之小学，理科如中国之大学，医科、法科、教科皆其事业，道科则彼法中所谓尽性至命之极也。其致力亦以格物穷理为要，以明体达用为功，与儒学次序略似；特所格之物皆器数之末，所穷之理又支离怪诞而不可诘，是所以为异学耳。

——《阅微草堂笔记》

## 钱大昕

**清代史学家**

前遇足下于晓岚所，足下盛称婺源江氏推步之学，不在宣城下，仆惟足下之言是信，恨不即得其书读之。顷下榻味经先生邸，始得尽观所谓《翼梅》者，其论岁实，论定气，大率祖欧逻巴之说而引而申之，其意颇不满于宣城，而吾益以知宣城之识之高。何也？宣城能用西学，江氏则为西人所用而已。

——《潜研堂文集》

## 马可・波罗

**意大利旅行家、商人**

（南京）有丝甚饶，以织极美金锦及种种绸绢。是为一富足之州，由是一切谷粮皆贱。境内有野味甚多，且有虎。有富裕之大商贾包办其所买卖商货之税额，君主获有收入甚巨。

——《马可・波罗行纪》

## 利玛窦

**意大利天主教耶稣会传教士**

中国所熟习的唯一较高深的哲理科学就是道德哲学，但在这方面他们由于引入了错误，似乎非但没有把事情弄明白，反倒弄糊涂了。他们没有逻辑规则的概念，因而处理伦理学的某些教诫是毫不考虑这一课题各个分支相互的内在联系。在他们那里，伦理学这门科学只是他们在理性之光的指引下所达到的一系列混乱的格言和推论。

——《利玛窦中国札记》

## 丹尼尔・笛福

**英国作家**

所有人都知道中国人是一个古老、智慧、彬彬有礼并且最心灵手巧的民族，所以中俄贸易不仅使俄罗斯人富有，也帮助俄罗斯人敦化风俗。中国人拥有多种西方世界从未听闻的知识，书中主角自称在中国每天都能发现新的和没听说过的知识领域。中国人早在西方有人定居之前很久就开始使用火药、印刷术、磁石和指南针，技术也比欧洲人完美得多。中国人在航海术方面有最令人仰慕的论文，他们的皇帝察觉到普遍性洪水将到来，预备了 10 万艘帆船提供给他所统治的每座城市和城镇，每艘船的容量与一个城镇的居民相匹配。船只容纳了所有人，并载着他们认为应该挽救的可移动的东西和供应 120 天的食物，去迎接洪水；其余财物则被装入巨大的陶器中并用封泥封住而幸免于水患。中国的数学也很神奇，超出现代数学成就达到不可思议的程度。听说在中国的某些地方，中国人的知识水平已经达到能够懂得其他人的思想的完美地步，能够有效对抗各种诡计、欺骗、刻薄，从而极好地维持社会秩序。

——《团结：或月球世界活动记录》

01

# An Interview with Sinologist Peter K. Bol: There are Always Possibilities in China

# 采访汉学家包弼德：中国从来都不是孤岛

文：李思嘉　编：陆沉
text: Scarlett Li　edit: Yuki

## Profile

## 包弼德

包弼德（Peter K. Bol）是美国研究中国历史的著名学者，1982 年获美国普林斯顿大学历史学博士学位，1985 年起任哈佛大学副教授、教授、讲座教授，1997 年至 2002 年任东亚语言文明系主任，现任哈佛大学副教务长、地理分析中心主任等职。作为哈佛大学副教务长，他主持了哈佛大型网络公开课项目（HarvardX），提出哈佛学习与教学倡议（Harvard Initiative for Learning and Teaching），并与柯伟林教授（W. C. Kirby）一起开设了哈佛大学中国历史公开课（ChinaX）。

2005 年，包弼德教授出任哈佛大学地理分析中心（Harvard Center for Geographic Analysis）主任，同时担任着哈佛大学中国历史地理信息系统（The China Historical Geographic Information System，CHGIS）项目主任和中国历代人物传记资料库（The China Biographical Database）项目主任等职。其著作包括《历史上的理学》《斯文——唐宋思想的转型》等。

包弼德出生于一个美国左翼家庭。在 20 世纪 60 年代，尽管美国并不承认中华人民共和国，但包弼德已经开始学习汉语以及中国文化。高中毕业后，他赴荷兰莱顿大学读书，开始学习中国历史，并对宋史产生了浓厚的兴趣。包弼德对思想史和地方史非常关注。他的代表作《历史上的理学》为他摘得了哈佛大学 2009 年度卡波特奖（Walter Channing Cabot Fellow）的殊荣。他主管的中国历史地理信息系统项目是哈佛大学与复旦大学的合作项目，另外他也代表哈佛大学与台湾“中央研究院”、北京大学合作，主持了中国历代人物传记资料库的建立。

**知中：思想史是您历史研究的重点，中国的读者现在也有机会拜读到您关于理学的著作。可否谈一谈您研究中国历史的途径、方法论以及您关注的核心呢？**

包弼德：在中国，政治史以及制度史占据着主导地位。20 世纪初，经济史和法制史兴起。近些年，社会史也开始逐渐进入人们的视野。然而我最关心的还是思想史（intellectual history）和文化史（cultural history）。中国的思想文化历史可以说相当久远。早在 17 世纪的时候，就有黄宗羲等人研究过思想史。这些著作直到今天，我们仍可以作为参考。然而，我无意给中国文化下定义。有些人会对“中国人的性格”“中国文化是什么”“何为中国”这类研究很感兴趣，但我对此并不“感冒”。一些中国学者对这些感兴趣，是因为他们在寻找一种能够定义中国文化价值的途径。他们可能会说“我们中国人总是这样……”，把中国视为一种不变的符号来阐述。然而对我而言，我更感兴趣的却是“拆解”，而非“归并”。“拆解”的意思是说，我感兴趣的是今天中国正在发生的种种讨论，人和人之间的不同观点；我感兴趣的是人们的选择以及选择指向的结果。简单来说，我认为，这样的“拆解”，应该在“归并”之前，在“归并”之上 。

**知中：人们经常会寻求一个简单的解释。对一个学者而言，选择不下定义或许也是一件难事。**

包弼德：不，其实这并不难。幸运的是，中国早已经有这么多人记录下了这么多原始资料，并以此来表达他们各自的观点。而这也给我们提供了渠道去接触浩如烟海的文献（尤其是唐宋时期的），从而去了解当时的文人以及他们的思想和观点。不同时期、不同的地域范围，都是不一样的。有大唐盛世时的中国、有太平天国时的中国、有我刚刚开始学习中国历史的时候——20 世纪 60 年代时的中国、有“大跃进”时的中国、有改革开放时的中国……中国并不是永恒不变的，而是处于不断变化之中。

**知中：中国作为历史最悠久的文明古国之一，文化绵延至今。无论是思想文化，还是发明创造，都深远地影响了近至日韩、远至中亚的地区。欧洲新航路的开辟，也开启了西学东渐的过程。工业革命之后，中国逐渐落后于世界。我们如何站在一个更广阔的角度来看待中国历史呢？又如何看待西方历史事件与中国历史的联系呢？**

包弼德：大航海时代、明代的传教士、马可 · 波罗，这些大家都知道了。一个更值得思考的问题是，中国的思想文化和商品货物是往哪个方向流动的？或者不应该用“中国”这个词，而应该说唐，或者北魏。有趣的是，唐代的时候，还有日本人在中国为官。当时朝廷并不太关心你是什么民族的人，他们更关心你能为他们做什么。北宋时，朝廷还专门为朝鲜人设立了特殊的科举考试。他们来中国学习，然后把学到的知识带回朝鲜。但是朝鲜曾向中国传来什么吗？如果再往前看，在 3——4 世纪的时候，佛教的理念及实践从印度、中亚地区传到了中国，中国引进了，接受了。然而中国的佛教有传回印度吗？我们更倾向于说，基本没有。可以说，大唐教给了朝鲜和日本很多，但反过来却并没有从这些国家学到很多。同样，北魏、大唐时期，中国从中亚地区拿了不少，但并没有返还很多。往近代看，19——20 世纪的时候，中国从欧洲、美国、日本那儿学习了很多，但什么时候可以反过来影响它们呢？

**知中：丝绸之路是中外交流的经典代表，也是文化传播的重要途径，其中包括汉代兴盛的陆上丝绸之路，以及宋代的海上丝绸之路。可否谈谈陆上和海上丝绸之路对中外文化交流的意义和影响？**

包弼德：首先，丝绸之路不只是一条路，而是很多条路。有很多不同的路线连接着中国西部和中亚地区。陆上及海上的交流无疑给中国带来了深远的影响，比如佛教便由此传入。佛教给中国带来的影响，只消看看中国现在数不胜数的寺庙就知道了。除此之外，从西方远道而来的外交使者、传教人士和商人也影响巨大。简而言之，中国从来都不是孤岛——中国有时候强大，有时候虚弱，有时候是商人趋之若鹜的巨大市场，有时候是世界瞩目的出口大国。中国有各种各样的可能性。

**知中：思想史是您的主要研究领域。如何站在世界的角度看待理学这种更倾向于内在的中国哲学呢？理学给世界带来了什么？**

包弼德：说到宋明理学、道学，非常有意思的是，这些哲学并不是基于先前的古籍经书的。比如，这类哲学并不是建立在《五经》之上，尽管它们并不否定《五经》或者其他经书。这些哲学是基于这样一些设想，设想我们人类作为一个生命体，和这个真实的世界的关系。尽管人和人是不同的，每个人的“气”都不一样——每个人的反应速度快慢、胖瘦美丑、聪明程度，都各有不同，但是每一个人都有着人类共同的本性。有些人要费很大的工夫才能理解这种本性，而另一些人却一点就通。每一个人都有着这样的本性，这其中包括所谓异族和野蛮人。所以说，这是一门普世的哲学。宋明理学，其实是一种普世主义。它并不仅仅适用于中国人身上，它是一门全人类的哲学。我至今仍记得杜维明教授在哈佛大学给神学院的学生讲课的时候，看着学生们，对他们说的话：“你们全都是理学家（Neo-Confucian），只是你们还不知道。”为什么他要这么说呢？因为人都是有其“性”的，既然我们都有这个天性，从某种程度上说，我们都是理学家，只不过还没有发觉罢了。当然，你不一定非得同意这个观点。

**知中：“轴心时代”是德国哲学家卡尔·雅斯贝尔斯（Karl Jaspers）在《历史的起源与目标》中提出的一个哲学发展理论，他指出，世界上革命性的哲学思潮大约都出现在公元前 8 世纪到公元前 2 世纪之间，“人道的精神基础，在同一时间段，各自独立地在中国、印度、波斯、朱迪亚、希腊地区建立起来。直到今天，人道精神仍然依赖于这些积淀。”他的这个理论在历史学界有何影响呢？您怎么看待“轴心时代”？人类历史是否存在某种隐秘的发展模式？**

包弼德：雅斯贝尔斯提出的这个“轴心时代”，其实说的是世界上的早期文明——两河流域的美索不达米亚、恒河流域的古印度、黄河流域的中国、尼罗河流域的古埃及——起源都有某些相似的形式，而这些文明相互之间并没有直接联系。这个理论对历史学界的影响有限。其实，与其说这是个理论，不如把它称为观察。我也并不认为这个假说揭示了人类历史发展的某种模式。这些伟大的文明并非同时出现的。比如古埃及的金字塔文明，大概于公元前 2500 年就出现了，而中国那时还是商朝，还处于发祥阶段，哲学尚未出现。想想看，世界这几大文明只在很有限的地区出现了，它们的发展可能存在着相似的模式，它们也的确都起源于大河流域。尽管如此，它们发展的方向仍然很不一样。

**知中：近些年，大家经常谈到“文化输出”“文化影响力”这些词，不少人认为，中国今天的“文化影响力”大不如前，比不上曾经的所谓“万国来朝”。可是中国身边的“小国”，如日本和韩国，都以漫画或者流行乐（K-pop）等在世界文化版图上占据了一席之地，您怎么看待这个问题？**

包弼德：中国在唐代时确实是一个强大的国家。别的国家仰望大唐，看到的是一个现代的典范。所以他们派人来学习，然后使自己国力增强。不过“文化输出”，真的是一种竞争吗？如果你说是一种竞争，那么你想的不过就是财富和权力罢了。在《孟子》里，孟子去梁国见魏王。魏王对他说：“叟！不远千里而来，亦将有以利吾国乎？”你大老远地跑来，一定是有什么利于我国的吧？孟子对曰：“王！何必曰利？亦有仁义而已矣。”为什么谈论利益呢？只要说仁和义就行了。孟子说的是，别再谈论什么好处和利益，应该谈谈什么是道义。如果你在做道义之事，那你就不是在与别人竞争；如果你的目标就是要打败别人，那么也就无关道义。

文明代表了什么呢？一个文明之伟大，在于它能给人类发展提供一种模式。汉字里的“王”通常来说就是指国王、皇帝，不过我曾经问过我的老师这个字的含义，他说：“王者，天下所归往也。”真正的王者，是天下人都要到他那里去的。所以我想，一个更值得问的问题是，世界在向谁看齐呢？一个国家如何创造典范、塑造人民价值呢？

**知中：而儒学、理学就创造了某种典范，给人民提供了某种更高的价值。**

包弼德：公元 2 年，中国有 6000 万人口；唐代，中国有 5000 万人口；北宋时期，到 11 世纪末，中国有上亿的人口——这可是当时世界最大的市场。不管什么时候，一个巨大的市场，某种程度上就代表了巨大的影响力，因为大家都想卖东西给你。当然，同时，你也可以卖东西给大家。如果在当时当刻，你定义了何为现代，那么大家就会看向你，来理解何为现代，何为先进。尽管孔子对权力和财富并不很感兴趣，但这并不代表大众对此毫不关注。人们想要看到坐拥财富和权力的中国。我曾经有一个喜欢吹捧希特勒的学生。我对他说，希特勒是一个非常自负的人。他说：“是啊，但我不在乎。”我又说，希特勒摧毁了他自己的国家。他说：“对啊，这就是为什么我们要学习希特勒——成就他所成就的，但不把国家搞垮。”

这就是追求财富与权势的直接思维结果，但这仍然是个非常普遍的现象。中国曾经从印度汲取养分，19—20世纪的时候，也曾经大规模地学习西方。然而，一个让很多人感到心里很不舒服的事实是：一个美国学生到中国去学习中文，学习中国文化，不是因为他们觉得中国是一个更先进的国家；反之，一个中国学生来到美国学习，却是因为他们觉得美国是一个更先进的国家。虽然大家不愿意这么说，但这确实是事实。

**知中：20世纪初期，中国内忧外患。中国精英群体出现了“疑古”“西化”思潮，辛亥革命、五四运动等社会运动风起云涌。当时的中国为何会出现这样的思潮？您如何看待当时社会的这种思潮呢？**

包弼德：你提的问题里面很重要的一点就是“精英”。中国精英的特点是什么呢？首先，他们受过良好的教育；其次，他们认为自己是国家的精英；最后，他们认为，或者说相信自己对中国政府担负着一份责任。20世纪初，在清朝已然走向衰落的情况下，革命运动家开始学习西方民族主义，比如孙中山。在当时的情况下，他们首先想到的是民族性。当然，中国精英一直在思考，我们该怎么做？中国的未来在哪里？

让我们来做一个对比，每一个文明，都有它的繁盛期和衰落期。今天我们不会说埃及是个大国，尽管它历史悠久，幅员辽阔，人口众多；美索不达米亚地区也是一样；同样，你也不会说150年前的中国是个大国。纵观整个中国历史，当政治及社会秩序走向衰落，人们开始思考该怎么办的时候，有这么两种可能性：一是向古代看，思考古人会怎么做，他们如何获取成功；二是向外面看，寻求那些声称他们有更好的处事方法的人——佛教就是其中之一。

20世纪初，西方可以作为某种理想模式的原因，并不是因为西方模式是完美的，而是因为人们可以设想西方有某种理想的模式。当时的社会，人们不再愿意学习古人了，他们选择了向外看。有意思的是，19世纪时，中国人在写西方文化的时候，一个讲美国历史的人就说乔治·华盛顿是尧、舜、汤、武。所以说，可以有很多方式去理解中国之外的世界。在20世纪初，西方是一个可以为中国提供宝贵方案的地方。

**知中：您认为这些过去的历史，给今天中国的发展带来了怎样的启示呢？**

包弼德：历史无法重来，发生的事情已经发生过了。中国曾汲取国外的政治、社会及经济经验，有一些很有效，而另一些则局限了中国的发展 。谁知道以后会发生什么呢？而我们知道的是，人无法回到过去，太多事情已经改变了。如果你生活在6世纪，那么你就无法回到汉代；如果你生活在11世纪，你也无法回到上古时期。你可以思考过去，理解过去，学习过去，但是你无法回到过去，无法作为一个当时的人来生活。意识已经在你的头脑中扎根了。

**知中：作为一个外国人，您研究中国历史的立场和角度是什么呢？与中国学者有何不同呢？**

包弼德：我不住在中国，我住在美国。我之所以学习、研究中国，并不是为了给中国做贡献，而是为了美国好。我研究中国，并不是因为我单纯热爱中国，我个人是否喜欢中国，无足轻重，我研究中国，是因为中国是世界历史中重要的一部分，是因为我自己的国家不够了解中国的重要性。我研究中国的动机很简单。中国学者们研究中国也有他们的动机，当然，不同的是，在中国，如果你研究中国历史，一般都是术业有专攻。而在美国呢，研究中国历史虽然还是要有专长的领域，但你同时还必须能够教授关于整个中国历史的课程。学习是学某种事物，也许是一门技术，但同时我们学习的也是一种学习的过程，一种锻炼自己的过程，一种获得知识的过程，一种做出判断的过程。

学习有两个层次，一个是学习技术，即我需要学会做这件事。而另一个是，我需要一个经历人生的过程，这就是“道”。技术、知识是可见之物，我们需要它们，我们学习它们，我们在学校考试里测验它们，而且，我们同时想要走在“道”上，走在一条能够带我们走向某个地方的道路上。道路通向何方？我不知道，而这也是需要我们各自寻找的答案。

* 本文由英文采访整理翻译而成

**The**
**Foreign**
**in Chin**

ZhiCh

# Han Dynasty

02

# Han Dynasty: The Silk Road

# 汉代：丝绸之路

文：戏雕刀　编：陆沉
text: Xi Diaodao　edit: Yuki

大大小小的商队，运载着东西方的物产，来往于广袤的大漠上，这条连接欧亚非的商路，就是丝绸之路。丝绸之路的走向定于两汉，包括南道、中道、北道三条线路。丝绸，在当时奇货可居，也成就了一个帝国的荣耀。以至于千年后，19 世纪末，德国地理学家费迪南·冯·李希霍芬（Ferdinand von Richthofen）在他的《中国：亲身旅行的成果和以之为根据的研究》一书中写下了“Seidenstrassen”一词，英文将其译作“Silk Road”，而中文就是“丝绸之路”。

**《文姬归汉图》◎金代◎张瑀◎吉林省博物馆藏**

此卷画的是东汉末年文学家蔡邕之女文姬归汉的故事。人骑疏密错落，互相呼应，真切描绘出长途跋涉的气氛和朔风凛冽的塞外环境，并以众人护面避风之态与文姬挺立的身躯与坚定的面容相对比，衬托出她急切的心理状态和坚强的性格。笔墨遒劲简练，富于变化，有吴道子遗风。设色浅淡丰富，典雅和谐，被学界认为是“稀世珍宝”。题款“祗应司张瑀画”。瑀，字迹不清，郭沫若审定为“瑀”，祗应司为金章宗泰和元年（1201）设置，则知张瑀后于张硅。据《后汉书·董祀妻传》载，蔡文姬为陈留郡国人，是东汉著名文学家蔡邕的女儿。“名琰，字文姬。博学有才辩，又妙于音律。”初嫁河东人卫仲道，夫亡后归居家中。时值天下动乱，四处交兵。董卓在长安被诛后，其父蔡邕因曾受董卓所迫，任左中郎将而获罪，为司徒王允所囚，并被处死狱中。蔡文姬则于兵荒马乱中为董卓旧部羌胡兵所掳，流落至南匈奴左贤王部，在胡中12年，生有二子。建安中，随着曹操军事力量不断强大，吕布、袁绍等割据势力被逐步削平，中国北方遂趋于统一。在这一历史条件下，曹操出于对故人蔡邕的怜惜与怀念，“痛其无嗣”，乃遣使者以金璧将蔡文姬从匈奴处赎回，重嫁给陈留人董祀，并让她整理蔡邕遗文 400 余篇，为中国文化的传播做出了贡献。

## 海、陆丝绸之路的开通

陆上丝绸之路的开辟，始于一次阴差阳错。建元元年（前 140），汉武帝希望联络大月氏共同抵抗匈奴，下令“募能使者”。时任郎官的张骞应募出使，并于次年从都城长安出发，但他刚出陇西就被匈奴人所捕，受困 10 年有余。匈奴人令张骞娶妻生子，安心于游牧生活，但张骞却始终未忘自己身上的使命——联合大月氏对抗匈奴。后来他趁看守松懈时，寻到机会逃脱了困局，并最终经大宛、康居至大月氏。无奈的是，当年被匈奴人强行逐出河西的大月氏，已经在土地肥沃的妫水流域繁衍生息，悠然自足，与西汉王朝共同抗击匈奴的意愿并不强烈。联合不成，张骞只能东归长安。元朔三年（前 126），在历经 13 年的漫长出使后，张骞终于回到了久别的故乡。虽然联盟大月氏抗击匈奴的目的没有达成，但张骞却成了名副其实的“开路先锋”，《史记·大宛列传》中说：“于是西北国始通于汉矣。然张骞凿空，其后使往者皆称博望侯，以为质于外国，外国由此信之。”司马迁用“凿空”二字来形容张骞的壮举。

汉代陆上丝绸之路自长安出发，经河西走廊，之后分为南、北两道。一条西出阳关，沿昆仑山北麓西行，经楼兰（今新疆若羌东北一带），过于阗（今新疆和田）、莎车、蒲犁（今新疆塔什库尔干），越过葱岭，至大月氏。再南行，到身毒（今印度）。西行，到安息和地中海东岸，这是南道。另一条出玉门关，沿着天山山脉南麓西进，经车师前国（今新疆吐鲁番），过焉耆、姑黑（今新疆阿克苏）、疏勒（今新疆喀什），逾葱岭，至大宛，西北行，到康居、奄蔡；西南行，到大月氏、安息，此为北道。北道后来延伸到了地中海边的罗马帝国。

除了陆上丝绸之路，还有另外一条联结中国与西方诸国的道路，它就是海上丝绸之路。《汉书·地理志》最早记载了这条航道的开通：

> 自日南障塞，徐闻、合浦船行可五月，有都元国；又船行可四月，有邑卢没国；又船行可二十余日，有谌离国；步行可十余日，有夫甘都卢国。自夫甘都卢国船行可二月余，有黄支国，民俗略与珠厓相类。其州广大，户口多，多异物，自武帝以来皆献见。

首次有明确史料记载的来华洋人，正是从海路而来的古罗马使者。《后汉书·西域传》载：“桓帝延熹九年，大秦王安敦遣使自日南徼外献象牙、犀角、玳瑁，始乃一通焉。”也就是说在汉桓帝延熹九年（166），大秦王安敦的使者在越南中部登陆，是年十月，他在洛阳谒见了汉桓帝，并献上了象牙、犀角、玳瑁等物。大秦王安敦可能指的是罗马帝国皇帝马可·奥勒留（161 — 180 年在位）。自此以后，乘风破浪踏海而来的古罗马商人络绎不绝。

## 宗教之路

如果说《后汉书 · 西域传》对于大秦使者来华的记载字字确凿，那么对以宗教人士身份来到汉地的外国人的记载，则就显得有些离奇与梦幻。

晋袁宏《后汉纪》中记录了永平三年（60）汉明帝的一个梦：

> 初，明帝梦见金人长大，项有日月光，以问群臣，或曰："西方有神，其名曰佛，其形长大。陛下所梦，得无是乎？"于是遣使天竺，而问其道术，遂于中国而图其形象焉。

永平七年（64），汉明帝遣使蔡愔、秦景和王遵等人到天竺问道，他们在西域的大月氏遇到了两个天竺佛僧——迦叶摩腾与竺法兰，得到了佛经和佛像，一行人同行东归，终于在永平十年（67）回到了洛阳。汉明帝特意为两位高僧在洛阳建了中国第一个佛教寺院——白马寺。迦叶摩腾和竺法兰来到中国的时间，比罗马帝王安敦的使者还早了近 100 年。据说他们带来的梵本经典，有 60 万字左右。在随后的时间里，二人翻译了《法海藏经》《佛本行经》《十地断结经》《佛本生经》《佛说四十二章经》等合计 13 卷佛经。

汉桓帝建和二年（148），一个叫安世高的西域人来到洛阳，这位传说中的安息国王子，舍弃了他的荣华富贵，在 148 年至 170 年的 20 多年时间里，译出了《安般守意经》《阴持入经》《百六十品经》等 95 部共 115 卷佛经，比迦叶摩腾和竺法兰的贡献还要大。汉灵帝时，又一个西域人推开了白马寺的大门。他名叫支娄迦谶，被人称作"月氏菩萨"。支娄迦谶是最早将大乘佛教传入中国的西域高僧。

丝绸之路的开通使西域诸国僧人来中国传教的理想得以实现。于是，印度的竺佛朔、安息国的安玄、月氏的支曜、康居国的康孟祥等人都不远万里来到中国，东都洛阳一时佛号悠扬。

两汉时由丝绸之路传入中国的宗教众多，如佛教、祆教、景教、摩尼教、萨满教等等，但只有佛教真正在中国开枝散叶，遍及全国。

**《胡笳十八拍》◎明代◎佚名◎美国大都会艺术博物馆藏**
《胡笳十八拍》，中国乐府名诗，古琴名曲，相传为东汉末年蔡文姬以胡笳音色融入古琴作成，有大胡笳、小胡笳等 39 种不同的版本，传世最广的是明朝万历年间孙丕显《琴适》中所记版本，为 18 首歌曲组合而成的琴歌。
此图卷为明中期摹本。无款印，图中人物勾写严谨，神情如生。有专家据文献及图中人物形象综考，定为仇英摹宋画本。

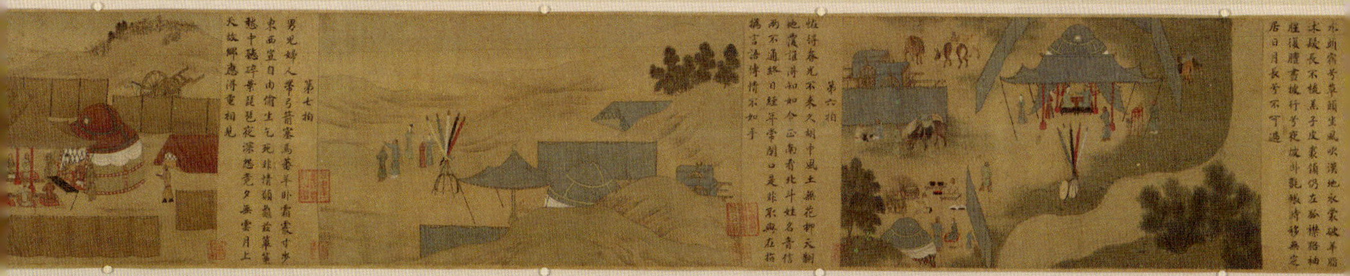

## 艺术之路

在海陆丝路开通800多年后，唐代诗人李白写下了《少年行》：

> 五陵年少金市东，银鞍白马度春风。
> 落花踏尽游何处，笑入胡姬酒肆中。

在丝绸之路开通不久的汉代，在胡姬们怀着美好的想象来到中国之前，异族的乐器与音乐已比她们更早一步地融入了汉代的市井。热情奔放的异族舞蹈、眼花缭乱的杂技百戏，丰富了热闹沸腾的汉代市井生活。

乐器与音乐，总是形影不离的。早在张骞“凿空”西域时，外国的乐曲就传入了中国。《博物志》载：“张博望入西域，传其法于西京，惟得《摩诃兜勒》一曲。”这是史书记载中最早传入中国的西域乐曲。《摩诃兜勒》传入中国后，西汉的音乐家李延年根据胡曲的乐调作“新声二十八解”，作为军乐。

与音乐一起来到中国的，是各色奇异的乐器。汉武帝之前，中国的乐器主要以钟、鼓、罄等打击乐器为主，琴、瑟、笙、箫等管弦乐为辅。随着丝绸之路的开通，来自印度、波斯的箜篌、琵琶、胡笛陆续传入中国。《汉书》《后汉书》对此事皆有记载。如《后汉书·五行志》称，汉灵帝喜好“胡箜篌、胡笛、胡舞，京都贵戚皆竞为之”。东汉时期，作曲家还专门为箜篌这种乐器创作了乐曲《箜篌引》。

汉代百戏也是颇为耀眼的存在。汉武帝元封三年（前108），安息国“以大鸟卵及黎轩善眩人，献于汉”；汉安帝时期，“掸国王雍由调复遣使者诣阙朝贺，献乐及幻人，能变化吐火”。这里所说的眩人、幻人都是指能表演魔术杂技的西域艺人，而幻人们经常提到的“海西”，指的就是大秦国，即罗马帝国。

这些千里迢迢来到中国的艺人技艺高超，既能口中吐火，也能双手将12个球随扔随接，还能瞬间给自己松绑。观者看得入迷，解不出其中门道，空余啧啧咂舌。现今留在山东武氏祠前石室的石刻像，就生动地描绘了东汉时期杂技表演的情形。从出土文献和历史文献上看，东汉时期的杂技和魔术如走索、斗虎、钻圈、吞刀、吐火、屠人、画地成川等已达20余种，真可谓满目琳琅。

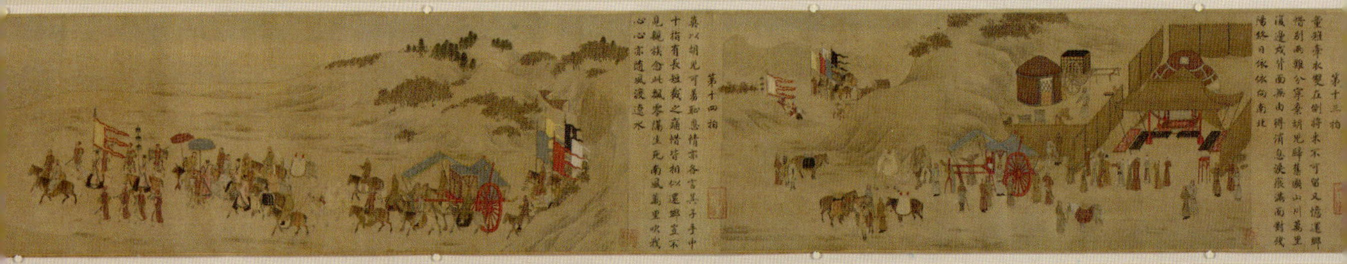

## 物产之路

汉代时，康居、大宛等地的马都很出名，尤其是大宛，谓“多善马，马汗血，言其先天马子也”。汉武帝得到第一匹汗血宝马后，欣喜若狂，歌曰：

太一贡兮天马下，沾赤汗兮沫流赭。
骋容与兮跇万里，今安匹兮龙为友。

为了得到更多的汗血宝马，汉朝与大宛甚至爆发过一场战争，战争的结果是，大宛向汉朝求和，允许汉军自行选马，并约定以后每年大宛向汉朝选送两匹良马。汗血宝马传入中土后，成为军马，汉代骑兵实力也由此大增。

沿着丝绸之路传入中国的，除了宝马外，还有骆驼。古代将骆驼称作橐驼，欧阳修的《种树郭橐驼传》，讲的就是一个身形似骆驼的善于种树的人。除了这些，从丝绸之路上传入中国的，还有很多珍禽异兽，仅在汉代，就有犀牛、孔雀等传入。据记载，安息国曾于“章和元年，遣使献狮子、符拔，符拔形似麟而无角”，“十三年，安息王满屈复献狮子及条支大鸟，时谓之安息雀”。

海陆丝路，横跨数十个国家，往来物产之丰，简直难以想象。经丝绸之路的北道，严国、康居、奄蔡等国的毛皮源源不断地输入中原。西域的毛织品可以分为毛织褥和毛皮两类，毛织褥是比较细的毛织品，通常用作铺床前小榻的小毛毯。班固写给班超的书牍中，就曾提到用“白素”换购月氏的马、苏合的香和毛织褥等物。毛织物输入中国后，汉代的长安出现了专门经营异域毛织品的商店，虽然价格昂贵，只有贵族家庭才能买得起，但外来的毛织品对中国的毛织业的发展也起到了积极的促进作用。

大量的奇珍异宝也被源源不断地运送而来。古罗马产的珊瑚、水银、琥珀，中亚出产的玛瑙、水晶，南亚和印度出产的金刚石、郁金香……汉代的上层阶级享受着珠光宝气的贵族生活，呈现了一幅歌舞升平的盛世太平图景。

而在饮食上，经由丝绸之路西来的新的食物品种也很丰富。《史记》中记载，张骞出使西域时，曾从大宛引进了葡萄以及天马爱吃的苜蓿。《博物志》等书籍也记载了张骞从西域引进黄瓜（旧称胡瓜）、核桃、石榴、油麻等物。

海、陆丝绸之路在汉代开通之后，从宗教到艺术再到物产，可以说是从精神信仰到物质享乐等各个方面丰富了汉代人的生活。千百年已过，如今回望，人们似乎还能听见那遥远丝路上传来的阵阵驼铃声。

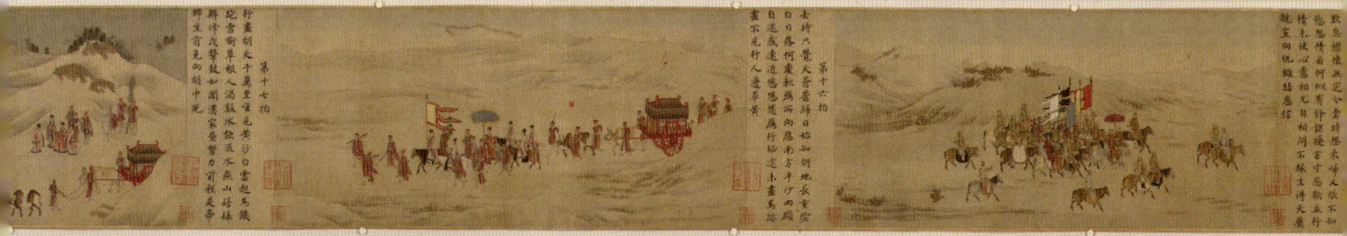

丝绸之路，是中西文化交流源远流长的体现。丝绸之路联结了当时的中国、印度、波斯、埃及、罗马、埃及和东亚各文明古国。往来的使团、商旅、僧众，联结了中国和世界。经济、政治和文化的交流早已超越地域上的局限，共同创造出人类的文明。而在丝绸之路上出土的文物，则成为这一人类文明的见证者。

① 秦公铜簋◎春秋◎甘肃礼县圆顶山出土

② 翼兽形提梁铜盉◎春秋◎甘肃泾县出土

③ 铜鍑◎春秋◎甘肃礼县采集

④ 兽面纹银饰（上）／几何纹银饰片（左）／凤鸟纹铜扣饰（右）◎战国

⑤ 虎噬鹿金扣饰（上）／战国蟠龙纹金饰、狼噬牛金牌饰（中）／春秋对虎纹金箔带饰（下）◎战国

⑥ 彩绘载物骆驼◎北朝◎陕西咸阳胡家沟候义墓出土

⑦ 鎏金银胡瓶◎北朝◎宁夏固原南郊乡深沟村李贤夫妇合葬墓出土

⑧ 东罗马鎏金银盘◎ 4—5世纪◎甘肃靖远县北滩乡出土

⑨ 绿釉陶扁壶◎北朝◎宁夏固原粮食局家属院工地出土

⑩ 骑马伎乐俑◎北朝◎陕西西安北郊董家村出土

⑪ 刻花带盖金执壶◎咸阳博物馆藏

⑫ 鎏金铁芯铜龙◎唐代◎陕西历史博物馆藏

⑬ 虎形金饰◎战国◎新疆维吾尔自治区博物馆藏

⑭ 神兽金饰◎战国◎陕西省博物馆藏

⑮ 神兽纹金腰饰牌◎战国◎宁夏固原博物馆藏

⑯ 神兽噬鹿青铜腰饰牌◎战国◎宁夏固原博物馆藏

⑰ 彩绘天王踏鬼木俑◎唐代◎新疆维吾尔自治区博物馆藏

此木俑为镇墓兽类的一种，又称护墓神，外观形象来源于佛教造像中的护法天王像，也是佛教的护法天神之一。天王身穿隋末唐初时期中原地区武将的服装，有甲胄、盘领、圆形绿色护镜，还有虎头披膊、齐膝战袍和红色的盔甲，双目圆瞪，左臂上举，脚踏一小鬼。

1

3

2

4

5

6

7

8

9

10

**⑱ 彩绘泥镇墓兽◎唐代◎新疆维吾尔自治区博物馆藏**

兽面镇墓兽最典型的为虎头豹身镇墓兽。它虎头，虎口大开、獠牙外露、怒目圆睁，蹲坐在地上，身上插着6根木要翅，好像要腾飞而起，是多种动物的一种组合态。镇墓兽是我国古代墓葬中常见的一种怪兽，为震慑鬼怪、保护死者灵魂不受侵扰而置，有人面、兽面、鹿角等多种形象。据《周礼》记载，有一种怪物叫“魍象”，它好吃死人肝脑，而有一种神兽叫“方相氏”，有驱逐魍象的本领，所以人们喜欢将方相氏立于墓的两侧，以防怪物侵扰。

11

12

14

13

15

17

18

16

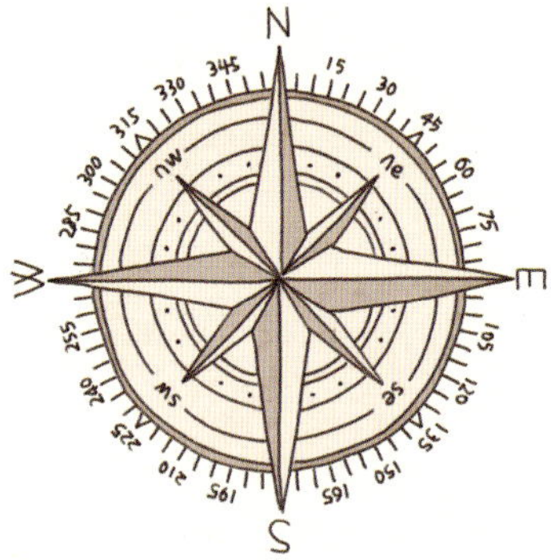

03

# Han Dynasty: China Shook the World

# 汉代：影响世界的中国

文：戏随刀　编：陆沉　绘：Ricky
text: XI Diaodao　edit: Yuki　illustrate: Ricky

古代各国在认知世界时，总避免不了一种“自我中心”的天下观。无论是古代的中国还是古埃及、古希腊、古罗马、古印度，甚至在中国西南一隅的夜郎国，也“以道不通故，各自以为一州主，不知汉广大”而留下了“夜郎自大”的笑谈。

在汉代以前，中国的“自我中心”观念十分明显，《诗经》中就有“溥天之下，莫非王土；率土之滨，莫非王臣”的说法，而无论是“九州说”还是“华夏居中，蛮、夷、戎、狄居四方”的“华夷说”，都是这种“自我中心”观念的体现——将自己视为世界文明的中心，而环绕在自己周边的都是落后的蛮族。

在张骞“凿空”西域、开辟丝绸之路之前，虽然古代中国已与外国有所接触，但这种域外探索还十分有限，各文明之间的互动也仅限于极小的范围之内，因此汉代以前中国对世界的认识，仍然处于一种模糊的状态。

随着海、陆丝绸之路的开辟，古代中国与外部世界的交流越来越频繁，越来越深入。两汉期间，从中国到古罗马，自合浦到已程不国，从东到西，从北到南，大宛、康居、大夏、安息、身毒、乌孙、奄蔡、条支、黎轩、都元、邑卢没、谌离、夫甘都卢、黄支、已程不等世界古国悉数与汉产生了联系，与世界联系密切的汉帝国，开始了自己的“征程”。

## 经济、政治与军事的连锁反应

在经历春秋战国、秦末动乱以及楚汉战争之后，中国人口大量减少，社会经济遭到严重摧残。西汉建国初期，国弱民贫的局面令人心忧。在这样的局面下，汉初的统治者实行了“轻徭薄赋，与民休息”的政策，经高祖、惠帝到文景之治，社会经济逐渐得到恢复，并走向繁荣。丝织、冶铁、漆器等手工业的生产水平空前提高，这也为汉代对外经济贸易打下了坚实的基础。

汉代的对外贸易主要以丝绸为主。西汉王朝不仅公开招募使臣，开展官方贸易，而且优待来华外国商使。在都城长安，西汉王朝设有大鸿胪一职，专门负责接待来华外商，并且还设有专门接待外国商使的宾馆——蛮夷邸。在《汉书·西域传》中记载的便有西汉王朝对外商的优待：“设酒池肉林以飨四夷之客。”这是官方贸易的情景。至于那些贩运丝绸的私人商贾，则可以在《后汉书·西域传》中找到记载：“驰命走驿，不绝于时月，商胡贩客，日款于塞下。”

最初，汉代丝绸之路的开通是出于政治、军事目的，开通之后，为了维护其畅通，汉王朝又先后采取了一系列政治、军事措施来加强对丝路的控制与管理。由此，经济、政治与军事之间的连锁反应，也让汉王朝以极为强势的姿态影响着世界格局的发展。

下面的几个历史事件，可以让我们更为清楚地看到在丝绸之路上的政治、军事格局变化：

前 121 年，汉军在对匈奴的战争中取得巨大的胜利，将匈奴势力赶出了河西地区，并先后在河西地区“列四郡，据两关”，设官置守，保证了丝绸之路咽喉地带的畅通。前 101 年，因西汉与大宛的“天马”交易失败，汉使被杀，西汉王朝发出“明犯强汉者，虽远必诛”的时代强音，着李广利讨伐大宛，大胜，威慑西域各国，万国来朝，确认了西汉的霸主地位。前 60 年，匈奴日逐王降汉，匈奴势力悉数退出西域。汉又在新疆设立“西域都护府”作为管理机构，意在保障西域南北两道安全，同时组织和管理西域屯田。

就在汉王朝不断崛起之时，远在西方的罗马帝国也陆续征服了希腊、攻入英格兰，而后又征服不列颠、攻陷耶路撒冷，成为当时的西方最强大的国家。

一东一西的这两个当时最强大的国家在很长的一段历史时期内“相闻而不相见”，东汉时出使罗马帝国的甘英最终因恐惧大海而未能到达，但有关罗马帝国的信息，却一直源源不断地传入中国。故《后汉书·西域传》中有了《大秦传》这样的正式历史记载。

虽然汉王朝与罗马帝国之间始终没有正式的官方来往，不过，当恺撒大帝穿着绸袍出现在剧场引得贵族们的争相效仿时，当罗马帝国每年花费 5500 万塞斯特提（一种货币）从印度间接购买汉代的丝绸时，实际上，汉王朝已经以一种间接的方式，向这个遥远的西方帝国传递了自己的信息。

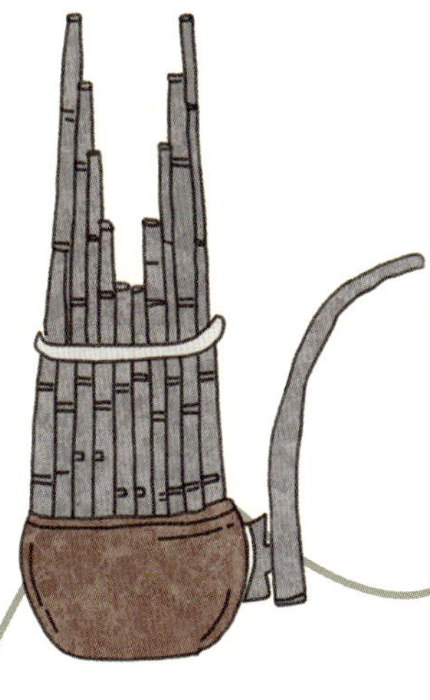

**丝绸之路形成的大事件**

**西汉**

西汉时，张骞以长安为起点，经关中平原、河西走廊、塔里木盆地，到锡尔河与乌浒河之间的中亚河中地区、大伊朗，并联结地中海各国的陆上通道。这条道路也被称为“陆上丝绸之路”。

司马迁在《史记》中说：“于是西北国始通于汉矣。然张骞凿空，其后使往者皆称博望侯，以为质与外国，外国由此信之”。

**东汉**

东汉时期，班超从洛阳再次出使西域。经营西域并再次打通、延伸了丝路。

**宋代**

10 世纪末期，北宋王朝为绕开地处河西走廊的西夏的领土，开辟了从天水经青海至塔里木盆地的青海道。它成为北宋时期的一条新的陆上丝绸之路的东段商路。宋时，海上丝绸之路成为东西方贸易的重要通道。

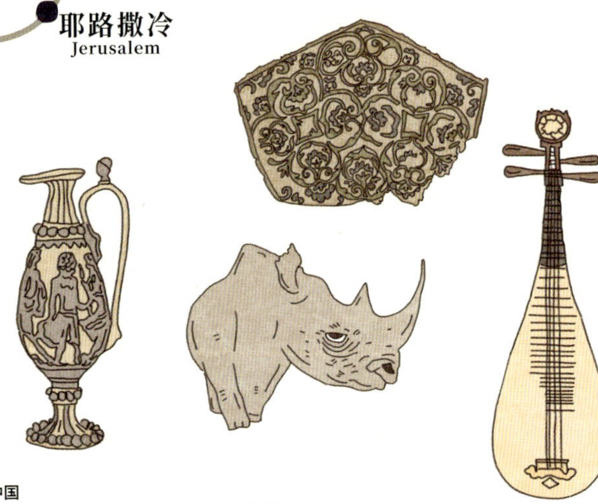

**丝绸之路**

丝绸之路并非是一条“路”，而是一个穿越山川沙漠且没有标识的道路网络，并且丝绸也只是众多货物中的一种。

广义的丝绸之路是对从上古开始陆续形成，遍及欧亚大陆甚至包括北非和东非在内的长途商业贸易和文化交流线路的总称。

丝绸之路从运输方式上分为陆上丝绸之路和海上丝绸之路。陆上丝绸之路起于西汉都城长安（东汉延伸至洛阳）。它最初的作用是运输古代中国出产的丝绸。因此，当德国地理学家李希霍芬在 19 世纪 70 年代将之称作“丝绸之路”后，这种称谓也就被广泛接受了。

**外国向中国**

1. 宗教（佛教、祆教、摩尼教和景教）：随着丝绸之路来到中国，并沿着丝绸之路分支，传播到朝鲜、日本及其他亚洲国家。

2. 商品货物：经由丝绸之路，西方的棉花、羊毛及制品、阿拉伯马、钻石、雕像、珊瑚、琥珀、鱼翅、珍珠大量传入中国。

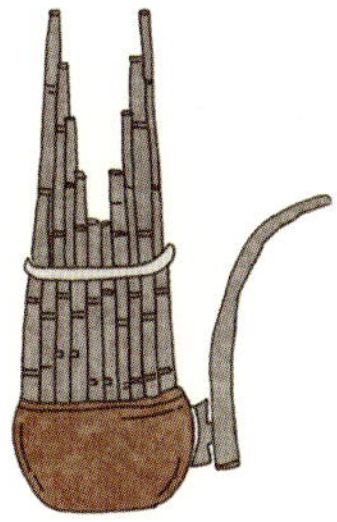

**丝绸之路上的博物馆**

中国丝绸博物馆　中国（陆、海）
上海中国航海博物馆　中国（海）
大唐西市博物馆　中国（陆）
伊拉克博物馆　伊拉克（陆）
伊朗国家博物馆　伊朗（陆）
吉达阿布都劳夫博物馆　沙特阿拉伯（海）
哈萨克斯坦中央国家博物馆　哈萨克斯坦（陆）
奈良国立博物馆　日本（海）
布哈拉博物馆　乌兹别克斯坦（陆）
托普卡帕宫博物馆　土耳其（陆）
阿塞拜疆地毯博物馆　阿塞拜疆（陆）
阿富汗国家博物馆　阿富汗（陆）
韩国国立中央博物馆　韩国（陆、海）
马来西亚国家博物馆　马来西亚（海）

**途经国家**

这条东西通路，将中原、西域与大伊朗、累范特、阿拉伯紧密联系在一起。经过几个世纪的不断努力，丝绸之路向西伸展到了地中海。广义上丝路的东段已经到达了朝鲜、日本，西段至法国、荷兰。通过海路还可达意大利、埃及，成为亚洲和欧洲、非洲各国经济文化交流的友谊之路。

**传统丝路三段（路线图／途经地点）**

**东段：**从长安或洛阳到玉门关、阳关。由西汉时期张骞从长安出发出使西域、东汉时期班超从洛阳再次出使西域开辟。东段各线路的选择，多考虑翻越六盘山以及渡黄河的安全性与便捷性。三线均从长安或洛阳出发，到武威、张掖汇合，再沿河西走廊至敦煌。

**北线：**从泾川、固原、靖远至武威，路线最短，但沿途缺水、补给不易。

**南线：**从凤翔、天水、陇西、临夏、乐都、西宁至张掖，但路途漫长。

**中线：**从泾川转往平凉、会宁、兰州至武威，距离和补给均属适中。

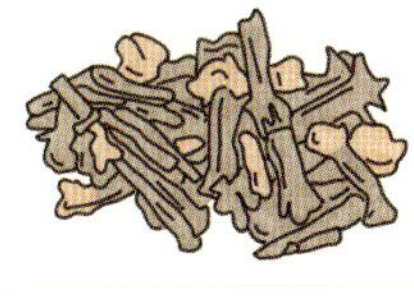

**中国向外国**

1. 造纸术的西传: 纸制品开始在西域以及更远的地方出现，很多人认为造纸术的西传为欧洲及中亚带来了重大变革，最终造纸术传播到世界各地。
2. 坎儿井和井渠技术：汉代派军队在西域发展农业时，原流传于山区的这两种技术被当时的军队采用，并逐步流传到更远的国家。
3. 古代印刷术：沿着丝绸之路逐渐西传。在敦煌、吐鲁番等地，已经发现了用于雕版印刷的木刻板和部分纸制品。可以说，活字印刷术推动了西方的文艺复兴运动。
4. 商品货物：丝绸之路上，中国商人用丝绸、茶叶、糖、蚕丝、瓷器、纸张、珍珠母、樟脑、肉桂、铜、明矾、金银、丝制品、漆器、植物油、竹器、大黄等商品，换回异域物产。

## 科学技术的高歌猛进

汉代是中国科技发展的一个黄金时代，《乾象历》《五星占》《算数书》《九章算术》《黄帝内经》《神农本草经》《伤寒杂病论》等著作在此时或这之前相继问世，中国古代传统的天文学、医药学、农学及算学四大学科也都在汉代时形成了自己独特的体系。

随着丝绸之路的开通，地理学增加了新的内容；在丝绸之路"日驰于道"的丝绸，也说明了纺织机械的广泛使用与纺织技术的长足进步；而在先秦时期就已经出现的冶铁技术，也在汉代得到了进一步发展。汉代科技的诸多成就，我们可以在长沙马王堆汉墓出土的精美文物中得到实物印证。

《汉书 · 西域传》中称，丝绸之路开通的初期，"自宛以西到安息国……不知铸铁器。及汉使亡卒降，教铸作它兵器"。由此可见，至迟在汉代，中国的铁器以及铸铁技术，已经通过丝绸之路传入中亚乃至西亚。为了从汉王朝输入铁器，提高社会的生产力与军队的战斗力，安息王朝还在安息边境的木鹿城特设了一个铁器集散地。汉王朝的铁器源源不断地从这里传入安息，装备了安息国的骑兵部队。铸铁技术的西传，对中亚、西亚各国而言，可以说影响很大，西域的众多国家由此完成了从石器时代到铁器时代的过渡，并且间接且必然地影响了西域各国的军事实力。

一项技术可以影响一场战争的成败，这并不仅仅局限在战争武器上。《汉书 · 张骞李广利传》载，103 年，汉武帝遣李广利征伐大宛，在得知"宛城中无井，皆汲城外流水"后，想用穿井引水技术"徙其城下水空"，以此攻占大宛。但匈奴人及时地给大宛送来了会凿井的汉人水工，李广利的计谋失败，最终选择了与大宛议和。这是汉代凿井法传入中亚的一次明确记载。

铸铁与凿井技术的西传，在各个层面促进了西域国家的社会发展。相比铸铁与凿井技术，造纸技术的西传，则还需要一个漫长的过程：早在 2 世纪初，蔡伦就改进了造纸术，使得纸张得到较为广泛的推广与使用。虽然 6、7 世纪前，经由商人贸易的传输，中亚已经普遍使用纸张书写，但直至 751 年，造纸术才由中国俘虏中的造纸匠正式传入阿拉伯。可见，汉代科技的影响力并非局限于汉代，而是在漫长的历史进程中逐渐地产生着影响。同样，在汉代已经形成独特体系的天文学、医药学、农学及算学等学科，也在后世才陆续高歌西进。

### 文化艺术的潜移默化

汉代的强盛，使得“汉人、汉语、汉字、汉文化”成为我们乐于接受的自称，一个“汉”字，沿袭2000多年，至今仍是一个令人骄傲的字眼。回到汉代去看，一个民族、一个国家的强盛，绝不仅仅是指经济、军事、政治乃至科技等硬实力，以文化、艺术等为代表的软实力，也同样包含在内。

为解决远途奔徙的汉军以及嫁入乌孙的细君公主的饮食问题，前105年，汉代遣派数百名官兵在乌孙北面的眩雷开垦土地，拉开了汉代“西域屯垦”的大幕，并一直延续到公元8年，历时113年。

由于大规模的西域屯垦，两汉时期大量的汉人从中原进入西域，并把汉文化带入了西域大地。

饮食文化就是其中重要的一部分。在考古发现中，尼雅遗址、汉晋时期的楼兰遗址中都出土有桃子，而茶叶更是在丝绸之路开通之后成为贸易往来的重要商品。更为独特的是，在汉晋时期的尼雅遗址中，考古人员还发现了一些木箸。如果说植物、食物的西传丰富的是西域的菜谱，木箸的西传则在更深的层次上改变了西域的饮食习惯，丰富了西域的饮食文化。

在饮食之外，大批的丝织品、铜镜、漆器、木器等生活用品也被源源不断地输入西域。在山普拉、罗布泊与尼雅河等地的古墓中，考古人员挖掘整理了品种繁多且织有隶书汉字吉祥语句的汉代织锦，比如“长乐明光”锦、“登高贵富”锦、“万事如意”锦等等。铜镜的出土同样令我们感受到文化传播的强大力量，在西域出土的“长宜子孙”镜等一批汉代铜镜，在形制和纹饰上都与中原流行的铜镜极为相似。

《汉书·西域传》还给我们提供了这样一则材料：

> （龟兹王绛宾）上书言得尚汉外孙（乌孙公主女）为昆弟，愿与公主女俱入朝。元康元年，遂来朝贺。王及夫人皆赐印绶。夫人号称公主，赐以车骑旗鼓，歌吹数十人，绮绣杂缯琦珍凡数千万。留且一年，厚赠送之。后数来朝贺，乐汉衣服制度，归其国，治宫室，作徼道周卫，出入传呼，撞钟鼓，如汉家仪。

在这则记载中，我们可以清楚地看到，汉代的衣冠礼制、音乐歌舞被西域各族所吸收的情况。这则记载中的“如汉家仪”四字，正点中了西域各族受汉家文化影响的结果。

就今天的疆域划分而言，汉代文化艺术的影响力似乎仅局限在国内，更为遥远的大宛乃至古罗马等国，并未有直接的材料证明受到汉代文化艺术影响的迹象，又或者说，并没有比西域各族受到的影响深刻。史料的缺乏总是令人遗憾，但就罗马帝国对中国丝绸的疯狂追捧来看，汉代中国的物产，实际上早已经夹杂着文化艺术的信息，传到了遥远的西方。

而在两汉时期的东方，朝鲜半岛的人们因为受到汉代文化的熏陶，也开始使用汉字。甚至在1世纪初，有不少朝鲜人还会背诵《诗经》《春秋》等中国典籍。而汉代的围棋，也逐渐在汉唐之间东传至朝鲜和日本，成为汉代文化东传的一种见证。

如今打开世界地图，几乎已无未被探索过的处女地，但回望2000多年前的汉代，中国的先辈们在幽暗的世界版图中开拓与进取，烛照历史与世界边界，逐渐将自己融入一个广阔世界之中，其强健的心态仍让我们感到向往。历史走到今日，中国经济政治上的崛起与文化输出相对贫弱之间的空隙，都亟待一种精神力量去填充。作为中国封建社会第一个强盛无比的王朝，汉的强健确确实实成了我们心中追寻的一道璀璨夺目的光芒。影响世界的中国，以前有过，如今仍在。也因此，对汉朝的回望，在冥冥之中成了一种必然。

Tang
Dynast

The Foreigners in China

ZhiChi

1

2

3

04

# Tang Dynasty: Foreigners Who Lived in China

# 唐代：生活在中国的洋人

文：孔德罡 编：陆沉
text: Kong Degang edit: Yuki

唐代的中国凭借强盛的国力、前所未有的领土范围、璀璨的文化和发达的经济，成为当时世界上最强大的帝国。这里聚集了世界各地的来客，首都长安在当时更是数一数二的国际化都市。

4

唐代作为中国人“万国来朝”政治理想的范本，长久以来我们都习惯于“唐代对世界开放包容”这样的论述。但在实际上，因为年代相对久远，以及官方史料记载的相对不足，唐代生活在中国的洋人的生存状况，以及他们在唐代这个多族群共存的社会上的族群认同状况，这样一个对当代中国极有借鉴和警示意义的话题，还没有得到足够多的关注。

实际上，不仅在当代，在传统著作里对此也着墨不多。在唐人的世界观里，洋人的存在和生活状态还没有让他们觉得那么重要，值得花费大量精力做系统研究。虽然在很多的唐代诗歌和文学作品中都有洋人的身影，不过根据美国学者班茂燊（Marc. S Abramson）的论述，在唐代文献中，专门讨论族群问题的，他只发现了两篇——陈黯的《华心》和程晏的《内夷檄》。其中《华心》的论述最具代表性：

> 帅真荐才而不私其人也。苟以地言之，则有华夷也。以教言，亦有华夷乎？夫华夷者，辨在乎心，辨心在察其趣向。有生于中州而行戾乎礼义，是形华而心夷也；生于夷域而行合乎礼义，是形夷而心华也。若卢绾、少卿之叛亡，其夷人乎？金日磾之忠赤，其华人乎？繇是观之，皆任其趣向。

陈黯写作这篇文章的起因，是来自阿拉伯阿巴斯王朝（黑衣大食）的李彦升考上进士之后，引发了朝堂群臣的质疑，为了平息争议，他写了这篇文章。他在文章中明确指出，只要认可华夏文明，并且“内化于心”，就可以被当作华人，从而超越地域上的华夷之分。

⑤

⑥

⑦

①三彩骆驼载乐俑◎唐代◎甘肃省山丹县博物馆藏
三彩骆驼背上铺方格纹长毯，上有七男乐俑一女舞俑，分别执笛、箜篌、琵琶、笙、箫、拍板、排箫七种乐器，边歌边舞。这组乐舞俑均穿着汉人衣冠，使用的却大都是从西域传入的乐器，表现的是流行于开元、天宝时期的胡汉文化融合后的新舞乐。

②鎏金铜胡腾舞俑◎唐代◎甘肃省山丹县博物馆藏

③白釉加彩胡人陶俑◎唐代◎台北故宫博物院藏

④彩绘胡服女俑◎唐代◎陕西历史博物馆藏

⑤三彩胡人牵骆驼俑◎唐代◎故宫博物院藏

⑥胡人献宝纹玉带板◎唐代◎台北故宫博物院藏
青灰玉，玉质中等，外框经改刀切小，加镶铜框。铜质不佳，多锈蚀。玉带板上琢西域胡人，手持一鸟。

⑦八棱胡人伎乐金杯
杯面上的舞伎长发飞扬，是胡人的相貌，这也是在中国境外发现的最重要的唐代金器之一。

## 唐代中国的洋人构成

在获得超越汉代、史无前例的疆域范围和势力影响后，唐代统治者面临着一个全新的状况：这个国家从未像此时这般要承担起管理如此之多的洋人的任务。当时涌入唐朝的外国人大致有以下几类：

第一类是边疆地区的羁縻州人口。在唐代，这些人虽然不被认为是夷人，但也绝对不是华人，甚至某种意义上跟外国人无异。唐中央政府对羁縻州的管理极为松散，虽然羁縻州在名义上为唐朝的领土，不过实际上跟汉代西域都护府治下的各独立王国无异。

第二类是生活在长安、广州等通商口岸的暂住者。这些人中，有前来求学以及参加科举考试意欲在唐为官的学生，也有各地通商的外国商人，以及前来进行宗教活动的传教士、僧侣等，或是肩负外交任务的外交官和翻译随从人员。在历史中被引为唐代包容开放例证的人群大多属于此类。

这些人通常都有各自的使命，入境和离境的时间也有限制，不过由于各种原因，经常会出现滞留时间超出原计划的情况。他们之中，有的通过科举或其他手段成了帝国的官员，从而得以留在大唐，有的则面临着放还境遇。放还是唐政府对待滞留时间过长的外来人口采取的一般措施。随后，唐政府还会颁布放归政策欢迎这些被遣送回国的人口再度入境。对暂住的外国人口的放还和放归政策，是唐代平衡外来人口的一个重要手段。

令唐代统治者们比较头疼的，是从外国迁入定居的非汉人群体。他们在以合法方式入境、获得百姓身份之后，成为第三类外来者，为区别于汉人和臣民，他们被称作“外国人”。根据不同地区的政策，迁入唐朝的外国人可以获得三年到十年不等的免税减赋优待，这也是唐帝国对外来移民最具吸引力的利好政策之一。不过除此之外，就享受不到其他特殊的优待了。

这些外来的移民往往具有组织性，在当地容易累积政治影响力，这也是最为唐代统治者们所担忧的。因此，移民的居住和流动受到严格限制，同时唐代法规规定移民的子女不可再保留“外国人”身份，而要编入汉人户册。不过，这一政策在实际执行过程并未得到有效贯彻，“外国人”定居数代后，子孙依然以“外国人”身份被征税、统计、管理的情况多有出现。

第四类比较边缘化的人群是因战败或者战乱而被贩卖流入唐的外国奴隶，这些人在法律上是没有身份的，因为唐代法律并不承认奴隶的存在。在唐代统治者看来，将外国人卖为奴隶不是礼乐开化的行为，这甚至是对唐代国力、对外影响力甚至皇帝权威的一种羞辱。但是，观念和法律条文并不能掩盖外国奴隶大量存在的事实。

⑧ **三彩胡人背驼猴骑驼俑◎唐代◎故宫博物院藏**

⑨ **白釉加彩侏儒胡人陶俑◎唐代◎台北故宫博物院藏**

据春秋战国时期《左传 · 襄公四年》及《国语 · 晋语四》中的记载，侏儒常任职豪门参与政治与外交。之后，也以弄臣与优伶的身份出现。唐代皇亲贵族对他们更是情有独钟，除了境内的，非洲、东南亚等地的侏儒也大量涌来。出土的唐代侏儒陶俑中，既有乐舞百戏的说唱者、驼队的马夫，也有作为皇族陪侍的内官。

⑩ **卧驼和牵驼俑◎唐代◎西安博物院藏**

⑪ **镶金兽首玛瑙杯◎唐代◎陕西历史博物馆藏**

唐镶金兽首玛瑙杯的造型与西方来通相似。来通起源于西方，希腊的克里特岛在前 1500 年已出现此种器物，希腊人称之为来通（rhyton）。它像一只漏斗，可用于注神酒。当时人们相信来通角杯是圣物，用它注酒能防止中毒，如果举起来通将酒一饮而尽，则是向酒神致敬的表示。传到亚洲以后，来通广泛流行于美索不达米亚至外阿姆河地带的广大区域，甚至进入中国。关于此镶金兽首玛瑙杯的产地与年代，仍存争议，有人认为是 8 世纪唐人的仿制品，有人认为是外来物品，年代在 7 世纪之前。

⑧

⑨

⑩

## 洋人在唐代扮演的重要角色

通过科举、武举或者是其他方式成为官员，从而获得正式居民身份，是唐代外国人的重要出路。据记载，历史上在唐政府为官的非汉人有数千名之多。太宗时期突厥人阿史那杜尔官拜左骑卫大将军，甚至还做了驸马；武则天时期，波斯人阿罗憾入朝拜相，被封为金城郡开国公；日本人阿倍仲麻吕居留唐朝五十年，曾任安南都护、镇南节度使，专门管理外国事务，日本派来的多届“遣唐使”也对日本的政治、文化产生了长久的影响；到玄宗安史之乱时，我们耳熟能详的几员大将，反叛的安禄山来自突厥，站在唐一方的高仙芝是高丽人，哥舒翰是突厥人。哪怕是较为衰落的唐代后期，也有新罗人崔致远做过翰林学士，前文提到的黑衣大食人李彦升进士及第，后也做到此职。政府中有如此之多的外国官员任职，这在以前是罕见的。

除官员之外，在唐代生活的外国人中，僧侣也占了很大一部分。鼎盛期的唐朝对宗教的态度是较为宽容的，不仅佛教徒大量涌入，祆教和景教，以及后来的伊斯兰教也都有众多的教徒在长安一带活跃。不过因当时的统治者更为偏爱佛教，所以外来宗教的传播还是以佛教为主。

唐代佛教盛行，后期甚至达到可以动摇统治的根基的程度。韩愈谏迎佛骨被贬事件也体现出佛教在唐代鼎盛期的受追捧程度。另外，广州等通商口岸的宗教人士和商人数量也颇为惊人。据阿拉伯人的《中国印度见闻录》记载，唐代末年黄巢起义时曾攻入广州，屠杀了大量寄居城中经商的外国教徒。这一事件国内史书没有记载，其记载的数字也未必准确，但至少证明哪怕在风雨飘摇的唐代末期，外国人的流动数量也相当可观，鼎盛时期的国际化程度也由此可见一斑。

## 强者心态基础上的文化包容

陈黯的《华心》和程晏的《内夷檄》虽然反映了唐人在思想上的开放和包容态度，但我们也可以从中清楚感知到占主体族群地位的汉人对洋人的复杂态度。对已经“文明内化”的外国人的包容共存和对汉人与一般外国人的差异的强调，构成了唐人较为矛盾的族群观念，这也为之后宋代保守的族群思想埋下了伏笔。

比如，在《华心》中，接受外国人做官的态度是有前提的，那就是“内化于心”。只有在思想上完全认同、追随华夏文明，并且通过汉人的科举制度被选拔上来的外国人，才能担任官职，给予管理国民的重任。这就意味着，唐人对外国人的包容开放，是建立在此人已经汉化的前提之上的，而且这种汉化被公认为一种称赞和表彰。

在唐代的诗歌和笔记等文献中，班茂燊统计了汉人对非汉人的一些广泛的偏见，比如认为外国人没有忠诚的观念、野蛮不开化、贪婪好利、狡诈又智力不足，以及一些固有印象，如善于作战、勇敢、与动物关系亲近，这些观念都指向一种“非人性”，而不仅仅是族群之间的平等差异。换句话说，在唐人的传统观念中，外国人的长相、生活习惯、思想文化都是一种对人类正常模式的背离，这是人与非人的差别，而不是人与人的不同。

当然，以当代的族群平权意识去苛求一千五百多年前的唐人是不合适的，但这可以让我们意识到唐代的“包容开放”也是有其特定要求的：在唐人的世界观里，汉化等于人化，地域和血缘退居末次。一个外国人在汉化之后，才真正具有了人的资格，才有了与汉人平等的前提。而对于汉化程度并不高的群居移民，唐统治者是较为恐惧担忧的，严格的管理政策和对于其后代的强制融合政策，都体现出唐统治者在对待并没有汉化的外来族群时，依然持恐惧和防备的态度。

这一思维模式所倚仗的，正是当时唐代强大的国力而带来的文化辐射与向心力。随着唐朝的衰落，经过五代十国的混乱之后，一直偏安的宋朝对洋人的态度开始明显变得保守起来，归根结底，这并非单纯是因为汉人对外国人的态度发生了转变，更大的原因还在于，随着国力和文化影响力的相对减弱，汉化的外国人数量已经大大减少了。

11

05

# Tang Dynasty: Introduction of Chinese Culture to Japan

# 唐代：东传日本的汉文化

文：崔寒杨　编：陆沉　图：司北
text: Cui Hanyang　edit: Yuki　photo: Sibei

中日两国间的交流可谓由来已久，相传秦始皇曾派徐福率童男童女各五百人浮海东渡，寻找长生不老药，最后留在了日本。日本人对徐福也十分敬重，很多学者甚至将这次东渡视为中日交往的先声。

平等院◎平安时代

## 官方的往来

隋唐时期，中日之间的交往日益密切，日本圣德太子执政初期便派出遣隋使来到中国。《隋书·倭国传》中载有中国与日本往来的历史渊源："倭国，在百济、新罗东南，水陆三千里，于大海之中依山岛而居。魏时译通中国。三十余国，皆自称王。夷人不知里数，但计以日。其国境东西五月行，南北三月行，各至于海。其地势东高西下。都于邪靡堆，则《魏志》所谓邪马台者也。古云去乐浪郡境及带方郡并一万二千里，在会稽之东，与儋耳相近。汉光武时，遣使入朝，自称大夫。安帝时，又遣使朝贡，谓之倭奴国。"可见日本早在汉代就已与中国有过官方交流，"自魏至于齐、梁，代与中国相通。"

隋炀帝大业三年（607），日本使者来到中国，《隋书》载："其王多利思北孤遣使朝贡。使者曰：'闻海西菩萨天子重兴佛法，故遣朝拜，兼沙门数十人来学佛法。'其国书曰'日出处天子致书日没处天子无恙'云云。帝览之不悦，谓鸿胪卿曰：'蛮夷书有无礼者，勿复以闻。'"日本使者携带的国书表明，此时日本皇帝认为自己与隋炀帝有着同等的地位，隋炀帝为此很不满，但是并未中断两国之间的交往。

及至唐代，中日两国之间的往来变得更为密切。《新唐书·日本传》载："太宗贞观五年，遣使者入朝。帝矜其远，诏有司毋拘岁贡。遣新州刺史高仁表往谕，与王争礼不平，不肯宣天子命而还。久之，更附新罗使者上书。永徽初，其王孝德即位，改元曰白雉，献虎魄大如斗，码瑙若五升器。时新罗为高丽、百济所暴，高宗赐玺书，令出兵援新罗。未几孝德死，其子天丰财立。死，子天智立。明年，使者与虾蛦人偕朝。虾蛦亦居海岛中，其使者须长四尺许，珥箭于首，令人戴瓠立数十步，射无不中。天智死，子天武立。死，子总持立。咸亨元年，遣使贺平高丽。后稍习夏音，恶倭名，更号日本。使者自言，国近日所出，以为名。或云日本乃小国，为倭所并，故冒其号。使者不以情，故疑焉。又妄夸其国都方数千里，南、西尽海，东、北限大山，其外即毛人云。长安元年，其王文武立，改元曰太宝，遣朝臣真人粟田贡方物。朝臣真人者，犹唐尚书也。冠进德冠，顶有华蘤四披，紫袍帛带。真人好学，能属文，进止有容。武后宴之麟德殿，授司膳卿，还之。文武死，子阿用立。死，子圣武立，改元曰白龟。开元初，粟田复朝，请从诸儒受经，诏四门助教赵玄默即鸿胪寺为师，献大幅布为贽，悉赏物贸书以归。"

有唐一代，日本多次派出遣唐使来到中国，他们乘着大船浩浩荡荡向中华大地进发，满怀憧憬与敬仰之情，期待着能在这片神奇的土地上学有所成。最终，他们习得了中国的儒家经典、政治制度、宗教思想和艺术工技，并带回了大量典籍，使得我国的文化得以东传。

## 诗人的唱和

官方的往来之下，必不乏私人交友。许多的日本遣唐使和遣唐留学生都与中国文人结下了深厚友谊，他们一同寻访名山大川，切磋画艺，吟诗作对。比如著名的日本诗人阿倍仲麻吕，按《大日本史》所载："阿倍仲麻吕，中务大辅船守子也。性聪敏，好读书，叙从八位上。灵龟二年，选为遣唐留学生，时年十六。往唐学问，多所该识，易姓名曰朝衡。玄宗授左补阙，为仪王友，迁秘书校书，后至秘书监，兼卫尉卿。"他出身于日本贵族家庭，被选派为遣唐留学生赴唐，他努力学习，完成学业后，却并没有回到日本，而是留唐出任官职，并结交了许多文人墨客。中唐诗人储光羲曾写有《洛中贻朝校书衡，朝即日本人也》一诗：

万国朝天中，东隅道最长。吾生美无度，高驾仕春坊。
出入蓬山里，逍遥伊水傍。伯鸾游太学，中夜一相望。
落日悬高殿，秋风入洞房。屡言相去远，不觉生朝光。

离开故国的阿倍仲麻吕难免会思念家乡，他曾经两次向唐玄宗请辞，欲回日本，不过，第一次却遭到了拒绝。天宝十二载（753），阿倍仲麻吕再次请求回国，《大日本史》记载："胜宝中，遣唐大使藤原清河至唐，玄宗命仲麻吕接之。及清河还，仲麻吕欲与归，玄宗因命为使，乃赋诗曰：'衔命将辞国，非才忝侍臣，天中恋明主，海外忆慈亲。伏奏违金阙，骈骖去玉津。蓬莱乡路远，若木故园林。西望怀恩日，东归感义辰。平生一宝剑，留赠结交人。'尚书右丞王维为诗并序送行。包佶、赵骅等，皆赠以诗。"王维赠别阿倍仲麻吕的那首诗，如今我们还能够读到："积水不可极，安知沧海东。九州何处远，万里若乘空。向国唯看日，归帆但信风。鳌身映天黑，鱼眼射波红。乡树扶桑外，主人孤岛中。别离方异域，音信若为通。"（《送秘书晁监还日本国》）

阿倍仲麻吕望着天上的月亮，怅然若失，亦赋诗曰："翘首望东天，神驰奈良边。三笠山顶上，思又皎月圆。"如今这首诗被镌刻成碑，立在镇江北固山上。在与中国的挚友们依依惜别之后，阿倍仲麻吕正式踏上了归国的旅途。

不幸的是，满心期待回归故土的阿倍仲麻吕在出海后遭遇风暴，并没能回到日本。在长安的李白听闻这一消息，以为阿倍仲麻吕不幸遇难，不禁失声痛哭，挥泪写下诗作《哭晁卿衡》：

日本晁卿辞帝都，征帆一片绕蓬壶。
明月不归沉碧海，白云愁色满苍梧。

幸运的是，阿倍仲麻吕随着风暴漂泊到了安南都护府（今越南一带）。如同命中注定一般，最终辗转回到了长安。他读罢李白为他写的诗，感慨万千，遂写下《望乡》一诗："卅年长安住，归不到蓬壶。一片望乡情，尽付水天处。魂兮归来了，感君痛苦吾。我更为君哭，不得长安住。"阿倍仲麻吕终其一生都没能回到日本，唐代宗时病逝于长安。

药师寺◎奈良时代（当代重建）

## 鉴真东渡

阿倍仲麻吕没有能够回到魂牵梦绕的故乡，但是与他一同踏上去往日本船队的鉴真和尚却成功抵达了日本。鉴真是律宗南山宗的传人，14 岁在扬州大云寺出家，18 岁受菩萨戒，46 岁时便已成为名满天下的大师，弟子遍及各地。55 岁时，鉴真和尚成为大明寺主持。在日本奈良时代初期，精通佛法的僧人并不多，所以遣唐的留学生不仅有学生，还有学问僧。留学生在中国学艺，而学问僧则要学习佛法。当时日本佛教兴盛，这些学问僧多是学习法相宗或三论宗。隋唐时期，日本对中国的学习达到一种前所未有的境地，日本平城京便是效仿长安城而建，迁都时，还兴建了兴福寺、元兴寺、药师寺、大安寺等寺庙。继法相宗、三论宗之后，律宗和华严宗兴起，日本学问僧在唐留学，不仅遍访高僧，学习佛法，更身兼请得道高僧去日本弘扬佛法的重任。当时日本虽然有来自新罗的律宗僧人到访，却没有扎根于本土的律宗法师，因此学问僧们邀请大明寺的鉴真和尚东渡日本。

在鉴真和尚遇见阿倍仲麻吕之前，已经五次尝试东渡日本，但每一次都遭到了阻挠，这一次也不例外，在出发前，唐玄宗并不允许他出国。为了带他走，日本使者藤原清河只能将他藏在船上，这一次，他终于成功抵达了日本平城京（今日本奈良）。鉴真和尚在日本居住了 10 年，将中国的医学、文学、书法、印刷等知识广为传播，他同时还带去了大量佛经，为日本的佛教发展提供了重要的经典资源。鉴真和尚医术精湛，在日本治病救人，并最终在日本去世。

如今，由鉴真亲自主持修建的唐招提寺依旧坐落在日本奈良，气势宏伟，庭院幽阒雅静，极具中国建筑风格，这里是日本律宗的总寺院，寺内供奉着鉴真的坐像。

# 京都きょうと

东寺五重塔
（江户时代重建）
平安时代

# 奈良なら

东大寺
奈良时代

唐风建筑，随着遣唐使被带回日本。飞鸟时代至平安时代的日本建筑就是参照了唐代建筑。比较典型的唐风建筑，是建于日本奈良时代的唐招提寺。唐招提寺由唐代高僧鉴真亲手兴建，寺名“招提”，为私造寺院之意。鉴真在 754 年东渡日本，并于 759 年开始建造此寺，约于 770 年竣工。由于历史变迁，唐招提寺也经历了多次改动。

# 宇治（うじ）

平等院

平安时代

法隆寺

飞鸟时代

平城宫（当代重建）

奈良时代

唐招提寺

奈良时代

## 艺术的魅力

在日本奈良县正仓院中，至今仍保存着 18 种 75 件完整的乐器，其中有三把唐时传入日本的琵琶，特别是其中的一把五弦琵琶更是不常见。因为我们熟知的琵琶是四弦，这一把却是五弦。这些琵琶制作工艺精湛，纹饰丰富，所绘山水画跟六朝时期的古典山水派有着很深的渊源。与现代中国琵琶不同的是，日本琵琶以拨子弹奏。这些琵琶是古代中日文化交流的见证，唐代的音乐发展迅速，文人大都善抚琴弄乐，相传王维精通音律，妙能琵琶，进士及第后所任第一个官职就是大乐丞。据说有一次，有人得到了一幅奏乐图，却不解画的内容。许多人慕名围观，都不能给出答案。王维看了之后，立时指出这是《霓裳羽衣曲》第三叠第一拍。大家将信将疑，有好事者招来乐工演奏《霓裳羽衣曲》，当乐工们奏到第三叠第一拍的时候，场景果然和画作一模一样。

唐代音乐发展达到了前所未有的巅峰状态，官方机构也发展迅速，教坊司被分离出来，以满足社会的需求。《大日本史 · 礼乐志》记载："本朝所传乐制，五声六声轻重之法，不可得而详也。盖其始受之隋唐。"日本留学生将大量乐器、书籍带回日本，这些书籍和乐器对日本的历法和音乐发展起到了至关重要的作用。日本还借鉴唐代教坊制度，设立了雅乐寮。这是日本最早的官方音乐机构，是教习本土传统乐舞和中国、朝鲜等外来乐舞的地方，规模庞大。

日本遣唐使不辞辛苦地来到中国学习，不仅带回了大量典籍、器物，也将我国的文化制度带回了日本，他们功劳巨大，是传播中日文化的重要桥梁。

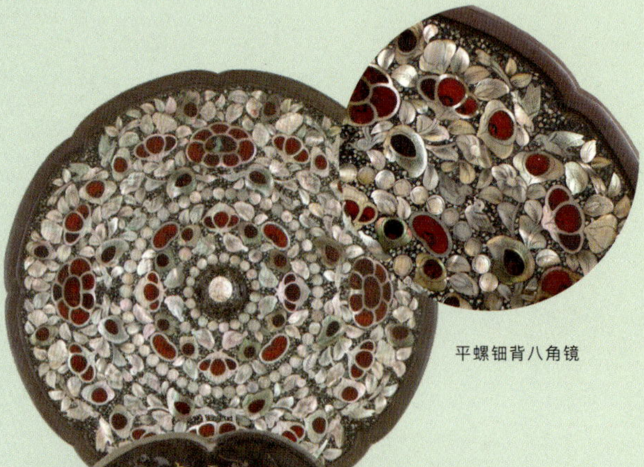
平螺钿背八角镜

漆背金银平脱八角镜

螺钿紫檀琵琶

琉璃杯

螺钿箱

螺钿紫檀阮咸

铜熏炉

金银平文琴

漆金薄绘盘

白琉璃碗

金银钿装唐大刀

绿琉璃十二曲长杯

螺钿紫檀五弦琵琶

漆胡瓶

正仓院被称为丝绸之路东边的终点。奈良时代的日本吸纳了相当多的唐代文化，丝绸之路上的货物随着遣唐使和日本僧人的东归亦被大量带回日本。它们被保存在正仓院中。东西方的物资、思想在此碰撞，新的技术、材料、设计在此融合，这里可说是古代西亚、中亚、南亚、东南亚、中国、朝鲜、日本美术和社会科学的博物馆。

正仓院建于 8 世纪中期的奈良时代，全部为木构建筑。其独特的校仓建筑完好地保存了这些古代宝物长达 1000 多年。现在由日本政府（内阁府宫内厅）管理。

正仓院收藏有建立东大寺的圣武天皇和他的光明皇后使用过的服饰、家具、乐器、玩具、兵器等各式各样的宝物，总数约达 9000 件之多。其中也包括从唐代中国、新罗等地运来的各种精品，甚至还有来自波斯的物品，例如由萨珊王朝制造的漆胡瓶、白琉璃碗等等。

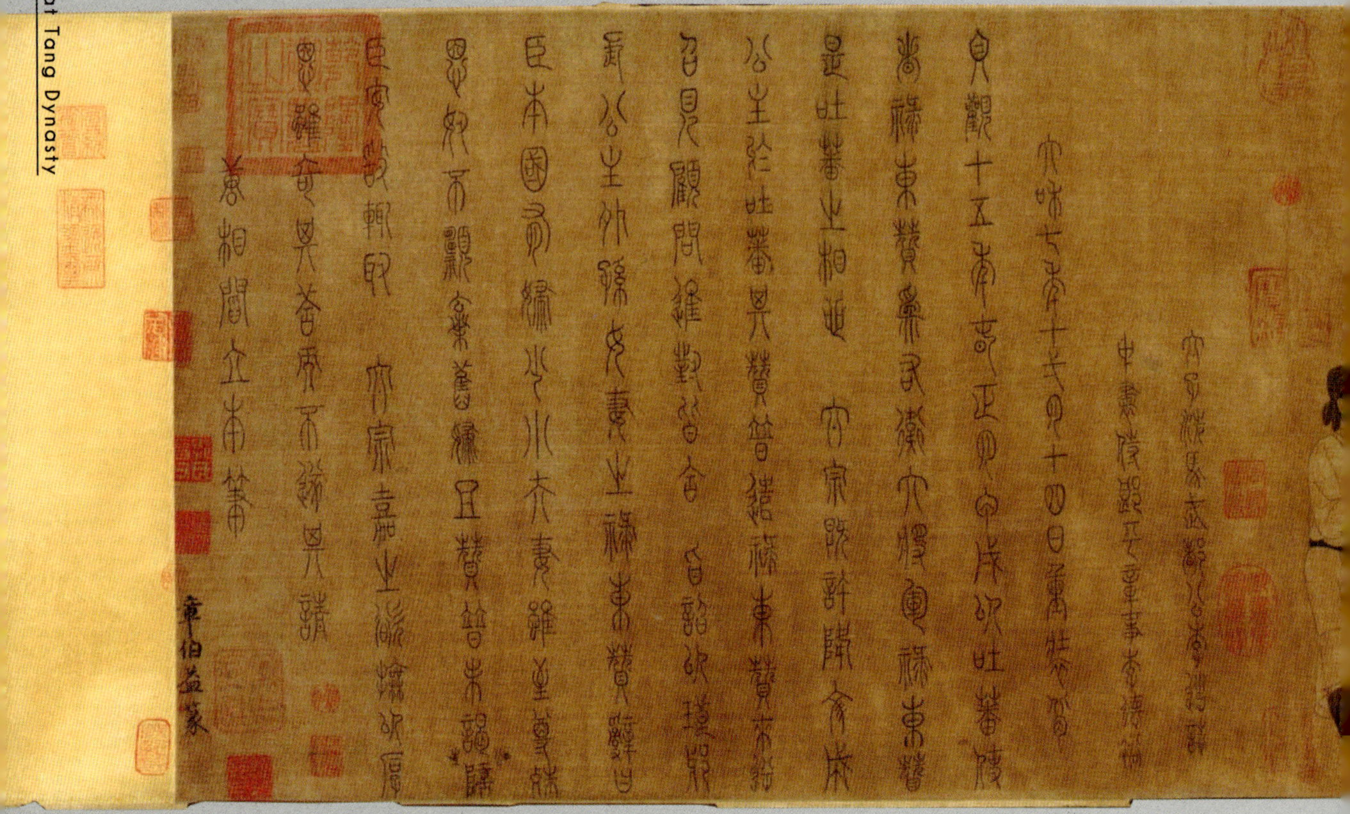

06

# The Great Tang Dynasty
# 世界史中的盛唐

文：孔德罡　编：陆沉
text: Kong Degang　edit: Yuki

**盛唐，**
**一个在中国人的心目中带着民族荣光的朝代，**
**今天，就让我们从世界史的视角来重新审视她——**
**她的辉煌和落魄，她在历史命运投射的阴影下的屈服与抗争。**

618 年，李渊称帝。就在大唐帝国崛起，继隋之后结束长达几百年的华夏战乱的同时，欧亚大陆的一些国家也刚刚从混乱中重新回归稳定。476 年，西罗马帝国灭亡，整个欧洲分裂并重新洗牌：法兰克王国异军突起，横扫西欧；拜占庭帝国显示出中兴荣光，并与法兰克王国相持不下，以“教皇国”为突破口互相拉锯，除此之外还与已趋衰弱的波斯帝国连年征战，试图染指中亚地区；突厥势力一统漠北后，又分裂为东西两部；穆罕默德正在传播伊斯兰教，一个庞大的帝国和一种至今依然强韧的宗教文明即将诞生。世界再次进入以统一、强大的区域性帝国间的争霸为主流的时期。

而这一次，处于盛唐时期的中国，在世界上的强势地位，在古代，可谓“后无来者”；也许那个时候的统治者们并没有意识到，他们已经处于古代中国最为强盛和辉煌的阶段。

**《步辇图》◎唐代◎阎立本（宋摹）◎故宫博物院藏**
贞观十四年（640），吐蕃王松赞干布仰慕大唐文明，派使者禄东赞到长安通聘。《步辇图》所绘是禄东赞朝见唐太宗时的场景。现存画作被认为是宋摹本。

## 开疆拓土，创造“东亚文化圈”

无论是统一南北的隋朝，还是接手天下的唐朝统治者们，都清楚地认识到，刚刚结束数百年内乱的华夏文明，还缺乏相对安定的外部环境。趁着北魏的分裂和中原各政权的互相攻歼，击溃柔然、高昌等国的突厥人建立了统一强盛的帝国。突厥采取多方拉拢、坐收渔利的外交手段，同时联合拜占庭帝国对抗波斯，并将权力之手伸入尚无人统领的西域。581 年，趁隋朝刚刚建立，突厥因隋朝所送礼薄为由大举入侵，隋文帝不得不修筑长城抵御。就如同当年的匈奴一样，中原王朝眼看就要再次陷入汉时边患不断的历史循环之中。

不过，历史并没有重演。突厥于 583 年因内讧而分裂为东、西两汗国，中原王朝与突厥的强弱态势瞬间逆转，曾经不可一世的突厥势力大减。7 世纪 20 年代，刚刚建立的唐帝国兵强马壮，先是击退了已经式微的东突厥，后又在兵力空虚的情况下用计与东突厥签订了渭水之盟，最终于 630 年击溃东突厥，俘获颉利可汗，使得东突厥各部臣服，均奉唐太宗为“天可汗”。657 年，唐帝国又平定了西突厥。唐帝国以最快的速度解决了北方边境问题，打破了历代中原王朝与北方游牧民族苦苦争战的历史怪圈，并在西域建立了安西都护府及北庭都护府，自汉之后再次获得向西扩张的机会，并真正得以进入世界舞台。

除了众多小国外，此时的唐朝边境，还有两股较为强大的势力。其一是隋炀帝三征而不克，直接导致其身死国灭的高句丽，其二是与唐朝几乎同时统一全境，新生的吐蕃帝国。唐玄宗派遣文成公主和亲，吐蕃归顺；继任的唐高宗也于 668 年攻灭高句丽。至此，唐帝国边境的各个强大政权或灭亡，或归顺，形成了以唐为核心的东亚文化圈。日本曾大量派遣遣唐使来唐学习，新罗、百济、安南等国也都纷纷派遣了使者前来，汉字、佛教、医学、诗歌、儒学经典和科举选官制度在各个国家生根发芽，东亚朝贡体系正式建立。最终直到 1894 年甲午战争清帝国战败，这一绵延千年的文化政治体系才宣告瓦解。

但历史并没有完全偏向唐帝国一方。就在唐帝国设立两大都护府开始经营西域之时，中亚地区也出现了一股前所未有的强大力量。622 年，穆罕默德从麦加出走麦地那，在建立阿拉伯帝国的同时，也开启了伊斯兰文明的纪元。而此时，因为通信的缓慢和闭塞，唐帝国还不知道自己将要迎来一个怎样的对手。

**《客使图》◎唐代◎章怀太子墓壁画**

《客使图》描绘的是唐朝的外交机构鸿胪寺官员接待外国使节的场景。唐代时，鸿胪寺是朝廷主管外事接待、民族事务及凶丧之仪的机关。章怀太子是唐高宗李治和武则天的次子。图中描绘的是中宗皇帝为其兄李贤，即章怀太子迁葬时举行盛大的“发哀临吊”的场面。壁画上的三位中国官员穿着初唐时的朝服，头戴介帻，外加漆纱笼冠，身着阔袖红袍，白裙曳地，腰悬绶带，足蹬歧头履，气度沉稳，雍容自若。手中执有笏板，神情肃穆，面面相对，似乎正在商谈事宜。另外三人为异域使者，他们拱手躬身，毕恭毕敬。

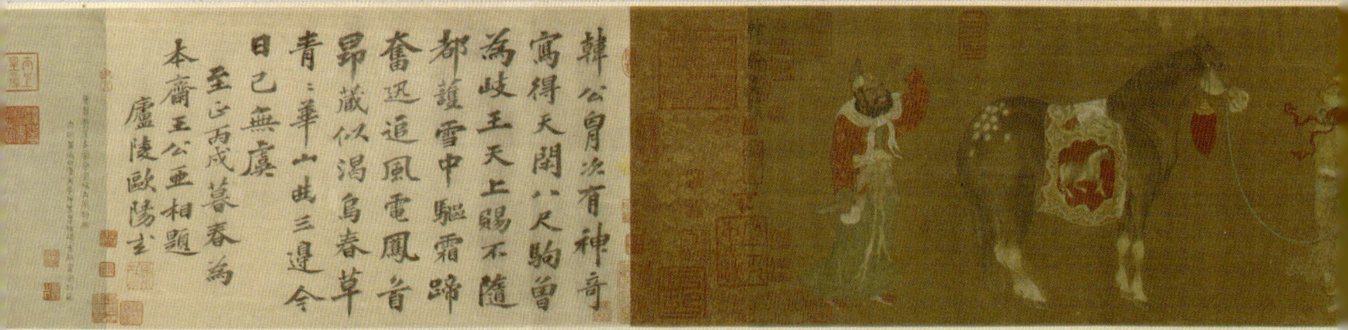

《蛮夷执贡图》◎唐代◎周昉◎台北故宫博物院藏
图中绘有一胡服贡使，手牵一头长角羊向大唐进贡。此图无款识，仅有金章宗题签“周昉蛮夷执贡图”。

### 西域征途，终于阿拉伯与安史之乱

642 年，曾经的中亚霸主波斯帝国被阿拉伯人击溃，而仅仅十几年之后，拜占庭帝国也在船桅之战中惨败于阿拉伯人之手，若不是当时的哈里发遇刺使得阿拉伯人暂停扩张，拜占庭几乎亡国。一个全新的文明和大帝国已经踏上历史大舞台。

而在接下来的近百年的时间里，唐代历经唐高宗、武则天及唐玄宗的治理，西域统治较为稳定。就当时的地理和经济条件而言，进一步扩张并不是唐帝国的首选。尽管如此，高句丽裔安西副都护高仙芝率领的唐军，最终还是遇见了正在扩张的阿拉伯帝国军队。从 7 世纪初开始，唐帝国和阿拉伯帝国各自经历了百年的发展壮大，最终于 751 年在怛罗斯（葱岭以西、接近哈萨克斯坦塔拉兹的附近地区）相遇了。有关这场战争的记载不多，战况、参与人数等问题一直未有定论，我们唯一可以确定的是，这场持续多天的战役以唐军失败而告终。

不过，怛罗斯之战的历史意义，也许被后人高估了。这是一次唐帝国与阿拉伯帝国最高统治者都没有参与的地方部队冲突，只是由西域石国跟唐的政治纠纷酿成的，这次失利也完全没有对唐帝国在西域的统治产生什么颠覆性影响。而交战的另一方，取代了后伍麦叶王朝（白衣大食）的阿巴斯王朝（黑衣大食），也是刚刚夺权，立足未稳，取胜后即撤离战场，并立刻派遣使者向唐玄宗议和纳贡：阿拉伯帝国和伊斯兰文明在中亚的扩张，还要等到几个世纪以后。

最终，怛罗斯之战的失败因为 4 年之后发生的安史之乱，而成了唐帝国走向衰弱的先声与注脚。经历安史之乱后，唐帝国由盛转衰，离开了活跃了近 150 年的世界舞台。接下来的几十年里，唐帝国在西域的势力逐渐丧失，吐蕃、回纥等势力重新崛起。衰弱的唐帝国在党争、宦官干政的混乱中又度过了大概 150 年，并最终消失在了历史的尘埃之中。自此，古代中国再也没有出现这样具有强大世界影响力的王朝。

唐帝国离开世界舞台之后，法兰克王国一分为三，产生了法兰西、意大利、德意志三个国家的雏形；不列颠岛开始产生基督教国家，伊斯兰文明逐渐在中亚壮大，百年翻译运动让阿拉伯人走到了世界最前列。世界史的风云变幻，已经是另外一个故事了。

《胡人呈马图》◎唐代
◎韩干◎美国弗利尔美术馆藏

**《入唐求法巡礼行记》书影◎台湾"国家图书馆"藏**

《入唐求法巡礼行记》是日本僧人圆仁随第19次遣唐使团入唐求法巡礼过程当中用汉文所作的一部日记体游记著作。全书从唐文宗开成三年六月十三日（838年7月2日），从日本博多湾登船出发开始写起，一直写到唐宣宗大中元年十二月十四日（848年1月23日）从中国回转日本博多，前后历时近9年7个月。书中内容记录了唐武宗会昌毁佛运动的情况，并对9世纪中国的社会风习进行了详尽描述，具有很高的历史价值，是研究晚唐历史的重要史料之一。

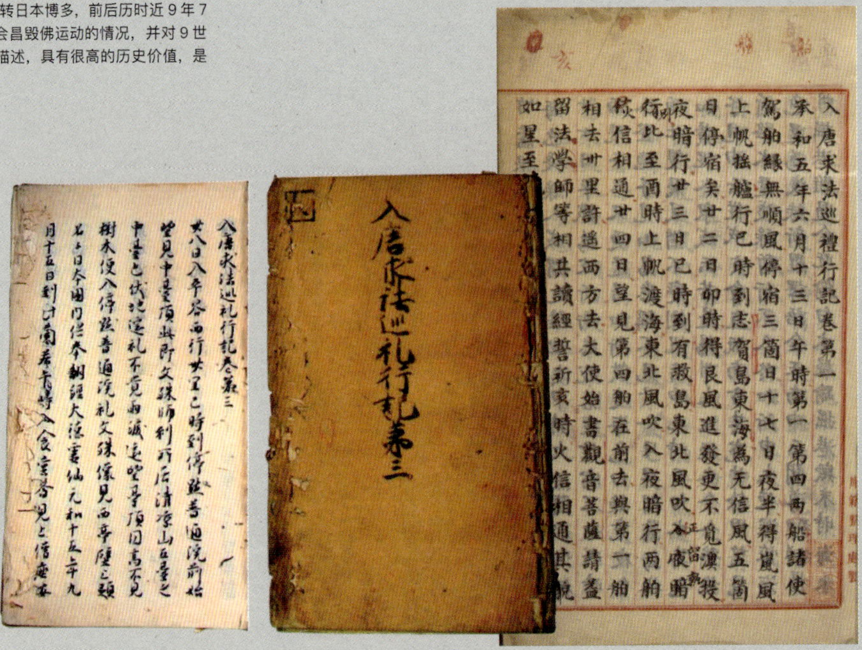

## 胡风唐风，交流是对等的吗？

国际化大都市长安城和世界性帝国盛唐，一直是后世讨论研究多族群交流和文化传播的重要范本，也成为某种讨论中国历史上多元文化状态的理想乌托邦。胡人在历史文献和国人的生活习惯中都留下了重要印记，唐代社会生活中的衣、食、住、行、文学艺术都受到了胡风的影响，这也成为历来学者们关注的焦点。从胡饼、香料、制糖原料到葡萄酒，从胡姬的穿衣打扮到女性服装的开放时尚，从佛教的传入壮大和建筑风格的变化到唐诗中无处不在的胡人胡乐及经久不衰的陆上与海上的丝绸之路，唐帝国以多民族融合、多文化交流的形象闻名于世。

与此同时，除了东亚文化圈外，在西域各地的考古发现中也能寻找到唐代的影响痕迹。敦煌经卷中出现了大量的儒家经典以及汉人的婚俗法律；丝绸、茶叶、药材等特产此时经由中亚商人的传播开始通行全球；铸铁等金属冶炼技术也是在这一时期传入的印度；当时的中国的绘画和纺织技法，则极大地影响了阿拉伯传统细密画的形成；造纸术也是这一时期经由和平的方式传入阿拉伯，而非通过怛罗斯之战被俘的唐代工匠，因为早期学术研究资料不完全，以及故事自带的某种传奇性，"怛罗斯之战推进了造纸术传播"只是一个历史悠久的"神话"谣传。

不过，不难发现，有关唐文明对外的传播与影响，在生活习俗方面并不太多。即"唐人胡风"集中来自中亚的西域、波斯、阿拉伯一带，以及传来大乘佛教的印度一带，这些地区的风俗习惯对唐代的社会生活影响极大，但它们本身却并未沐浴太多的"唐风"。而对应的胡人唐风，则基本集聚于日本、朝鲜、越南、东南亚等东亚文化圈一带，具体表现为政治经济文化基本都是唐风，而未对唐产生什么文化影响。强势的唐文明对东亚文化圈的统治力由此可见一斑，但与此同时，在面对实力不足、臣服于唐帝国的西域诸国和印度诸国，以及实力对等的阿拉伯帝国时，同样应该属于强势文明的唐风，为何只是输出了大量的商品、特产、科学技术，却并未制造出另一个东亚文化圈呢？

一个比较理性的解释是，在当时的历史环境下，这样遥远的地理距离和历史文化差异，以如今全球化时代为标准的大规模的文化交流传播，实际上是无法实现的。唐朝虽然已经是古代中国最为强盛和国际化的帝国，但是其对外国文明的影响和本身受到的外来文化的冲击，都还是相对有限的。据考证，在当时的唐长安非常流行的带有胡风的女性服装，在江南一带基本难以寻觅。唐代的多元文化、多族群共存，基本上还是以首都长安和沿海的通商口岸为主。由此也可以类推，西域诸国虽然归属唐帝国管辖了百年之久，但在整个历史长流中还是较为短暂的一段时间，由此产生的华夏文明辐射，相比于后来在中亚各地传承至今的伊斯兰文明，影响还是相对较弱的。

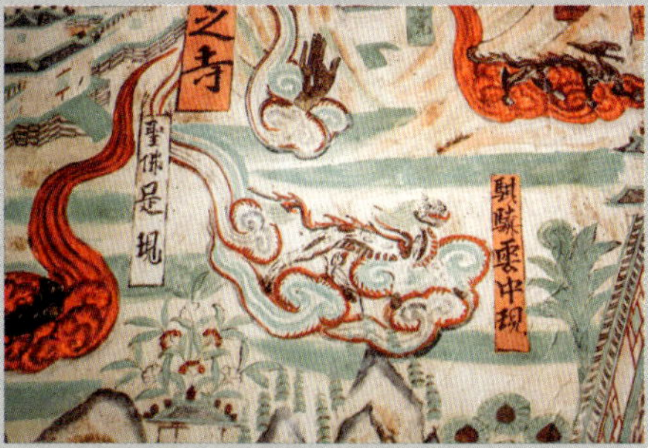

**莫高窟《五台山图》◎五代**

丝绸之路沿路的众多佛教石窟，比如敦煌莫高窟、天水麦积山石窟、大同云冈石窟、洛阳龙门石窟，这些石窟融合了东西方艺术，见证了丝绸之路上的中西文化交流。唐时，五台山成为全国佛教的“首府”，可与印度的灵鹫山媲美，因此《五台山图》作为佛教圣物，信众们对其趋之若骛。唐德宗贞元年间，敦煌陷于吐蕃，吐蕃王朝多次向唐帝国求《五台山图》，唐穆宗长庆四年（824），吐蕃遣使向唐朝求取龙朔二年（662）会赜和张公荣绘《五台山图》小帐。因此《五台山图》也流入敦煌。五代时期，曹氏政权统治敦煌一带，在这个中西方交通的要道上，建造了众多的寺庙和洞窟，《五台山图》也成为敦煌石窟中最大的壁画。

绘制于五代时期的《五台山图》，长 13.45 米、高 3.42 米，描绘了从山西太原经五台山到河北镇州（今河北省正定县）周围八百里以内的山川景色，其中寺庵兰若及城池房宇等建筑 199 处、桥梁 13 座、佛菩萨画像 20 身、僧俗人物 428 位、乘骑驼马 48 匹、运驼 13 峰，是世界上罕见的古老而巨大的形象地图。

The
oreigners
China

ina

Song
Dyna

07

# Song Dynasty: How China Changed the World

# 宋代：改变了世界的面貌

文：安晓良　编：陆沉　绘：Ricky
text: An Xiaoliang　edit: Yuki　illustrate: Ricky

两宋时期，连续的军事失败给后人留下了“积贫积弱”的印象。北宋在开国初期伐辽失败之后，就一直被契丹这个北方强邻欺压，最后选择了输纳岁币换取和平；后来女真族建立的金国南下，北宋覆亡，南宋只能保有南方半壁江山。再后来蒙古人在漠北草原崛起，南宋也难逃劫难。不过跟国人的普遍印象不同，在外国历史学家眼里，宋朝却是另外一副模样。

曾担任亚洲研究协会主席的美国著名历史学学者罗兹·墨菲在《亚洲史》一书中这样评价宋代：

> 在许多方面，宋朝在中国都是个最令人激动的时代，它统辖着一个前所未见的发展、创新和文化繁盛期。从很多方面来看，宋朝算得上一个政治清明、繁荣和创新的黄金时代……宋确实是一个充满自信和创造力的时代。

宋代是我国历史上科技和文化最为发达的时代之一，活字印刷术、火药和指南针均是从宋代开始被运用在生产和生活中的。黄仁宇在《中国大历史》中说："公元960年宋代兴起，中国好像进入了现代，一种物质文化由此展开。货币之流通，较前普及。火药之发明，火焰器之使用，航海用之指南针、天文时钟、鼓风炉、水力纺织机、船只使用不漏水舱壁等，都于宋代出现。"

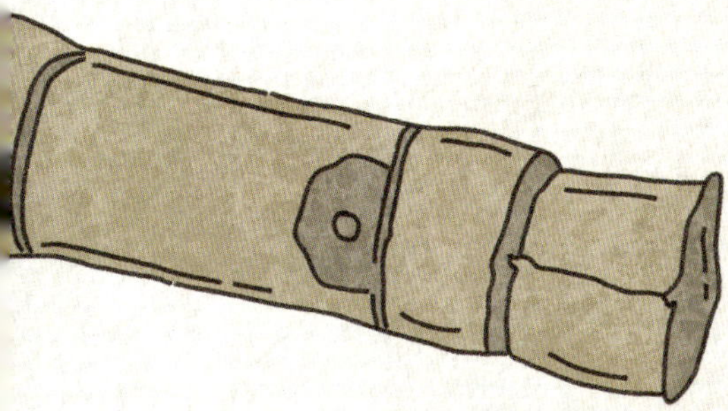

通过海上丝绸之路，宋代和朝鲜、日本、东南亚、阿拉伯地区甚至欧洲诸国都有着紧密的经济文化交流，正是通过那些数不尽的商船，宋代中国把自己的科技和文化成果传播到了世界各地，并最终改变了整个世界的面貌。

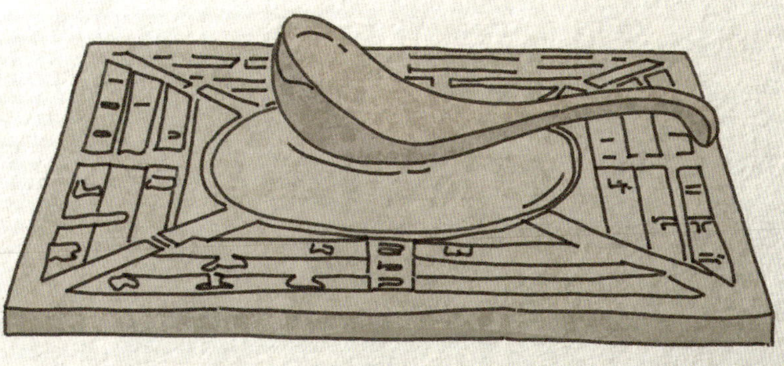

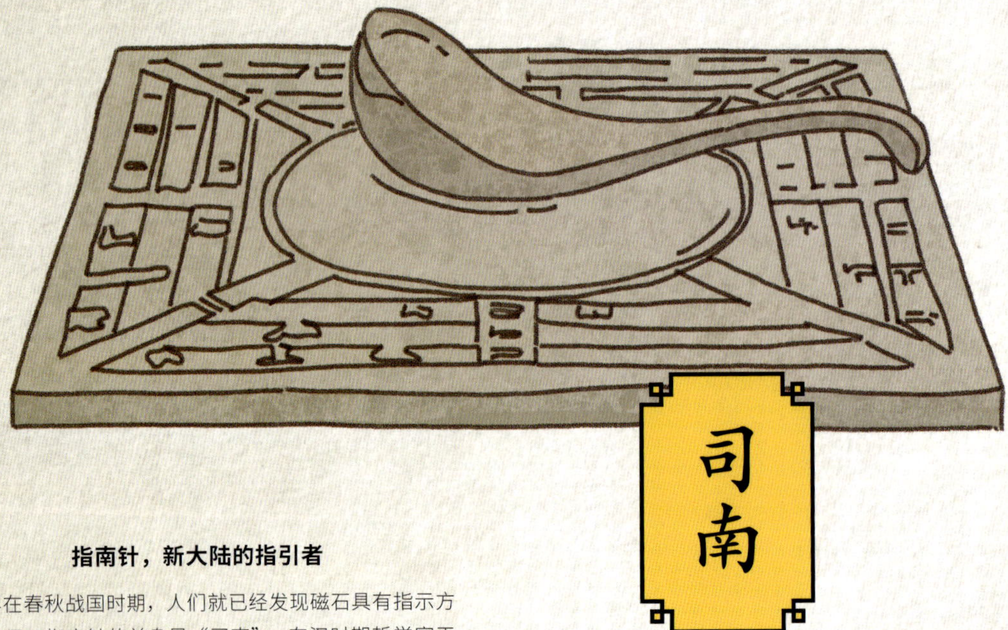


### 指南针，新大陆的指引者

早在春秋战国时期，人们就已经发现磁石具有指示方向的作用，指南针的前身是“司南”。东汉时期哲学家王充在《论衡》一书中介绍道：“司南之杓，投之于地，其柢指南。”一般认为，这是一种用磁石制作的勺子，放到光滑的铜制盘中任其转动，停下来后，勺柄指示的方向就是南方。

到北宋时，人们已经把磁勺改换成了用钢磨制而成的磁针，并且开始探索怎样在航海中使用它。著名科学家沈括在《梦溪笔谈》中写道：“方家以磁石磨针锋，则能指南。”他还记录了好多种装置磁针的方式，比如说水浮法，就是拿一个碗盛满水，将磁针穿在浮漂上置于水中来指示方向。还有缕悬法，是用细细的蚕丝将磁针悬吊起来，任其转动，来指示南方。经过丰富的研究和实验，沈括甚至还发现了磁偏角的存在，即他记载的“常微偏东，不全南也”。

南宋时，用水浮法制作的指南针已经广泛应用于航海贸易中。指南针最重要的作用当然是指示方向以免海船迷航，不过，除此之外，跟船上的堪舆家一样，人们也赋予了它一种神秘色彩，对船上水手们的心理安定作用同样不可小视。这也是中国海商敢于在浊浪排空的海上航行的最大倚仗之一。

指南针随后又被改造成了更加简单实用的罗盘并通过阿拉伯传入欧洲。15 世纪，意大利航海家、探险家哥伦布在西班牙女王的资助下，组织了一支船队出海远航，最终开辟了横越大西洋到美洲的航路，从此，中世纪的黑夜结束，大航海时代开启。而在船队的每一艘船上，都至少装备有一只罗盘。

# 火药武器

**火药武器，贵族和骑士的终结者**

火药的诞生，很可能源自一场炼丹事故。古代的炼丹术历史悠久，不管是秦始皇、汉武帝还是唐太宗，长生不老对富有四海的帝王们来说，都是一个极大的诱惑。有了需求就有市场，一代又一代炼丹术士们经历一次又一次失败，尝试了无数种化学物质，总结出了煅（长时间高温加热）、炼（干燥物质的加热）、灸（局部烘烤）、熔（熔化）等一系列炼丹妙法，不过长生久视的梦却依然缥缈如镜花水月。

失之东隅，收之桑榆，尽管没有炼出长生不老药，他们却无意中发明了火药。据唐代的炼丹指南《真元妙道要略》记载，用硫黄、硝石、雄黄和蜜（烧焦后化成炭）一起炼丹时，发生了一起失火事件，把人的脸和手都给烧坏了，甚至连房子也给烧了。后来随着类似的事件增多，人们发现将硫黄、硝石和木炭三者按照一定的配比进行混合，就能制造出一种危险的易燃物，这种易燃物就是黑火药。

到宋代时，火药已经被人们所熟知，并且被运用到了军事领域。据《宋史·兵志》记载，一个名叫冯继升的兵部小官发明了用火药驱动的火箭，宋太祖知道后大喜，重赏了他。此后，各式各样的火药武器如雨后春笋般出现在了北宋的军队中，比如神卫水军队长唐福献研究出的火炮、火蒺藜等等，北宋军队也从冷兵器时代一跃进入了火器时代。

史书记载，名臣李纲在金兵围城时，在开封城下使用了一种名为“霹雳炮”的火器，很可能就是现代火炮的雏形。尽管这些奇特的火器并未减缓北宋的灭亡步伐，却也在增强军队的战斗力方面，起到了一定的作用。到南宋时，火器更是获得了长足发展，宋理宗时，还出现了一种类似后世火枪的突火枪。它采用粗大的竹竿做枪筒，内安子窠，在后面点燃后，子窠就会迸射出来，烧灼敌人。到了元明之际，这种用竹筒制造的管状火器改用铜铁等材料铸成大炮，被称作“火铳”，这也是现代枪炮的祖先。

蒙古崛起之后，金军也曾用火药武器对抗蒙军。据《金史》记载，汴京守军使用了一种名为“震天雷”的武器：“其守城之具有火炮名‘震天雷’者，铁罐盛药，以火点之，炮起火发，其声如雷，闻百里外，所爇围半亩之上，火点着甲铁皆透。”1234 年蒙古灭金之后，将虏获的工匠和火器全部带走，还把金军中的火药工匠和火器手编入了蒙古军队。

之后，装备了火药武器的蒙古大军在西征中所向披靡，一直打到了东欧多瑙河边，而火药武器随之在欧洲诸国露出狰狞的面目，被称为“中国喷火龙”。另一方面，在同阿拉伯帝国的战争中，蒙古军队损失了一部分火药武器和工匠，从此火药的制造方法传入阿拉伯国家，并随着战争扩散到了欧洲。

13 — 14 世纪的欧洲正处于黑暗的中世纪，贵族领主们住在牢不可破的城堡里面作威作福，豢养了一大批身披板甲活像铁罐子的骑士。不管是农民还是刚刚出现的资产阶级，在贵族和骑士们的武力威慑下都无力反抗。但是火药的出现改变了这一状况，配备火绳枪的农民战士只需稍加训练便能够跟成群结队的骑士们对抗，而火药包则可以“轰隆”一声就把城堡轻松炸上天。从那时开始，被压抑了数百年的破坏力终于爆发了，中世纪的欧洲也即将开启新纪元。

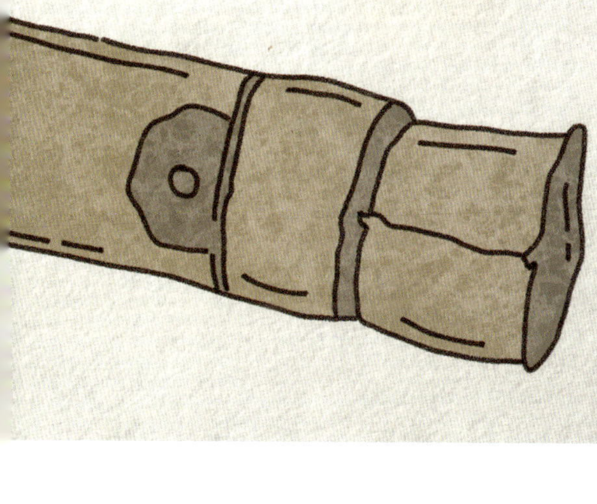

## 印刷术和宋版书，文化的力量

相比较而言，造纸术诞生之后，印刷术的诞生也就显得顺理成章了。毕竟我国早在战国时代就已经发明了反体书写的印章，后来拓印石碑，更给了人们无尽的灵感。唐代时，雕版印刷术终于出现了。从手工抄写的书籍到使用标准化模板印刷书籍，技术进步催生了文学的大发展和大繁荣，从彪炳史册的唐诗宋词到唐宋八大家，这些被印刷出来的书籍一直流传至今。

宋代时，一位名叫毕昇的匠人发明了用胶泥制作活字的印刷术。据宋代科学家沈括的《梦溪笔谈》记载："庆历中，有布衣毕昇又为活板。其法，用胶泥刻字，薄如钱唇，每字为一印，火烧令坚。先设一铁板，其上以松脂、腊和纸灰之类冒之，欲印则以一铁范置铁板上，乃密布字印。满铁范为一板，持就火炀之，药稍镕，则以一平板按其面，则字平如砥。若止印三二本，未为简易；若印数十百千本，则极为神速。"毫无疑问，这就是世界上最早记录的活字印刷术，也是印刷史上的一次伟大的技术革命。

不过让人意想不到的是，活字印刷术在当时非但没有取代雕版印刷术在行业内的地位，反而还被迅速边缘化了。甚至直到明清两代，书商们的主流印刷方式仍然是雕版印刷。其中缘由也好理解。首先，活字印刷术的字模是混排的，所以活字印刷术使用者需识文断字，只有这样才能按照书本要求排版，但是在古代社会，对地位不高的工匠来说，识字的要求实在是太高了。相比之下，雕版印刷制作模板时，仅仅需要工匠按照形状雕刻就行了，并不需要识字。而且一套成型的雕版，还可以存放在家中，等待升值，而活字印刷术就做不到这样了。其次，汉语中的常用字多达数千，活字印刷术要求制造大量字模，不管是使用还是存放都很不方便，而这也是活字印刷术未能在中国成为主流的重要原因。

墙内开花墙外香，活字印刷术虽然不太适用于汉字，但对西方拼音文字来说，却更具优越性，因为只要制作 50 多个字模，就可浇铸活字进行印刷。13 世纪，随着蒙古军队的西征，雕版印刷术和活字印刷术传入欧洲。1450 年左右，一位名叫谷登堡的德国人发明了铅活字印刷术，这种使用含锑的铅锡合金铸造字模的印刷术很快就风靡了全欧洲，谷登堡也因此被认为是现代印刷术的创始人。那么谷登堡的印刷术到底有没有受到中国印刷术的启发呢？历史学家们争论不一，不过正如著名科技史学家李约瑟所说，"这种发明是一种再发明，而不是很有独创性的发明"。[1]

造纸术和印刷术在宋代的长足进步，也催生了"世界上最昂贵的书籍"——宋版书的出现。明代著名学者宋濂评价说："宋人之书，纸坚刻软，字画如写，格用单边，间多讳字，用墨稀薄，虽着水湿，燥无湮迹，开卷一种书香，自生异味。"宋版书的刻印有一套符合美学要求的规范，如开本大小、行格疏密、天头地脚的大小、字的排列，无不是后代遵循的典范，就连宋版书使用的字体也在今天成了我们最常用的字体——宋体。

近水楼台先得月，宋代中国的精美书籍和印刷技术率先通过南来北往的使臣和僧人们传入邻近的朝鲜和日本。朝鲜人把活字印刷术加以改造，改铸成为铜活字，为后来称誉于世的李氏朝鲜铜活字打下了基础。而在日本则通过僧人们的传播产生了大量雕版印刷的佛经，广泛的佛学交流也促进了日本雕版印刷技术的发展。

1.《中国科学技术史》第七章第 12 节。

# 印刷术和宋版书

茶与瓷器
1
2
3
4
5
6
7

## 茶与瓷器，奢侈的生活方式

中国的茶文化起源于何时已经难以考证了，不过一个确凿的事实是，早在唐代，茶就已经是中国人生活中的常见饮品。唐代中叶，一个名叫陆羽的隐士写出了世界上第一部系统性介绍饮茶方式的书籍——《茶经》。从茶叶的起源到发展，从茶叶的采摘、制作、鉴定、分级到最后的烹煮、饮用，它都做了详细的说明，堪称是中华茶道的开端。不过唐代吃的茶有点类似我们今天的茶汤，需要加入酥油、盐粒等调味。

如果说唐代的茶文化还有几分粗粝的话，宋代的茶文化就进入了成熟期。当时流行一种斗茶法——先将饼茶碾碎成为茶叶粉末，置碗中待用，再用锅子烧水，微沸初漾时即冲点入碗，让茶末和沸水交融于一体，然后以茶筅用力打击，直至出现泡沫。茶的优劣，以沫饽出现是否快，水纹露出是否慢来评定。

这种斗茶法在明代初期逐渐衰落，不再流行，而被嫩叶冲泡的饮茶方式取代。不过它却漂洋过海在日本流行开来。日本来华僧人荣西把中国的这套饮茶方式带回日本，并且在国内大力推广种植茶树，甚至还写了《吃茶养生记》一书来推广茶艺。在此基础上，日本人改造出了一套十分讲究礼仪的茶道，并一度风靡全世界。如今，我们日常吃的抹茶，即由碾碎的茶叶粉末制成。

宋代人饮茶用的茶盏主要为胎质疏松的黑釉瓷器，因为这种瓷器的良好保温性能可以延长咬盏时间，并能够让白色汤花更鲜明。宋代的青瓷和黑瓷产品，更是达到了明清时代都难以企及的高度。

随着对外贸易交流的发展，以青瓷为代表的宋代瓷器迅速成为当时出口的“拳头产品”。1000年后的今天，在日本的京都、西亚阿曼的苏哈尔、北非埃及的福斯塔特，以及东非坦桑尼亚的基尔瓦等地都相继发现了大量宋代青瓷。当时无论是东亚还是中东的阿拉伯国家，无论是东南亚还是欧洲诸国，贵族们无不以拥有一件北宋青瓷为荣耀。耀州窑遗址还出土过一件青釉胡俑头，从面相来看，它塑造的很可能是从波斯来的商人，那逼真的神态让人不由得感叹当时的中国跟世界各国文化交流程度之深。

在欧洲国家，中国瓷器更是被视为神奇的珍玩，只有在西班牙和法国等国的宫廷里才能见到较多的瓷器，贵族家庭也以摆设瓷器来附庸风雅，炫耀地位。就连中国的英文名字都和“瓷器”（china）一样，被称为“China”。

宋代陶瓷业蓬勃发展，窑址位于河南省宝丰县清凉寺的汝窑，产烧的瓷器。器形端整大方，釉色滋润莹澈，成为皇家指定御用的瓷器。汝窑瓷器色泽独特，有“天青色”“雨过天青”或“淡青色”等等称谓，温润典雅的汝窑瓷器也成为宋代瓷器的最高审美。

**①北宋汝窑青瓷水仙盆◎台北故宫博物院藏**
从河南省宝丰县清凉寺汝窑窑址出土的看似专为烧造水仙盆而设计的椭圆形支烧工具来看，水仙盆应产烧于中心烧造区。传世水仙盆底部的支痕一般为六枚，但不知此件作品是因烧造过程滑落之故，还是因为其他不明的原因，仅存留五枚支烧痕，形成了非常不一样的烧造特征。

**②北宋汝窑青瓷椭圆洗◎台北故宫博物院藏**
汝窑作品中，极少出现模印图案的装饰技法。和此品一样者，分别典藏于英国伦敦大卫德基金会和美国波士顿美术馆。

**③北宋汝窑青瓷洗◎台北故宫博物院藏**
乾隆皇帝在御制诗中，以“赵宋青窑建汝州，传闻玛瑙来为油”来说明汝窑的生产背景，表达了他对汝窑的认识。

**④北宋汝窑青瓷奉华碟◎台北故宫博物院藏**
底刻“奉华”二字，乾隆皇帝考证南宋刘贵妃善画，号奉华，拥有大小两枚奉华印，从而指出此件作品在南宋的流传经过。

**⑤北宋汝窑青瓷莲花式温碗◎台北故宫博物院藏**
同时出现在漆器、金属器和陶瓷器中的莲花式温碗，造型为宋时经典，同时也深受高丽人的喜爱，成为高丽青瓷中流行的器类。

**⑥北宋汝窑天青奁式炉◎台北故宫博物院藏**
造型和战国漆器或汉代青铜器雷同的奁式炉，形体硕大，具古雅风格。南宋宠臣张俊献给高宗的汝窑清单中，即包含此器类。

**⑦北宋汝窑青瓷盘◎台北故宫博物院藏**
底部镌刻的御制诗中，乾隆皇帝以“周尺将盈尺，宋瓷方是瓷”来形容宋瓷独特的质感，赞美宋瓷才是瓷器中的瓷器。

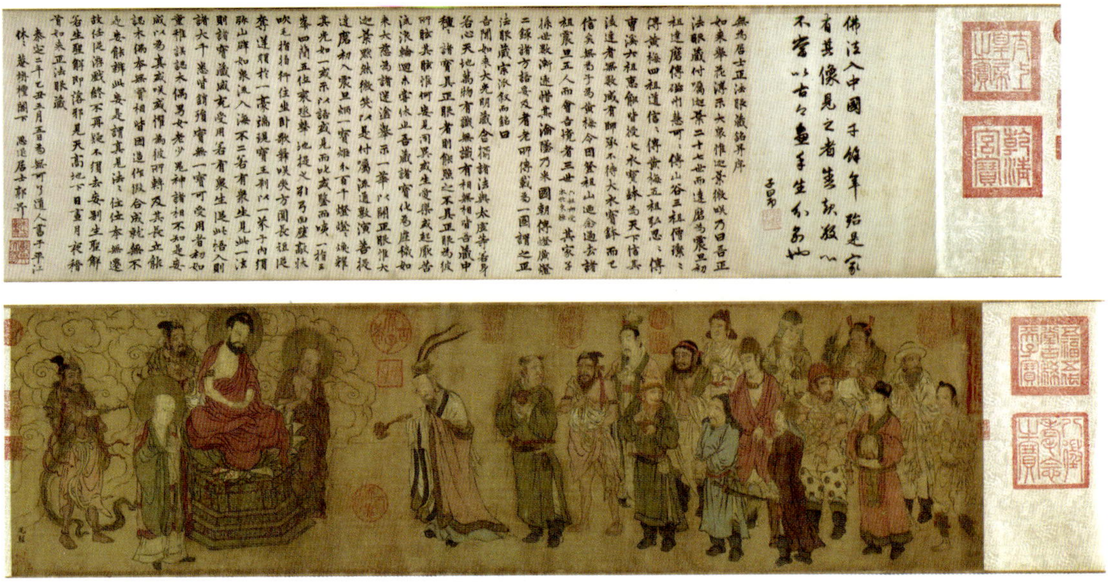

08

# Song Dynasty:
# An Italian's Experiences in Quanzhou

## 宋代：一个意大利人在刺桐城的见闻

文：安晓良 编：陆沉
text: An Xiaoliang edit: Yuki

泉州，这个南宋时闻名世界的港口城市，这里有络绎不绝的异国商船，有来自世界各地的健壮水手，更有一个古老国家对全世界敞开的无畏胸怀。这里注定会发生一些奇迹，也注定会有一些见证奇迹的人，来自意大利的商人雅各·德安科纳便是其中的一个。这个在泉州逗留了半年的犹太人，记录下了宋代的泉州——这座他眼里的“光明之城”。

**《番王礼佛图》◎宋代◎赵光辅◎美国克里夫兰艺术博物馆藏**
此图描绘的是番王朝拜佛祖的场景。佛祖高坐莲台，诸番王为礼拜、贡献之状，服饰皆异域装束。画面气势宏大，人物安排疏密有致，表情各异，生动自然。

## 一个意大利人在刺桐城的见闻

1271 年，忽必烈发布《建国号诏》，将国号由“大蒙古国”改为“大元”，元朝由此正式建立。与此同时，漫长的宋元战争也仍在持续着。精锐的蒙古军队包围了孤立无援的襄阳城，昏庸的宋度宗却在权相贾似道的蒙蔽下，对前线战事一无所知。南宋的国祚就像风雨飘摇的襄阳城一样，即将被蒙古人的最后一击所中断。

然而坐落在南宋东南一隅的海滨城市泉州城外，在高山环绕的港口江面上，却是另一幅热火朝天的图景：几千艘各式各样、千奇百怪的大小帆船争先恐后地涌向港口码头，堆积如一座座小山似的货物被打成包裹从上面卸下，运到附近“像修道院一样大”的仓库，另一些小山似的货物则从这些仓库里被运出来装到船上。

雅各 · 德安科纳站在人群中，虽然不露声色，心里却早已是一片惊涛骇浪。时年 50 岁的他出生于意大利的著名商业城邦威尼斯，从小跟随家族商船在大洋上闯荡，自诩见多识广，然而这座巨大的港口城市还是让他感到惊奇不已。他写道：“这是一座很大的港口城市，甚至比辛迦兰（广州）还大，商船从中国海进入到这里……整个江面上充满了让人惊奇的货船，每年单是装载胡椒的船只就有几千艘，还有更多几十倍其他的货船装载着其他货物。它们有的来自阿拉伯，有的来自印度、锡兰、小爪哇，以及很远的北方的国家，比如北方的鞑靼，也有很多的船只来自我们国家和法兰克其他王国。”

沿着奔腾入海的江水堤岸，雅各一边走一边观察着眼前这座神奇的城市。他发现道路的两旁种满了一种高大挺拔的乔木，茂密的绿色树冠中点缀着一串串火红的花。身边的伴当——一个年轻的中欧混血儿告诉他，这种树是泉州市的市花，名字叫刺桐。也正因为城市里种满了这种美丽的树木，这里又被称作“刺桐城”。《马可 · 波罗行纪》中称呼泉州市为“Zayton”，即“刺桐”的音译。

雅各曾经以为自己的家乡威尼斯是这个世界上最大的城市，然而到了刺桐城他才发现，威尼斯不过是一个稍微大一点儿的镇子而已。他慨叹道：“在这个城市里，从中国各地运来了丰富至极的商品，不管是美丽的上品丝绸还是其他珍奇异宝，都让人爱不释手……建筑物的数量太多了，以至于它们只能挤在一起，形成了一个个社区……在这里有着世界上最多的商店，而且每一种商品都有着特定的市场，比如说丝绸市场、香料市场、海鱼市场等等，它们就坐落在高大的城墙边上，一座紧挨着一座。”

如果说白天的刺桐城只是让雅各感到惊奇的话，那么夜晚的刺桐城就让他实实在在地感到震撼了。这竟然是一座不夜之城！他发现在太阳落山之后，刺桐城的道路两旁和庭院里就点起了无数的灯笼。星星点点的灯光汇聚起来，让这座城市重新获得了光亮。每一条街巷里都闪烁着灯光；每一个男人们寻欢作乐的场所里都灯火通明，直到太阳重新升起。

怀着巨大的好奇心和无比的新鲜感，这位来自意大利的犹太商人在泉州城里徜徉了半年多，于 1272 年离开，并且把他观察到的这些景色名物全都记录了下来。700 多年以后，这部手稿被一位名为大卫 · 塞尔本的英国汉学家发现并且编译了出来，以《光明之城》（*The City of Light*）为书名正式出版发行。

这部书跟比它写作时间稍晚的《马可 · 波罗行纪》一样，备受历史学家的责难。有不少专家力证雅各根本没有到过泉州，甚至可能并没有这个人；而另一些历史学家则根据书中的一些细节来证明该书的记载是有所依据的。比如书中有个细节说泉州的“士子戴的帽子均有两个长长的护耳，像驴耳朵一样”，这个有趣的形象正和当时士林中流行的幞头吻合。

**建窑泪滴天目茶碗◎南宋◎日本九州国立博物馆藏**

**纸钞雕版◎宋代◎扬州中国雕版印刷博物馆藏**

雕版印刷技术在我国两宋时期达到了鼎盛，宋代也诞生了世界上最早的纸币——交子。这些纸币在制版、色彩、图案、纹样、防伪等方面均具有独特的艺术风格，代表了当时的最高印刷技术和艺术设计水准。

## 海上丝绸之路的起点

不管这部书的真伪如何，一个确凿无疑的事实是，泉州曾经是世界航海贸易的集散中心——一个有着无尽辉煌的商业大都市，鼎鼎大名的“海上丝绸之路”正是从这里起航，其地位丝毫不亚于今天的纽约、伦敦或是巴黎。

早在南北朝时期，中国佛教三大翻译家之一、印度名僧拘那罗陀受梁武帝的邀请来中国时，登陆地即为刺桐港九日山下，由此也开启了泉州市作为海上良港的历史。到了唐代中期，泉州逐渐变成了海上贸易的一个重要节点。

晚唐时，泉州已经成了一座繁荣富庶的港口城市，跟广州、交州、扬州并称“全国四大通商口岸”。晚唐诗人薛能曾在《送福建李大夫》一诗中写到泉州：

> 洛州良牧帅瓯闽，曾是西垣作谏臣。
> 红旆已胜前尹正，尺书犹带旧丝纶。
> 秋来海有幽都雁，船到城添外国人。
> 行过小藩应大笑，只知夸近不知贫。

通过这首诗我们可以得知两个信息，一是当时乘坐海船来到泉州的外国行商已经很多，二是泉州的富庶程度已经足以傲视那些紧邻京师的州府，以至于这些小藩的官员们“不知贫”。

北宋时期，泉州已经和57个国家和地区开展了海上交通贸易关系。元祐二年（1087），宋哲宗正式在泉州设立了专门管理海上贸易的市舶司。宋高宗绍兴年间，泉州市舶司的年收入已有近百万缗之多，约占南宋王朝全部财政收入的五十分之一。晚年寓居泉州的著名文人李邴在看过泉州港的盛况之后，写下了“苍官影里三洲路，涨海声中万国商”的不朽诗句，把千帆竞渡的繁华景象描绘得淋漓尽致。

刺桐城里还生活着大量的外国居民，甚至可以“听到一百种不同的语言口音”。无论是从欧洲万里迢迢赶来的商人，还是来自日本、朝鲜、菲律宾、印度等地的移民，不管他们信仰的是佛教、天主教、伊斯兰教、摩尼教还是犹太教，都必须服从南宋朝廷的管辖，在这座城市里和谐地共处。直到今天，泉州市还保留着当时的世界各大宗教的大量遗存，它也因此而被称作“宗教博物馆”。

1276年，雅各离开泉州4年之后，蒙古帝国的铁蹄终于踏破了南宋王朝的最后一道防线。泉州的色目商人蒲寿庚家族以屠尽南宋宗室为投名状，换取了元世祖忽必烈对他们统治泉州的默许。从此以后，泉州进入了历史上所谓的“伊斯兰黄金时代”，头顶的“世界第一大港”的光芒越发璀璨了。多年以后，著名旅行家马可·波罗来到泉州时仍然惊叹于这里的壮美：“我敢言亚历山大或他港运载胡椒一船赴诸基督教国，乃至此刺桐港者则有船舶百余。”而他护送阔阔真公主远嫁波斯时也是从泉州港出海，乘坐的是能装载上千人的泉州产多桅大船。

明清时期的泉州渐渐褪去了“世界第一大港口”和“光明之城”的光环，但是依然在中外交流史上扮演着重要的角色。明初郑和下西洋的船队中就有为数不少泉州籍水手，

南海一号沉船出土文物。1987年，广东省阳江海域发现了一艘南宋时期沉没的古代木质沉船，专家从船头位置推测，这艘古船当时是从中国驶出，赴新加坡、印度等东南亚地区或中东地区进行海外贸易。它是迄今为止世界上发现的海上沉船中年代最早、船体最大、保存最完整的远洋贸易商船，船上载有陶瓷、金银饰品、丝绸、漆器等文物6万至8万件，且有不少是价值连城的国宝级文物。这些文物主要藏于广东省海上丝绸之路博物馆。

**龙泉窑◎青釉菊瓣瓷碟◎宋代**
菊瓣口，内壁刻划菊瓣纹，犹如“出筋”，盘心刻一团菊花。施青釉，釉厚而莹润，釉层厚实，仿如盘中盛水。

**兔毫盏◎宋代**
里外施黑釉，碗内有白色放射状条纹，形如兔毫。釉色为窑变釉，黑色与茶叶末色相交融。色彩富于变化，韵味别具，这是宋代斗茶的产物。

**德化窑青白瓷大罐◎宋代**

**磁灶窑点褐彩梅瓶◎宋代**
小口，斜直腹，口沿处施一周酱釉，其余无釉，素胎。胎体灰白，砂质，粗糙，拉坯时留有弦纹于胎体，为盛装流质液体的容器。

更有欧洲、中东的许多探险家来到这座城市，也同样成了这座城市历史的一部分。

## 兴旺发达的宋代海上贸易

近年来，随着海内外历史研究的深入，人们发现宋代的富庶和繁荣程度远远超过了我们的想象。那么，为什么宋代能够以只有盛唐时期一半的疆域，创造出如此多的财富呢？原因之一就在于宋代兴旺发达的海上贸易。

随着北方契丹、西夏、女真和蒙古等少数民族的相继崛起，宋代连通西域的陆上丝绸之路被彻底断绝。然而也正是因为如此，东南方的海路成了宋代对外贸易的唯一通道，而这也促进了海上贸易的兴盛。宋神宗在位时，北宋的对外贸易港口已有 20 余处，设有广州、泉州、明州、杭州、密州 5 个市舶司，有的市舶司还设有市舶务、市舶场等下属机构。

让犹太商人雅各惊叹的泉州港，在南宋末年已超越广州成为当时的世界第一大港口。这里有着世界上最大、最先进的商船，这种商船有着 6 层桅杆、4 层甲板、12 张大帆，可以同时装载 1000 多人同时出行。据雅各记载，这些商船不仅拥有精确到近乎奇迹的航海图，而且还有几何学家和星象师，他们会用一些磁块巧妙地找对通往其他大陆的航线。就是这些让人羡慕嫉妒恨的大船把产自中国的丝绸、茶叶、瓷器等宝物通过海上丝绸之路运送到世界各地，并把那些达官贵人们喜爱的香料、檀木、玉石珠宝运回中国。

当时欧洲价比黄金的胡椒，在这个港口里多到论吨来计；足以让欧洲贵族们眼冒金光的丝绸和瓷器，也仅仅只是寻常货物中的一部分。那些珍奇的玉石珠宝、檀香樟脑、衣料香水多到遍地都是。任何一个第一次来到这座城市的外国商人，都会忍不住在心里询问自己信仰的神明：难道这里就是天堂的模样？

南宋地理学家赵汝适编纂的《诸蕃志》中详细描写了 58 个国家的地理和风土人情，其中不仅包括了我们早已熟知的占城（今越南一带）、天竺（印度）等周边国家，而且还包括一些非洲国家，如层拔国、中理国、木兰皮国、麻嘉国、勿斯里国等等。宋与传统的友好邻邦高丽、日本等国的来往也比前更为密切。而这些海上交往与贸易，大都是通过广州、泉州等港口和中国开展海上贸易的。

面向全世界的海上贸易，为宋朝带来了十分丰厚的贸易收入，在宋朝全年收入中占了很大比重，对此宋高宗慨叹道：“市舶之利最厚，若措置合宜，所得动以百万计，岂不胜取之于民？”从海上贸易中获得的财富，对于承受着巨额军费和对外岁币支出的宋朝来说，是十分重要的。

近 1000 年以前，我们的祖先以大无畏的精神开拓了这条连通世界的海上丝绸之路，这种先行的探索精神，无疑是整个人类的精神财富。

**鎏金虬龙纹环◎宋代**
该环两头饰虬龙头，可见龙眼、龙须、龙角一对，两龙头对接处留出空隙，圆环截面有圆柱状凸出物，龙身由三条阴刻线分成五段，五段有两条平行阴刻线连接。龙身饰珍珠地纹，平行线两侧为山形和水形纹饰。

**景德镇湖田窑青白釉菊瓣碗◎南宋**

**磁灶窑绿釉印花花卉纹碟◎南宋**
葵花口，折沿上有环花纹，碟心印有葡萄纹，施绿釉，由于长期受海水与铁质的共同影响而露出了灰黄色釉。

Yuan Dynasty

**Th**
**For**
**in Ch**

ZhiChina

09

# Yuan Dynasty in Marco Polo's Eyes
# 马可·波罗眼中的元代世界

文：崔寒杨　编：陆沉
text: Cui Hanyang　edit: Yuki

宋代，在文化欣欣向荣的同时，也处于边患不断的境地，前有契丹、西夏，后有蒙古，连年征战带来的疲惫与无力日益浮现。最后，当蒙古人从草原向中原进发，原本动荡不安的时局变得更为紧张起来。令人惊叹的是，在这样的局面之下，亚欧之间的联系却从未断绝过。西欧传教士们翻山越岭，来到了这个令人神往的世界。马可·波罗最初便是以这种身份，跟随父亲和叔叔来到蒙古人的大营的。在这里，他们得到了忽必烈的赏识，并跟随他南征北战，甚至一度成为忽必烈最为亲信的色目人。

彩绘仪仗俑◎元代
◎焦作市博物馆藏

## 马可·波罗：十年一觉扬州梦

马可·波罗 17 岁时来到中国，在中国游历了 17 年，并曾在扬州做官。《马可·波罗行纪》（又名《马可·波罗游记》《东方见闻录》《寰宇记》）中记载：“应为君等言者，本书所言之马可·波罗阁下，曾奉大汗命，在此城治理亘三整年。”这条记载在学术界引发了众多讨论。在这三年中，他究竟担任何种职务，学术界一直说法不一。有学者认为，他担任的是达鲁花赤。达鲁花赤，在蒙古语中是“镇守者”“派遣”的意思。在元代行省制度下，统治者会在汉人聚居的路、府、州、县任命蒙古人或者色目人担任达鲁花赤，所以这一推测也不是没有道理。色目人马可·波罗在蒙元朝廷的地位极高，甚至一度有人认为他就是孛罗丞相。

蒙古人俑◎元代◎美国大都会博物馆藏

元初的扬州所辖范围相当广，更是当时的重镇之一。《马可·波罗行纪》中记载：“从泰州发足，向东南骑行一日，终抵扬州 (Ianguí)。城甚广大，所属二十七城，皆良城也。”接着，上面又写道：“此扬州城颇强盛，大汗十二男爵之一人驻此城中，盖此城曾被选为十二行省治所之一也。”统治者对扬州的重视程度由此可见一斑。扬州为经济军事要塞，朝廷派重兵把守：“制造骑尉战士之武装甚多，盖在此城及其附近属地之中，驻有君主之戍兵甚众也。”自古以来，扬州都是兵家必争之地，南朝宋时的鲍照便曾在战乱后，面对一片荒芜的扬州城写下了《芜城赋》，感叹兴亡。

每到一处，马可·波罗都会对当地的市井做细致的观察：“居民是偶像教徒，使用纸币，恃工商为活。”寥寥几句便将扬州风貌再现于读者眼前。偶像教徒即佛教徒，扬州一带佛教兴盛，在南北朝时已是如此。扬州的工商业是其发展砥柱，也正是这样的积淀，使得扬州呈现出一片繁华景象，如宋代文人洪迈在《容斋随笔》中形容扬州“天下之盛，扬为一而蜀次之也”，此后更有“扬一益二”的说法。扬州不远处的真州，盐业极为发达，凭借自身的运河优势，扬州成了当时无可替代的交通枢纽。元代的财政收入中，盐政占有重要比重，马可·波罗曾写道，“第一为盐课，收入甚巨”，“诸处盐课，两淮为重”。由此可见扬州对盐的运输、销售乃至整个王朝的经济都有着极为重要的意义。

迦陵频伽金帽顶◎元代◎蒙古博物馆藏

## 巫术占卜：不问苍天问鬼神

蒙古大军的南下势如破竹，很快就攻陷了南宋的都城临安。江南歌舞升平的夜间景致消失了，取而代之的是一片死寂般的黑夜，当时的统治者甚至下令禁止晚上点灯。除此之外，读书人的进阶之道——科举考试也一度被中止，对江南士人来说，这无疑是一次灾难性的打击。然而杭州的秀丽并没有因此被毁灭。《马可 · 波罗行纪》中记载：“自强安城发足，骑行三日，经行一美丽地域，沿途见有环墙之城村甚众，由是抵名贵之行在（Quinsay）城。行在云者，法兰西语犹言‘天城’，前

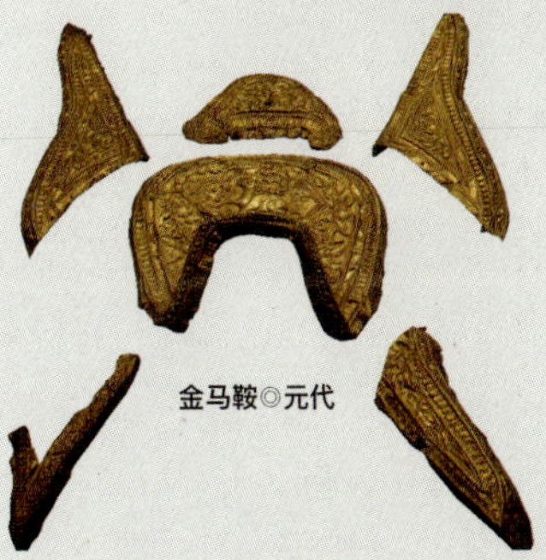

金马鞍◎元代

已言之也。既抵此处，请言其极灿烂华丽之状，盖其状实足言也，谓其为世界最富丽名贵之城，良非伪语。”

对于杭州这座城市，《马可·波罗行纪》中花了大量的笔墨进行描绘，特别是对此间民俗记述尤为详细，对于当时的占卜之风，《马可·波罗行纪》中亦有记载：“此地之人有下述之风习，若有胎儿产生，即志其出生之日时生肖，由是每人知其生辰。如有一人欲旅行时，则往询星者，告以生辰，卜其是否利于出行，星者偶若答以不宜，则罢其行，待至适宜之日。人信星者之说甚笃，缘星者精于其术，常作实言也。”

蒙古人信奉萨满教，萨满教崇敬天地，敬畏自然，对巫术和占卜非常重视，这类重大事宜通常由萨满担任，因此萨满具有极高的地位。他们用自己的占卜方式预测吉凶，赵珙《蒙鞑备录》中记载：“凡占卜吉凶，进退杀伐，每用羊骨扇，以铁椎火椎之，著其兆坼，以决大事，类龟卜也。”宋人彭大雅在《黑鞑事略》中亦有提及：“其占筮则灼羊之枚子骨，验其文理之逆顺，而辨其吉凶。天弃天予，一决于此，信之甚笃，谓之烧琵琶，事无纤粟不占，占不再四不已。”在里面，徐霆进一步解说：“随一行使命至草地，鞑主数次烧琵琶以卜使命去留，想是琵琶中当归，故得遣归。烧琵琶即钻龟也。”

这类占卜方式与先秦时期的甲骨卜筮十分相似。先民用在龟甲、牛肩胛骨上钻孔，在火上烧灼，然后根据显示出来的裂纹断吉凶。元初时，士人的卜算已经有了很大不同，八字五行阴阳易数已经有了长足进步，除此之外，天文历法更是日益精准，当时的蒙古人在这一方面还稍逊一筹。

出于对日月自然的敬畏和对占卜巫术的重视，元代统治者对精通天文历法、阴阳五行的人非常尊敬。当时的耶律楚材便是一位精通汉文化的人，《黑鞑事略》记载：“霆在燕京宣德州见有历书，亦印成册，问之乃是移剌楚材自算自印，造自颁行。鞑主亦不知之也。楚材能天文、能诗、能琴、能参禅，颇多能。其髭髯极黑，垂至膝，常绾作角子，人物极魁梧。”

元初禁止开科取士，士人迫于无奈，纷纷走上占卜之路，江南地区占卜之风尤甚。刘岳申《赠谈命熊景仁》中说：“科举废而不知学为圣贤之学，章缝贱而不能去为农贾之业。盖不择术与不知命合，而始为弃民。”元代统治者对占卜的需求始终存在，可以说占卜与政治密不可分。元代的天文历法也有很大的进步，当时颁布施行了《授时历》，并禁止民间私造，而由政府售卖。

## 民俗节日：千门万户曈曈日

元军一统中原后，也出现了民族文化间的碰撞及融合。元大都在规划时参照了《周礼》，元代统治者也接受了中原的民俗节日。赵珙《蒙鞑备录》中说，“正月一日必拜天，重午亦然，此乃久住燕地，袭金人遗制，饮宴为乐也”，认为蒙古人庆祝这类节日多少是受到了外来影响。

《马可·波罗行纪》中对元人庆祝元旦有详细的描写：

> 其新年确始于阳历二月，届时大汗及其一切臣属复举行一种节庆，兹述其情形如下：
>
> 是日依俗大汗及其一切臣民皆衣白袍，至使男女老少皆白色，盖其似以白衣为吉服，所以元旦服之，俾此新年全年获福。是日臣属大汗的一切州郡国土之人，大献金银、珍珠、宝石、布帛，俾其君主全年获有财富欢乐。臣民互相馈赠白色之物，互相抱吻，大事庆祝，俾使全年纳福。

元代的朝贺盛极一时，元代熊梦祥《析津志辑佚》中说：

> 正月一日，百官待漏于崇天门下。二日后，内外百辟朝贺饮宴。后随时说选。丁酉年正月一日，内八府宰相领礼部中书省相国，以外国大象进上，并说纳粟补官选。自此后常于斡耳朵聚，涓日入中书署事，设大燕，成典也，六部如之。京官虽已聚会公府，仍以岁时庆贺之礼，相尚往还迎送，以酒醴为先，若肴馔，俱以排办于案卓矣。

元代骑驼击鼓俑

元人衣白袍拜节，朝会饮宴，这与南宋时期都城杭州奢靡的元旦风俗大同小异，吴自牧《梦粱录》中记载：

正月朔日，谓之元旦，俗呼为新年。一岁节序，此为之首。官放公私僦屋钱三日，士夫皆交相贺，细民男女亦皆鲜服，往来拜节。街坊以食物、动使、冠梳、领抹、缎匹、花朵、玩具等物，沿门歌叫关扑。不论贫富，游玩琳宫梵宇，竟日不绝。家家饮宴，笑语喧哗。此杭城风俗，畴昔侈靡之习，至今不改也。

至于元宵节的观灯景况，也可以说是相当可观的，宋人的鳌山彩灯极度奢靡，《梦粱录》云："正月十五日元夕节，乃上元天官赐福之辰。昨汴京大内前缚山棚，对宣德楼，悉以彩结，山沓上皆画群仙故事，左右以五色彩结文殊、普贤，跨狮子、白象，各手指内五道出水。其水用辘轳绞上灯棚高尖处，以水柜盛贮，逐时放下，如瀑布状。又以草缚成龙，用青幕遮草上，密置灯烛万盏，望之蜿蜒，如双龙飞走之状。"蒙古人本不过元宵节，但接触中原文化之后，便也接受了这种习俗，结扎彩灯之俗同样得以延续。元英宗就曾想在内廷张灯做鳌山，但是最终被大臣上书劝谏制止了。

马可·波罗在《马可·波罗行纪》中向世人描绘的中国，吸引了无数西方探险家。不过，关于他是否真的来过中国，一直都有一些历史学家持怀疑态度。许多学者认为在中国的史籍中未曾记载马可·波罗，所以，他其实并未来过中国。但是，杨志玖先生始终坚持马可·波罗来过中国，也写有不少学术著作论证了这一点。无论马可·波罗其人其事是否属实，这个在七百多年前东游的外国人，他的记录，为我们保留了元代风貌，并引发了欧洲人对东方的强烈向往，甚至推动了新航路的开辟。

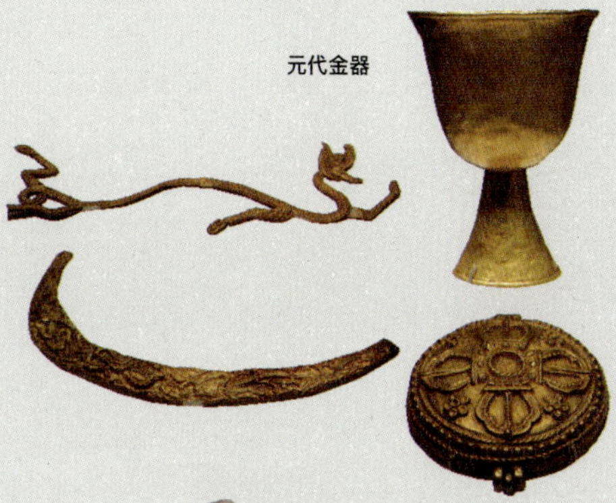
元代金器

戴瓦楞帽、穿辫线袄的元代陶俑

元代团凤纹绣片

元代建筑飞檐

10

# The Mogolian Army and the Crusades

# 蒙古军西征与十字军东征

文：崔寒杨　编：陆沉
text: Cui Hanyang　edit: Yuki

《元世祖出猎图》
◎元代◎刘贯道
◎台北故宫博物院藏

13 世纪，蒙古大军的三次西征让整个亚欧大陆陷入了前所未有的紧张局面。与此同时，十字军带来的恐慌也笼罩着欧洲，他们一次又一次的东征使得欧洲越发显得疲惫不堪。可以说，在这一个世纪中，战争成了整个亚欧地区的主旋律。然而就在这个人人自危的时代，欧洲文艺复兴的种子已经开始生根，很快，人文的光辉就将普照大地。

## 蒙古铁蹄和十字军东征

蒙古大军的第一次西征在成吉思汗还未灭金时就已拉开序幕，成吉思汗留下木华黎镇守东方，自己则亲率大军向西征伐花剌子模。在13世纪初，作为伊斯兰世界中新崛起的霸主，花剌子模亦想开疆扩土，其领袖摩诃末是个有野心的人，内心一直都蠢蠢欲动，这种野心让他丝毫不惧蒙古大军的铁骑。然而现实却是另外一回事，战事爆发后，对花剌子模来说，作战的局限性让他们不得不采取防御措施，而无法进行积极进攻。他们将兵力分散至各个城市镇守，尤其是重镇撒麻耳干（今乌兹别克斯坦撒尔马罕城）。当成吉思汗率军抵达撒麻耳干时，面对重兵把守的城池，他将西征路上俘获的俘虏编排成列，执旗行进，远看好似大军压境，势不可当，以此来骗过花剌子模人，以便顺利攻城。

虽然当时的花剌子模威震一方，似乎坚不可摧，但实际上却是外强中干，它的统治集团内部并不团结，甚至几近分崩离析。花剌子模国内的赋税征收也并不理想，本年租税已在前一年征收，再次征收只会加剧人民的不满。人民本身根本无心战事，最终花剌子模被蒙古大军攻陷，摩诃末只身逃亡，在蒙古军队的穷追不舍下，最终客死他乡。

在与宋人联手灭金之后，蒙古大军再一次向西进发，这次西征又称“长子西征”。此时成吉思汗之子窝阔台即位，他决定，此番西征要征讨钦察等没有臣服于蒙古的国家，于是命令各个宗室的长子分别率军出征，以术赤之子拔都为统帅，集结术赤、察合台、窝阔台和拖雷四个家族的军团，并派出悍将速不台为先锋。这一次，蒙古大军攻破不里阿尔都城，灭钦察，占领斡罗思，随即向东欧进军，攻陷匈牙利、波兰，长驱直入，直逼意大利，历经六年之久。最后，拔都在惊闻窝阔台去世的消息后方才停止了向西的步伐。

蒙古人的西征给自己带来的不光是大量的战俘与财富，更有文化与技术。如畏兀儿人给蒙古人带来了文化与文明的启蒙，在征服乃蛮之后，蒙古开始在政治事务上使用文字。蒙古人原本没有自己的字母，为了达成创造文字目的，他们就让畏兀儿人用字母拼写蒙古语，所以蒙古人也沿用了畏兀儿人的文字。在蒙古的治理问题上，畏兀儿人同样功不可没。

就在蒙古大军浩浩荡荡向西进发的时候，亚欧大陆的另一端也是硝烟弥漫，欧洲的十字军正一次又一次向东进发，东征断断续续持续了两个世纪之久。罗马教皇对教徒宣称，异教徒占领了基督教的圣城耶路撒冷，大家要从这些异教徒手中夺回失地。当然，这场战争绝非基督教与伊斯兰教的冲突那么简单，就宗教原因而言，天主教与东正教的对立也在其中起了很大作用。这一时期，伊斯兰世界、拜占庭帝国与基督教世界三足鼎立，使欧洲处于剑拔弩张的氛围中。

除了权力之外，吸引欧洲教会眼球的，还有东方富庶的财物和便利的交通，向东扩张不仅能扩张领土，更能占据有利的地理位置。教皇发动教众参加十字军，这些人的军服上都绣有一个十字，他们要做的就是服从教皇的指令，收复圣地。

**《蒙吉萨战役》◎法国◎查理·菲利普·拉利维耶尔**

蒙吉萨之战是1177年，阿尤布王朝军队和耶路撒冷王国及圣殿骑士团爆发的一场大战。时年16岁、深受麻风病之苦的耶路撒冷王国国王鲍德温四世的军队以少胜多，击败了阿尤布王朝苏丹萨拉丁指挥的大军。画中描绘了战前的情形：鲍德温四世下马指示伯利恒大主教升起基督教圣物“真十字架”，随即他伏在十字架前，恳求上帝赐予胜利。祈祷之后，他号令自己的部下们发起了冲锋。

哈丁之战
哈丁之战指的是萨拉丁从埃及以及叙利亚南北两面集结兵马，向耶路撒冷王国进攻，收复落入十字军之手88年的耶路撒冷。

## 西征的终结者：马穆鲁克

埃及的地理位置使其成为东西方往来的要道，更是贸易中心。欧洲十字军向东挺进，自然不会放过这样一块宝地。而蒙古人想要横扫世界，也必然要经由此地西行才能实现。不过，二者的美梦最终都没有实现。当他们攻打至埃及时，都遭到了马穆鲁克军团的顽强抵抗。

马穆鲁克军团原本是由阿尤布王朝的苏丹（伊斯兰教国家中统治者的称号）为抗击欧洲十字军侵略而购买来的奴隶组成的，马穆鲁克的意思即“奴隶军团”，这些奴隶组成的强大军队效忠苏丹，为他抗击十字军，同时也帮他镇压人民，作为统治工具而存在的马穆鲁克军团一度受到苏丹的宠信。阿尤布王朝派出这支英勇彪悍的军队，在十字军第七次东征时重创十字军，甚至还俘虏了法国国王路易九世。不过，后来阿尤布王朝却被马穆鲁克推翻，埃及也由此进入马穆鲁克王朝时代。这支曾经的奴隶军团最终力挽狂澜，使得伊斯兰世界焕发出新的生机。

蒙古大军在旭烈兀（当时蒙古大汗蒙哥的四弟）的率领下，雄赳赳、气昂昂地开始了第三次西征，这一次他们似乎有着更为坚定的信念，对横扫亚欧大陆自信满满，甚至对即将遇到的埃及军团亦不屑一顾，一度认为自己是不可战胜的。在旭烈兀的带领下，蒙古大军迅速灭掉了木剌夷，接着又攻克西亚重镇巴格达，矛头直指叙利亚大马士革，逼向埃及。此时基督教世界陷入了恐慌之中，面对蒙古大军毁灭性的西征，他们忧心忡忡。心比天高的旭烈兀自认为与埃及一战势在必得，十分傲慢无礼地给开罗的马穆鲁克首领写信，要求他们投降，然而马穆鲁克领袖并未搭理旭烈兀的这一无理要求，还将送信使者的头颅砍下挂在了城墙上。

不过上天似乎有意让事情发生转机。就在战争一触即发之际，却突然传来了蒙古大汗蒙哥去世的消息，旭烈兀因急于返回参与皇权争夺，便将战场留给了怯的不花，并带走了一批精锐部队。马穆鲁克领袖曾试图联合十字军将领共同应对蒙古的余留大军，然而软弱无能的十字军将领们并没有理会这一建议。这支埃及军队并未因此而退却，他们隐隐感到了命运对他们的眷顾，于是一鼓作气，最终将蒙古大军打了个措手不及。当然，他们的胜利来得并不容易，甚至可以说是相当艰难。尽管没有了精锐部队，善战的蒙古人仍是将马穆鲁克军团打得筋疲力尽。不过，造化弄人，怯的不花的盟友霍姆斯统治者阿什拉夫背叛蒙古，转而支持埃及，马穆鲁克军团抓住时机，利用自己对环境的熟悉和作战方式方面的特长，最终将草原上所向披靡的蒙古军赶回了老巢，结束了蒙古大军向西亚的扩张。

蒙古大军西征，在攻城略地使亚欧大陆陷入一片恐慌的同时，也将他们习得的不少先进科学技术向西传播，比如火药与火器。这一技术对西征的蒙古士兵来说如虎添翼，他们依靠着炮火的威力，一度在西行道路上所向披靡。而蒙古大军最终被埃及马穆鲁克王朝打败之后，同时也把火药制造技术传到了埃及。

亚欧大陆上的贸易往来并没有因为连年的征战而断绝，在埃及开罗福斯塔特遗址中，曾出土了一些中国陶瓷。早在唐宋时期，中国与伊斯兰国度就有贸易往来，瓷器的贸易更是络绎不绝，其中的主要种类是龙泉青瓷，而马穆鲁克王朝的青釉、蓝釉陶器更是模仿了龙泉青瓷，可见伊斯兰世界在当时已经是中国瓷器出口的重要对象。

The

igners

Ming
Dynasty

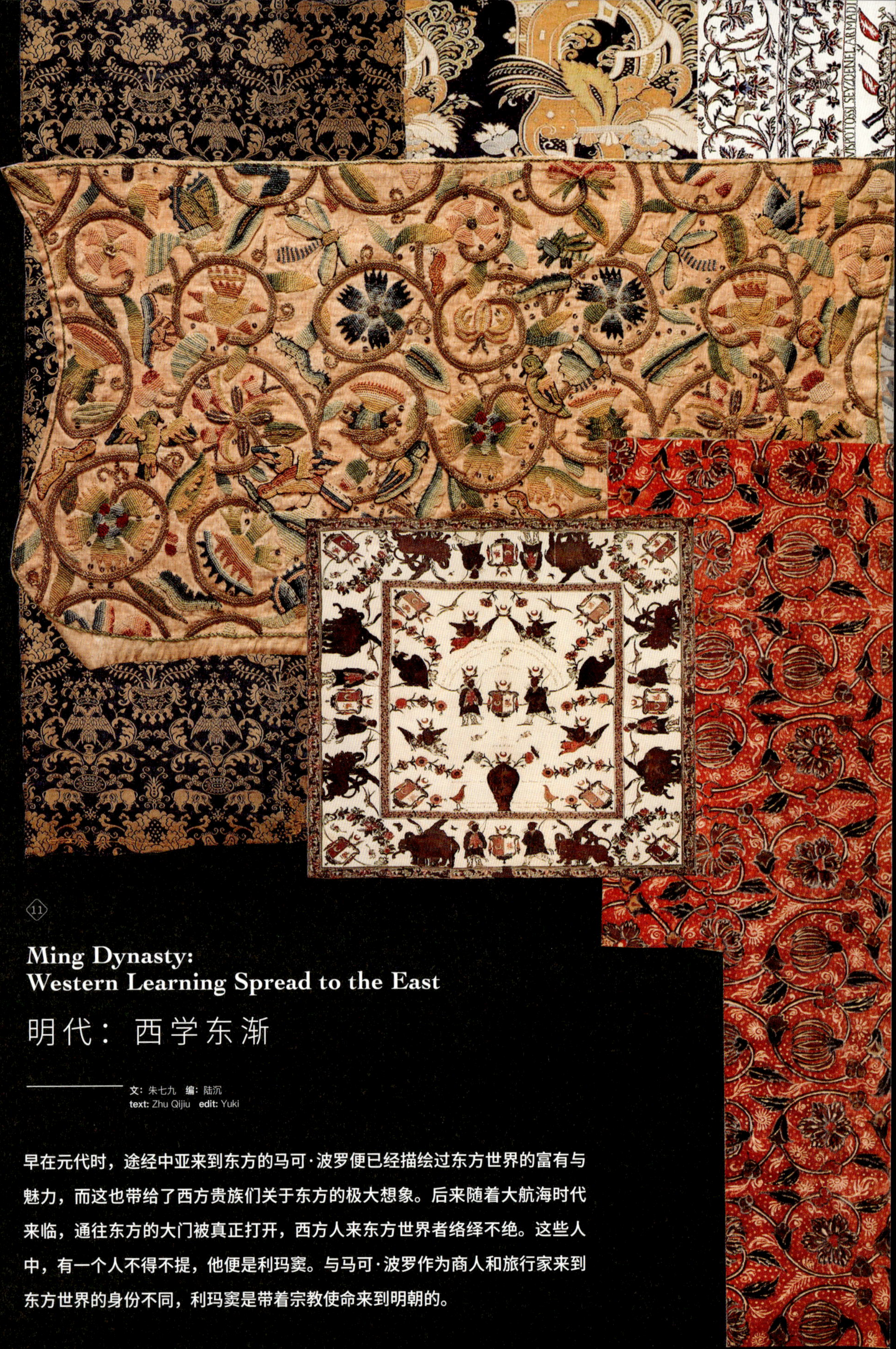

11

# Ming Dynasty: Western Learning Spread to the East
# 明代：西学东渐

文：朱七九　编：陆沉
text: Zhu Qijiu　edit: Yuki

早在元代时，途经中亚来到东方的马可·波罗便已经描绘过东方世界的富有与魅力，而这也带给了西方贵族们关于东方的极大想象。后来随着大航海时代来临，通往东方的大门被真正打开，西方人来东方世界者络绎不绝。这些人中，有一个人不得不提，他便是利玛窦。与马可·波罗作为商人和旅行家来到东方世界的身份不同，利玛窦是带着宗教使命来到明朝的。

马可·波罗来华带给西方人的，是对东方世界的无限遐想，而利玛窦则为东方世界带来了陌生的西方文化。在万历二十三年（1595）时，入华传教的利玛窦已然春风得意，他得到了皇帝召见，还常与士大夫交游。利玛窦在他的中文著作《交友论》中讲道："我友非他，即我之半，乃第二我也，故当视友如己焉。"利玛窦的《交友论》，主要是转述西方的箴言名句，是第一次以中文出版的洋人著作。这部中文著作，意在向儒家本位的明代士大夫示好，以便于在中国传播西方宗教。

不仅如此，万历二十八年（1600），利玛窦在南京结识了徐光启，由此开启了东西方文化交流的序幕。在徐光启看来，利玛窦是"海内博物通达君子"，而利玛窦所带来的西方文化，则"以裨益民用"。两人最著名的合作，是翻译《几何原本》。徐光启在《几何原本杂议》中说："此书为用至广，在此时尤所急须。"

利玛窦为明朝带来了西方的科技、宗教与文化，而这些跟当时的人们的固有认知大不相同。那么，在利玛窦航海远行来华之际，其背后的西方世界又在发生些什么呢？这些大事件又为后来的东方世界带来了哪些影响呢？

## 世界史视角下的西学东渐

其时，在宗教改革者马丁·路德、加尔文等人的推动下，具有启蒙意义的新教兴起于西方社会，罗马天主教大受冲击。而利玛窦在远洋之外的东方世界作《交友论》时，回避了这一矛盾，仍在努力为天主教会开辟新的更为宽广的疆域——东方世界。为此，利玛窦等传教士远赴中国，忠其教职，与儒家士大夫为友，试图获得跟士大夫同等的地位，以便更好地传教布道，扎根明代社会。

而在西方社会，新教的兴起对天主教廷打击极大。朱谦之在《中国哲学对欧洲的影响》中讲道："德国新教的运动早已脱离罗马教势力的羁绊。同时虽称正统教的法国，于明正德十一年（1516）下'回收令'，即法国自主教以下，由国王分派，换言之，即已不能和教皇合作。英国则亨利八世（Henry Ⅷ）于嘉靖十七年（1538）宣布与教皇对立。"天主教的耶稣会为反对新教的改革运动而诞生，并将天主教廷的势力投向了遥远的东方。

新教的政教分离运动，不仅使天主教徒远渡重洋来华传教，同时新教的兴起对西方近现代社会的发展也起到了极大的推动作用，尤其是在科学技术方面以及资本主义精神方面。德国的社会学家马克斯·韦伯在他撰写的《新教伦理与资本主义精神》中指出："从经济方面的传统主义中解放出来，看来无疑会大大地增强这样一种趋向：即像怀疑一切传统权威的尊严一样，来怀疑传统宗教的尊严。"韦伯运用社会数据来分析，新教教徒是推动资本主义发展的中坚力量，而"天主教徒较少参与德国的近代经济生活这一事实更为令人惊诧"。

新教推动了资本主义的兴起，资本主义的贸易扩张，则通过海上贸易打开了东方国度的港口。在西方，受到新教冲击的天主教打开了东方国度的宗教大门。这一切，都借力于西方的大航海时代的来临。

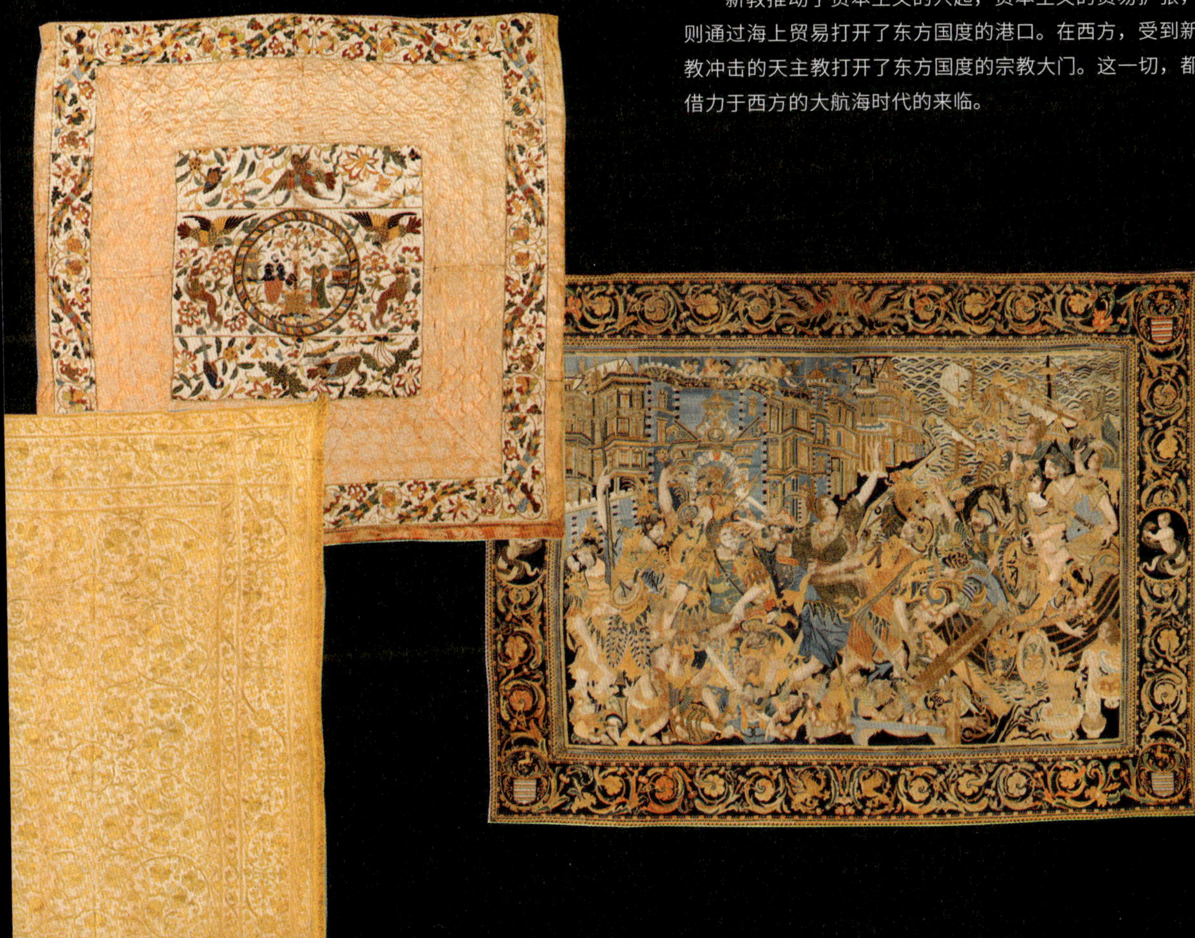

## 大航海时代：西方人重新认识世界

大航海时代，让西方人重新认识了世界。著名历史学家许倬云在《大航海与西方的崛起》中讲道："15 世纪，在西方发生的两件大事就是，大洋航道的开拓和新大陆的发现。"这种大陆和海洋的新发现打破了原有的局限，为世界带来了新的视野，更推动了新社会的发展。为此，许倬云讲道："新大陆的发现，是人类历史上一件重大的事件。旧大陆的人类，因为新大陆的发现，忽然得到了一大批财富。发现这批财富的西欧白人，利用这一大批财富，发展了资本主义和工业革命，然后发展为近代的帝国主义。"

## 远洋贸易和东印度公司

历史往往有一种巧合，利玛窦与徐光启结识于万历二十八年（1600），同样也正是在这一年，英国成立了东印度公司。利玛窦与徐光启之间的文化碰撞，用古代哲学的话说，可谓是"形而上之道"；而英国东印度公司的成立，推动了远洋贸易，同样用古代哲学的话说，可谓是"形而下之器"。利玛窦的传教布道与文化传播，走的是上层路线，而远洋贸易由于官方禁令，则仅仅限于民间社会贸易往来。

英国成立东印度公司不久，荷兰、丹麦、法国等西方列强也纷纷成立了自己的"东印度公司"，掀起了海上贸易的热潮。对于东印度公司，我们更多止于荷兰侵占台湾的史实，以及清末与英国的鸦片战争的印象。但远洋贸易事实上诞生于明末，这是西方社会走向现代的起点。

远洋贸易使西方强国愈加强盛，为资本主义的快速发展积蓄了动力。在众多的东印度公司中，相伴随的是贸易的扩张与战争，其中以荷兰东印度公司、英国东印度公司最为强大。最终英国在这场贸易扩张与战争中取得胜利，这也使得英国东印度公司最为有名。

事实上，明代时来自西方的贸易势力已经难以禁止。虽然明代政府颁布了海禁政令，但当时的民间与西方的贸易往来仍然暗流涌动，从来不曾真正断绝。明代的王临亨在《粤剑编》中讲道："西洋之人往来中国者，向以香山澳中为舣舟之所，入市毕，则驱之以去。日久法弛，其人渐蚁聚蜂结，巢穴澳中矣。当事者利其入市，不能尽法绳之，姑从其便，而严通澳之令，俾中国不得输之米谷种种，盖欲坐而困之，令自不能久居耳。然夷人金钱甚伙，一往而利数十倍，法虽严，不能禁也。"而在隆庆元年（1567），明政府已然认可民间社会与西方的贸易往来。明代海外贸易的出口商品以瓷器、丝绸为主，而这也为明代的经济发展带来了不可多得的机遇。

## 明代海外贸易：机遇和危机并存

很多史学家认为，海外贸易在为明代经济发展带来机遇的同时，也带来了危机。明朝政府与西方国家的贸易往来，使得明代的经济得到了进一步的发展，大量白银流入中国。大量白银的流入，相对解决了作为货币的白银的紧缺问题。不过，由于白银是因为海外贸易所得，主要由海外供给，这也导致明朝政府丧失了主导经济货币的机会，从而为明代后期经济的崩溃埋下了伏笔。

除此之外，明代时虽然与西方诸国贸易往来频繁，也接受了西方的宗教乃至科学领域的文化思想。不过，令人惋惜的是明代皇帝与士大夫们，并没有敏感地察觉到世界的变化，而是始终都在扮演着一个被动的接受者的角色。

明朝灭亡以后，清朝取而代之。清代统治者为了更好地统治当时的社会，反而更加保守地选择了拥抱以儒家为主体的社会伦理体系。当时儒家思想中旧有的、以开放的姿态拥抱世界的精神便已经很少见，更遑论去看到西方社会对世界所产生的影响与变化了。

**16 世纪至 19 世纪丝绸之路上的世界纺织品◎美国大都会艺术博物馆藏**

纺织品在亚洲、非洲和欧洲之间已经交易了数百年，主要途径是丝绸之路。15 世纪中期，蒙古帝国的分裂引发了丝绸之路沿线的不稳定。 1453 年，欧洲与亚洲的贸易要道被奥斯曼土耳其帝国控制，欧洲人开始寻找通往东南亚的新航路，并发现了有价值的异国纺织品。新发现的可直接连接欧洲与世界其他地区的海上线路，创造了第一次真正意义上的全球贸易团体。当欧洲人发现纺织品是受欢迎的货币后，纺织品贸易的范围显著扩大。

新奇的异国设计被东西方的工匠模仿，刺激了市场和生产。纺织品作为主要贸易对象，成为跨越文化的衣着和家居装饰。

在英法荷等国逐步掌握世界海上贸易主动权之前，葡萄牙曾长久占据着海上霸权。16 世纪初期，葡萄牙国王试图与中国建立贸易关系，到了 17 世纪，源自中国的纺织品，在葡萄牙成为彰显品位和威望的物品。当时在欧洲贵族中，中国的丝绸已经成为除了欧洲布料之外，制作服装和法袍最常用的材质。早于 17 世纪，荷兰东印度公司和英国东印度公司与中国贸易之前，中国人的纺织品就非常符合葡萄牙人的欧洲式品位。当时，葡萄牙是中国最主要的贸易伙伴，其在澳门进行的通商活动奠定了纺织品领域的贸易路线，而刺绣是其中的重要产品。同时，葡萄牙也控制了一些更为庞大复杂的贸易路线，将澳门和其他贸易目的地联系在一起——日本、菲律宾、印度，乃至非洲、欧洲、南美洲。17、18 世纪，在巨大贸易利润的刺激下，更多的欧洲国家陆续开始加入这场海上贸易的开拓和竞争中来。

民国初年，近世哲人冯友兰曾撰《为什么中国没有科学》一文，里面说：“中国没有科学，是因为按照她自己的价值标准，她毫不需要。”冯氏之所以要探究这一问题，其意在于探究近世中国激变的时势。当时新派学人陈独秀提倡新文化运动，宣扬“德先生与赛先生”。自此，西学东渐以科学、民主等主张奠定了它的现代性，成为重构中国的基石。

12

# Ming Dynasty: Matteo Ricci and Western Missionaries

# 明代：利玛窦与西方传教士

文：朱七九　编：陆沉
text: Zhu Qijiu　edit: Yuki

晚清近世，由于西方列国强势扩张，通过殖民、战争发展贸易，对当时的中国人而言，近乎家国沦亡。晚清士大夫忧患于“三千年未变之局”，因此奋力救亡图强，以夷制夷、中体西用等“穷则思变”的思潮在晚清社会兴起。严复就此翻译出震动晚清朝野的《天演论》。《天演论》与“物竞天择”等学说，给“古老中国”带来了新的生机。

西学东渐之源流，事实上可以追溯到大航海时代。明末，西方传教士们借着海上贸易的契机来到东方传教。其中，意大利的天主教耶稣会传教士利玛窦作为早期来到中国传教士中的一员，与明代士大夫关系密切，而这也为后来的传教士入朝传教，传播西方科学奠定了基础。利玛窦也由此成为早期西学东渐的先行者。从利玛窦在传教过程中向国人引介西方近代科学技艺开始，到后来严复留洋欧洲，学习西方科技，引进西方近代哲学思想，这一过程跨越了明清两代的兴亡。

对利玛窦来说，西方传教士入华不同以往，传教士不再局限于处理宗教事务，而是由宗教转向政治，由政治转向科学。传教士于布道间不再受困于传教自身。陈寅恪在《<明季滇黔佛教考>序》中说：“自来史实所昭示，宗教与政治终不能无所关涉。”并言明：“今日追述当时政治之变迁，以考其人之出处本末，虽曰宗教史，未尝不可作政治史读也。”他的论断，用来概述明清两代的西方传教士，尤其适用。

**《荷兰东印度公司使节团访华纪实》◎荷兰尼霍夫著◎1665年出版**

17世纪的大航海时代，荷兰、英国、法国、丹麦、瑞典等国纷纷继葡萄牙、西班牙之后，竞相以各自的方式绕过好望角，开拓全球性海洋贸易，寻找它们在亚洲贸易，尤其是中国贸易中的机会。

从1647年开始，荷兰东印度公司便不断派遣代表团、使节团到中国谋求自由贸易的机会。1655年7月14日，巴达维亚城总督以德·豪伊尔为正使，凯瑟尔为副手，共16人，第一次以使节团的方式出访中国，本书作者尼霍夫亦在此列。虽然本次出使因葡萄牙人和耶稣会士的阻挠，并未达到目的，但却留下了这部中译名为《荷兰东印度公司使节团访华纪实》的书。

尼霍夫是荷兰著名商人、探险家，首位驻北京大使，曾经做过绘图员及水手。其绘制的铜版画对西方产生了长久的影响，被认为是“东方画家”。

尼霍夫在书中用了大量的篇幅及版画详细介绍了17世纪大清帝国的历史、地理、文化、风景、建筑、习俗、礼仪、服饰，以及茶、瓷器、刺绣等物产，沿途经过澳门、广州、虎门、黄埔、杭州、南京、九江、芜湖、扬州、通州、天津、北京等地。书中还提到了平南王尚可喜、靖南王耿继茂对他们的接待，说顺治帝是一个“年轻的男子，皮肤很白，中等身材……穿着像是用黄金织成的衣服”；还说汤若望用德语与他们交谈。除此之外，更是用惊讶及欣赏的心情提及阳光照耀下的紫禁城那无与伦比的美丽，以及南京大报恩寺宝塔红黄瓷砖镶嵌的塔顶和塔檐下微风中不断丁零作响的檐儿铁。

明代初期，郑和下西洋的目的还只局限于政事，而西方大航海则不同。大航海可以说是开启了人类文明的一个新时代。利玛窦由海上来华，是在晚明之际的万历年间。万历十年（1582），利玛窦来到中国传教，正是这一年，万历中兴重臣张居正去世。短暂的万历中兴就此歇绝。利玛窦来华时，先是选择了停泊澳门，当时，西方传教士只被允许出入澳门，而这还要得益于万历之前的“隆庆开关”。那时候，明代政府开放海关，只允许民间商贾与西方贸易往来，而官方贸易则仍固守于朝贡体系。

贸易往来因为是各取所需，所以还发展得较为顺遂，但是想要在中国传教布道可就难了。之所以会难，难在中国人文的发达，并且跟西方大不相同。这也导致当时的传教士来华布道者虽众，但并未有什么实质性的突破。利玛窦最终能够从众多的传教士中脱颖而出，行至行政腹地，甚至走入王朝深处，与明代士大夫交游、觐见万历皇帝，其原因还在于他对东方文化的有意学习和认同。

利玛窦友人，顺天府尹王应麟在《利子碑记》中记载：“万历庚辰有泰西儒士利玛窦，号西泰，友辈数人，航海九万里，观光中国。”又说：“正历元以副农时，施水器以资民用。翼我中华，岂云小补。”科学在乎致用，而利玛窦借科学致用来达到布道的目的，在此可见一斑。利玛窦由远海入澳门，进肇庆、韶州、南昌，三进南京，后于万历二十九年（1601）入北京，得到明神宗万历的召见；最后客死北京，入华传教长达 28 年之久。

大体而言，作为传教士的利玛窦及其门徒，传教的繁难可以归纳为三点：首先，求同存异，也就是指出西方宗教与儒家诚敬都关乎安养蒸民，二者之质并无差异；其次，追溯源流，梳理了基督教在中国历史上的发展踪迹，寻求传教布道的合法性；再次，推陈出新，引进西方近代科技，以测绘、历法、数理、文艺等知识为切入点，并以文职替代教职，使布道的形式切近当地风俗。

最初，西方传教士入华，都是穿着佛教的僧袍传教，这非但没有为其传教带来方便，反而徒增困扰。利玛窦刚来中国传教时，穿的也是佛教僧袍。后来在韶州，利玛窦结识了官宦子弟瞿汝夔。据传教士艾儒略《大西西泰先生行迹》中说：瞿汝夔与利玛窦“谈论间，深相契合，遂愿从游，劝利子服儒服。”考据史实，本无所谓儒服，这里所说的儒服，指的是明代读书人穿戴的衣冠服带。传教士以儒服示人，在形象上寻求明代士大夫们的认同，是一种打破隔膜以求亲近的举动。

利玛窦身着儒服，亲近儒家思想，但却排斥佛老。利玛窦所撰《天主实义》中说：“二氏之谓，曰无曰空，于天主理大相刺谬，其不可崇尚明矣。夫儒之谓，曰有曰诚，虽未闻其择，固庶几乎？”

利玛窦之所以排斥佛老思想，是因为他觉得佛老和西方宗教具有竞争关系。而同情儒家思想，是为了方便跟朝廷中的政治中坚——士大夫交游。

与士大夫交游，假借儒家思想开示天主教义，这种方法得到了诸多士大夫的认同。譬如，叶向高《职方外纪·序》曾言："其言天主，则与吾儒畏天之说相类，以故奉其教者颇多。"陈亮采《七克·序》中言："其欲念念息息，归依上帝，以冀享天报，而永免沉沦，则儒门羽翼也。"利玛窦合流儒耶教义，而排斥佛老，目的显然在于布道。

想要实现儒耶合流，就必须了解儒家思想，布道与问学，成为传教士与士大夫交游之日常。当时宗尚阳明心学的名士李贽就曾与利玛窦有过三面之缘，李贽《与友人书》载："（利玛窦）凡我国书籍无不读，请先辈与订音释，请明于《四书》性理者解其大义，又请明于《六经》疏义者通其解说。今尽能言我此间之言，作此间之文字，行此间之仪礼，是一极标致人也。"

除此之外，利玛窦等传教士还译述了天主教义，以期达传教之旨。与同时布道的西方传教士罗明坚撰述的《天主实录》不同，利玛窦撰著的《天主实义》，是将天主教义与儒家思想结合，借儒家经义来阐释天主教义，这种"以儒释耶"的传教方式，也增加了士大夫们对西方宗教的好感度。

当时，晚明朝政与士儒思想都处于衰乱之势。顾炎武《富平李君墓志铭》曰："当万历之末，士子好新说，以庄、列百家之言窜入经义，甚者合佛老与吾儒为一，自谓千载绝学。"晚明时期，儒家思想以阳明心学为主流，但心学轻浮，而理学又僵化，传统经学更是少有问津者。这期间发生了三教合流，思想领域较为芜杂。而在西方，近代科学刚刚兴起，这也为传教士来华传教打开了方便之门。

西方传教士入华，对当时的士大夫来说，是打开了通向世界的一扇门。西方大航海引发的地理大发现，已然领先于当时的士大夫的视野。万历十二年（1584），利玛窦在肇庆时，有意将外文世界地图译为中文，名为《山海舆地全图》，并由当地知府王泮督印，这是带有中文注释的世界地图首次在中国出现。在这之后，利玛窦绘制的世界地图的翻刻版本多达八种。其中最有名的，是李之藻负责刊印的《坤舆万国全图》。古代中国的宇宙观是"天圆地方"，世界是球形的这一事实，为中国士大夫们打开了一个全新的视野。

晚明的传教士，为了寻求传教的正当性，将传教的历史一直追溯至唐代的景教。晚清洪钧《元史译文证补》谓："天主教入中土，实自景教始。"早在唐代，基督教派中的景教一派，已通过中亚丝绸之路，将教义传到了中国。晚清钱恂《归潜记》亦云："景教者，基督旧教之聂斯托尔派也。"与利玛窦关系甚密，并接受洗礼的士大夫李之藻，在《读景教碑书后》云："景者大也，炤也，光明也。"李之藻释义景教，将景教作为天主教传教的先驱，势必有利于天主教教义的传播。

利玛窦入华传教，其功在己，不过推动传教者绝非一人之力。在他传教初期，范礼安是来华传教士的核心人物，由他请示罗马教会委派罗明坚、利玛窦来华传教。在这之后，龙华民、郭居静、金尼阁、艾儒略等教士亦来华布道，并成为传教的中坚。利玛窦是其中的成就最高者。以利玛窦为核心，围绕在西方传教士周围的士大夫，如徐光启、李之藻、杨庭筠等人，不仅接受洗礼、译述考辨天主教义，同时，也将西方近代科技翻译传播了过来。

利玛窦和徐光启

明末清初，作为明代遗民的王夫之，在《船山思问录·外篇》撰言："盖西夷之可取者，唯远近测法一术，其他则皆剽窃中国之绪余。"又云："玛窦身处大地之中，目力亦与人同，乃倚一远镜之技，死算大地为九万里。"王夫之所谓远近测法与远镜之技，指的就是西方近代科学的缩影。尽管王夫之跟当时的许多国人一样，对西方科技的态度徘徊于认同和存疑之间，但是这些西方科技却为后来的中国带来了深远的影响。

The
Foreigners
in China

Qing Dynasty

13

## Qing Dynasty: Foreigners in Qing Imperial Court

# 清代：清政府中的洋人们

文 + 编：金阁寺
text & edit: Jin Gesi

从 15 世纪开始，西方国家在世界范围内展开扩张。各国的天主教传教士们，身负传教的使命远渡重洋，去往世界各地。在中国，为了传播天主教，传教士们需要得到掌握话语权的儒家士大夫的支持，为了打消士大夫们把他们视作西夷、看作未开化人的偏见，他们学习儒学，穿着士大夫的服装，介绍西方的技术和发明。

据《明清史料》记载，顺治十二年（1655），天主教耶稣会传教士利类思、安文思向顺治进呈了自鸣钟、万象镜、鸟枪等物。西方传教士们来到中国后，普遍的做法是把带来的数理天文书籍呈给朝廷，至于西学仪器，也会用来陈列，这些新奇物件往往能够招揽大量的官员和学者前往观看。

在诸多东传的西方科学知识中，天文学知识，成为东方的帝王们最为感兴趣的西学之一。传教士汤若望在明末时来到中国，投归清朝后，被顺治帝任命为清朝第一任钦天监监正。钦天监的职责为观察天象，推算历法，汤若望也成了中国历史上第一个钦天监的洋人监正。顺治帝十分器重汤若望，他于顺治十二年（1655）封汤若望为通政使，晋一品，封赠三代。

不仅仅是传教士，事实上，那些清代来中国从事贸易买卖的洋人，也都随身携带着望远镜。清代姚元之《竹叶亭杂记》记载：“（中方）客货俱载以骆驼。俄罗斯人每以千里镜窥之，见若干驼即知所载若干物。商未至前四五日已了然，盖其镜已见于三四百里外矣。”

由洋人来定历法，朝野上下自然会生出质疑的声音，在康熙七年（1668）就发生过一次中西历法之争。康熙对西学的处理相当客观理性，他在回忆时说：“朕幼时，钦天监汉官与西洋人不睦，互相参劾，几至大辟。杨光先、汤若望于午门外九卿前当面赌测日影，奈九卿中无一人知其法者。朕思己不知焉能断人之是非，因自愤而学焉。”

在这场中西历法之争中，比利时传教士南怀仁与钦天监监副吴明烜针对历法进行了激烈的辩论，双方以日影测验来检测各自推算的历法的准确性，结果南怀仁在精度上胜过了吴明烜。三月，南怀仁出任钦天监监副。

**《万国来朝图》◎清代◎故宫博物院藏**
为了弘扬清政府的威德，展现“四夷宾服、万国来朝”的繁荣景象，在乾隆帝授意下，宫廷画家们先后创作了多幅（元旦和万寿节）向大清王国朝贺、歌功颂德的绘画，这些作品只是在细节上略微有所不同。《万国来朝图》描绘的是紫禁城内元旦的朝贺庆典，各国度、各民族朝贺宾客穿着艳丽的服装，外貌气质各自不同，带着琳琅满目、五花八门的贡品云集在太和门外，在左右两侧指定区域内人头攒动、等候乾隆皇帝的接见。

**汤若望**

在康熙接触的西学中，除了天文学和算学，还包括武器和医学。

史料记载，康熙十二年（1673）吴三桂起兵叛乱，皇帝令南怀仁制新式火炮，南怀仁设计督造了四百四十门大炮，培训出两百多名炮手。南怀仁还专门写了一部《神威图说》来讲述制造西洋火炮的原理。火炮在雅克萨之战和平定准格尔战事中都起过重要作用。

其实早在明代后期，就曾引进过武器。欧洲在1500年至1520年制造了一种舰载加农炮，明代后期传入中国后，官兵们常在炮上盖上红布以祈求胜利，所以后来人们就把这些从西方进口的前装滑膛加农炮统称为红夷大炮。明代进口的红夷大炮只有少量是从荷兰东印度公司购买的，当时，明代政府因为台湾问题与荷兰人交恶，因此大多数的红夷大炮都是从澳门的葡萄牙人那里买来的。到了清代，满族忌讳"夷"字，红夷大炮因此被改称为"红衣大炮"。

除了武器，还有医学。西洋药物治好过康熙帝的疟疾和心脏病，所以他对西洋的医学也很青睐。法国人樊国梁《燕京开教略》中记载："皇上偶染疟疾，洪若、刘应进金鸡纳……皇上以未达药性，派四大臣试验，先令患疟者服之，皆愈。四大臣自服少许，亦觉无害，遂奏请皇上进用，不日疟瘳。"

用金鸡纳霜（奎宁）治好康熙帝疟疾的法国耶稣会传教士洪若翰（即文中的洪若），曾记录过康熙学习西洋知识的情形。《老老外眼中的康熙大帝》中讲道：

> 天下太平之后，康熙皇帝决定学习欧洲的科学知识。他选择了算术、欧几里得几何基础、实用几何学和哲学，徐日昇神父、安多神父、张诚神父和白晋神父奉旨为他编写这几个方面的教材。他们编成三本，一本是算术，另两本是欧几里得几何原理和几何学，并用满文来作图解。皇帝给他们安排了满文老师，老师和教士们一起进行核对，教材中一有含混不清的用词，他们立即就更换其他词。教士们为皇帝进讲，讲课都很明晓易懂，皇帝的学习兴趣日益浓厚，并对我们科学的实用性越来越赞赏有加。
>
> 教士们每天都进宫讲解，和皇帝一起度过上午两个小时、晚上两个小时。平时，皇帝命他们坐到御座旁，让他们坐在他的身边，以便使他们的讲课更为自在。

瓷胎洋彩西洋人物山水火镰盒

铜胎画珐琅西洋人物执壶

玻璃珐琅彩人物渣斗

珐琅彩开光西洋人物双耳葫芦扁瓶

掐丝兼画珐琅西洋人物盖罐

珐琅彩开光西洋人物螭耳瓶

画珐琅西洋人物碟

铜胎画珐琅西洋人物观音瓶

内填珐琅西洋人物杯

画珐琅西洋人物云耳瓶

康熙皇帝学习热情很高，他住到北京西法里外的畅春园时，也不中断课程。教士们只得每天都去那里，风雨无阻。他们早晨 4 点就从北京城出发，到天黑才回来。而且回来后，他们还要马上工作，一直到深夜，以准备第二天的讲课。来回的奔波和熬夜使他们疲劳不堪，但是要讨得皇帝的欢心、以使皇帝能对我们的圣教产生好感，这样的信念支撑着他们，使他们不顾辛劳。在教士们回去后，皇帝也并不空闲，他会自己复习他们刚给他讲的课，重看那些图解，有时还叫来几个皇子，亲自给他们讲解。如果他对所学的东西没有弄明白，他绝不轻易放过，一直钻研到完全弄懂为止。

康熙搜集了很多西洋科技的仪器，当然不仅是收藏，也做实验，洪若翰对康熙的实验精神也有相应的记载：

就这样，康熙皇帝一直勤奋地学习了四五年，并且丝毫没有懈怠政务，没有一天耽误了上朝。他并不只满足于书本上的知识，而总是把所学的知识付之于实践。他学习得很有乐趣，能够很好地理解那些给他进讲的课程。例如，给他讲到固体的成分时，他就会拿起一个球，精确地称出它的重量，测出它的直径。然后，他就会算出同样材料、直径不同的另一个球的重量，或者算出另一个比较大的或比较小的球的直径该是多少。计算出来后，他会拿来相应的直径、重量的球，来证明实际情况是否跟理论相符。此外，他同样仔细地验证立方体、圆柱体、圆锥体或圆台、棱锥体和球体的比例和性能。

康熙对绘制地图的兴趣也很浓厚。《皇舆全览图》的绘制就是一个标志性的事件。1708 年，康熙下令编绘地图，他请来西方传教士，采用三角测量法，实测经纬度，描绘范围东北到库页岛，东南到台湾，西到伊犁河，北到北海（贝加尔湖），南到崖州（今海南岛）。经过十年的实地绘制，于 1718 年初步完成。这也是我国第一部有经纬度的全国地图。

铜胎画珐琅西洋人物鼻烟壶

画珐琅西洋人物瓶

金属胎掐丝画珐琅西洋人物双耳鼻烟壶

银嵌铜胎画珐琅西洋人物鼻烟盒

金胎画珐琅西洋人物盘

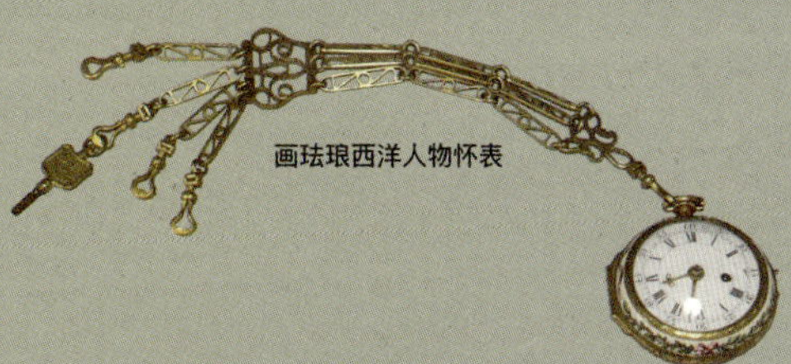
画珐琅西洋人物怀表

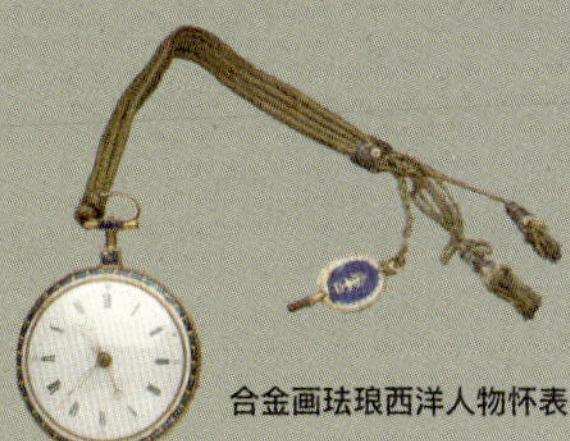
合金画珐琅西洋人物怀表

铜胎画珐琅西洋人物鼻烟壶

内填珐琅嵌珠西洋人物斋戒牌

铜胎画珐琅西洋母子鼻烟壶

郎世宁

《乾隆大阅图》◎郎世宁

对地图绘制的重视，其实有前因。康熙二十八年（1689），清政府和俄国签订了第一份边界条约，也就是《尼布楚条约》。签订后，法国传教士张诚曾向康熙进呈从欧洲带来的，缺少中国的详细情况的亚洲地图。这也让康熙对绘制一张完整国土地图的愿望越来越强烈。正是在这种情况下，《皇舆全览图》这张有经纬度的、界定了中国边界的、对我国国土大规模实测的地图应运而生了。

清政府和俄国间的纷争，放入世界史的维度中，能够更清楚地把来龙去脉梳理出来。16 世纪到 18 世纪，是地理大发现、开辟新航路、西方国家进行殖民扩张的时代。当西方出现资本主义萌芽之后，又发现美洲、非洲和亚洲是进行领土扩张和殖民掠夺的理想区域，获得更多资本、进行海外殖民、快速掠夺资源和金银，就成了顺理成章的逻辑。贸易，成了推动这场世界格局大变动的内在动因。

而 16 世纪到 18 世纪，俄国扩张的最初目的，也不是为了占领领土，同样是为了贸易。国际地理联合会主席弗拉基米尔·克罗索夫（Vladimir Kolosov）说过："俄国人没有试图镇压土著部落。他们感兴趣的是皮草，这是与欧洲人进行贸易的贵重商品。"

这也能够说明，为什么《尼布楚条约》的签订，除了确定边界，还提到了另外一项内容，即根据这个条约，俄国和清朝建立了贸易关系。在康熙二十八年（1689）《尼布楚条约》签订后，俄国商队可定期到北京贸易，时间大约为三年一期。法国学者根据 1728 年到 1729 年北京俄国商队的账册发现，1728 年交易额接近 1000 万法郎，商队卖出了 100 多万张松鼠皮，20 万张银鼠皮，15 万张狐皮和其他货物。

北美和西伯利亚是两个重要的皮毛来源地，他们是全球皮毛贸易供应链条的重要环节。皮毛贸易的经济收入对俄国意义重大。俄国向东扩张，既是为了皮毛贸易，也是为了打通商路。

俄国和中国的战争，前后持续了 30 多年。康熙几次派兵围攻雅克萨和尼布楚城，俄国势力被击退之后，又总会卷土重来，双方攻占不休，民不聊生，最终在康熙二十八年（1689），双方签订了《尼布楚条约》。

值得注意的是，签订《尼布楚条约》的清政府和俄谈判人员的组合也相当有意思，俄方代表有俄国人、哥萨克人、蒙古人和波兰人，清方代表为索额图、佟国纲、葡萄牙传教

《百骏图》◎郎世宁

士徐日升和法国传教士张诚等人。法国传教士张诚被任命为清政府的翻译，以清朝三品官的身份参与了这次谈判，中俄签订的《尼布楚条约》，有两个拉丁文本，以及满、汉文本各一个，其中拉丁文本就是张诚翻译的。

根据《尼布楚条约》，中国将原属于清代版图的尼布楚周围及其以西领土割让给俄国，而俄国承认黑龙江流域和乌苏里江流域是中国领土，条约界定了中俄的东段国界线。

美国历史学家斯塔夫里阿诺斯在《全球通史》中说，“(《尼布楚条约》) 是中国与欧洲一大国签订的第一份条约；由于中国代表团有耶稣会传教士任翻译人员，条约用拉丁语拟定。边界确立在沿阿穆尔河以北的外兴安岭一线上，所以，俄国人不得不完全地从有争议的流域地区撤走”，“以后 170 年中，俄国人一直遵守条约规定，停留在阿穆尔河流域以外的地区”。

康熙对谈判结果比较满意，参与谈判的传教士张诚被记上一功。再加上南怀仁等人协助铸造火炮，平定了三藩之乱，并且还能准确预测日食，帮助皇帝为相关的祭奠做准备，以及包括郎世宁在内的宫廷画家深得康熙赏识，康熙三十一年（1692），康熙帝终于公开承认了天主教在华传教的合法性。康熙帝下达了容教令：

> 查得西洋人仰慕圣化，由万里航海而来。现今治理历法，用兵之际，力造军器、火炮，差往俄罗斯，诚心效力，克成其事，劳绩甚多。各省居住西洋人，并无为恶乱行之处，又并非左道惑众，异端生事。喇嘛、僧等寺庙，尚容人烧香行走。西洋人并无违法之事，反行禁止，似属不宜。相应将各处天主堂俱照旧存留，凡进香供奉之人，仍许照常行走，不必禁止。俟命下之日，通行直隶各省可也。

方便之门打开了，但西方传教士在华的传教之路却并没有自此顺利下去，关于中国礼仪是否跟天主教教义相容的争论从未间断过。

天主教传教士想要得到具有话语权的儒家士大夫接受天主教，就需要采用士大夫能够接受的方式进行传播。利玛窦的传教方式是，主张中国人所说的“天”和“上帝”本质上与天主教徒所说的“唯一真神”是一致的，中国人祭祀祖先和孔子，在本质上没有违反天主教教义，因此允许中国教徒施行中国礼仪。他的这种主张，被称作“利玛窦规矩”，也被之后的传教士所遵从。

但关于中国人祭祀祖先和儒家尊孔的祭祀礼仪，到底算不算是一种宗教行为，也一直存在争议。最早时候，争议还仅限于学术领域，不过，后来随着在华的天主教会之间竞争加剧，传教会纷纷寻求罗马教会的支持，康熙三十二年（1693），巴黎外方传教会主教在其管辖的福建区域发布了禁止中国教徒实行中国礼仪的禁令。至此，争议逐渐从学术问题演变为清王朝和罗马教会之间的矛盾。

之后，虽然欧洲舆论界认为儒教是世俗哲学而非宗教，但教皇仍然认为儒家的祭典礼仪和天主教教义有冲突。

1704 年，天主教教皇克雷芒十一世下令禁止中国教徒进行祭祖、祭孔等活动，禁止把“上帝”和“天”作为“天主”的别称，这些规定激怒了康熙，康熙下令驱逐不遵守中国礼仪的传教士。

自此之后，清政府和罗马教会之间的争议始终没能达成双方满意的结果。再之后，雍正皇帝也下令禁教，雍正二年 (1724)，清政府大规模驱逐西洋传教士。乾隆时期，虽然传教士在清政府中受到高礼遇的对待，但是仍然不能自由传教。到了嘉庆、道光两朝，禁教的政策也仍旧被延续了下来。

利玛窦

Late Qing Dynasty
Republic of China
Modern China

The
Foreigne
in Chi

14

# Foreigners and Their Oriental Discoveries in Late Qing Dynasty and Early Republic of China

# 清末民初：洋人和他们的东方发现

文：金阁寺　编：陆沉
text: Jin Gesi　edit: Yuki

清末民初，国门大开，这是中国这个古老的国家，第一次全面地向世界敞开了大门，于是许多洋人怀着不同目的来到中国。这些人中有去往西域的考古学家，有铁路工程师，有贸易团代表，有探险家、旅行家，还有社会学家和传教士。得益于摄影技术的普及，携带相机前来中国的洋人们，也记录下了一个时代和那个时代里的一群人。

### 斯坦因和道士塔

其时已是 20 世纪初，欧美的艺术家正在酝酿着新世纪的突破。罗丹正在他的工作室里雕塑，雷诺阿、德加、塞尚已处于创作晚期，马奈早就展出过他的《草地上的午餐》。他们中有人已向东方艺术投来歆羡的目光，而敦煌艺术，正在王道士手上。

——《道士塔》

斯坦因终于等来了王道士。1907 年 5 月，外出化缘的王道士回到了莫高窟。这是斯坦因的第二次中亚探险。自从他 1906 年开始这次探险，时间已过去了大半年。斯坦因第一次到达敦煌是 3 月份的一天，起初他并没有打算长留，一切都源于一次道听途说。当时他们正在旅馆休息，一行人都很疲惫，大漠的夜晚显得孤冷而荒凉。斯坦因无意中从一个商人的口中得知，莫高窟发现了藏经洞，这引起了他的重视。

不过，第一次到达莫高窟的斯坦因不免有些失望——藏经洞被上了锁，保管钥匙的王道士外出化缘，不在家。尽管如此，当斯坦因看到一个小和尚手里的一册藏经洞写本后，更加确信自己的感觉是对的——这个安装着简陋小木门的洞窟里，很可能藏了一个将会震惊世界的宝藏。

王道士迟迟未归，斯坦因也没有闲着，他雇了一批工人，考察发掘了敦煌西北的长城烽燧遗址，并得到了大量的汉代简牍。

5 月的一天，斯坦因重新回到了莫高窟。这一次，他如愿等到了归来的王道士。斯坦因当时请的翻译和助手叫蒋孝琬，在斯坦因的委托下，他先跟王道士进行了交涉。蒋师爷对王道士说，斯坦因愿意捐款帮助他修理洞窟，不过想先看看洞窟里的经卷，还说斯坦因想购买洞窟里的经卷。这引起了王道士的警觉。对他来说，虽然并不十分明白那个小小洞窟里的经卷到底意味着什么，但藩台衙门早有封存藏经洞的禁令在前，况且出卖佛经的话，会是亵渎吗？会损害他的功德吗？王道士犹豫了。

经过几次交流，斯坦因看出眼前的这个矮小、脏兮兮的道士虽然很无知，但对宗教却很虔诚。他心里明白，想要说服王道士，还需要找到一种能够打动他的东西。最终，斯坦因成功找到了这种东西——王道士的信仰。

斯坦因骗王道士说，他是玄奘的忠实信徒，正是追随着玄奘的脚步，他才历经千辛万苦来到了敦煌，这跟当年的玄奘西行取真经是一回事。说白了，他就是当世的玄奘，不远万里东来，只是为了取得真经。

王道士被说动了。他相信了斯坦因的说法，相信了斯坦因是根据神的指示东来取经的。斯坦因期待已久的那扇门，终于向他敞开了。

“经卷一层一层地堆在那里，密密麻麻，散乱无章。经卷堆积的高度约有 10 英尺，后来测算的结果，总计约近 500 立方英尺。藏经洞的面积大约有 9 平方英尺，剩下的空间仅能勉强容得下两个人。”斯坦因后来回忆说。但他知道这些埋在千年尘灰下的经卷，拥有足够震撼学界和整个人类社会的价值。最终，仅用四锭马蹄银，斯坦因就从王道士手中换回了这些无价之宝。

斯坦因，这位国际敦煌学的开山鼻祖之一，带着他的东方发现，离开了莫高窟。敦煌大漠中，那扇小小的木门在他的背后被悄悄地掩上了。一年多后，24 箱经卷和 5 箱绢画、刺绣等艺术品，一路颠簸，被运到了英国伦敦的博物馆。

**《千佛洞》◎英国考古学家斯坦因（Marc Aurel Stein）编著◎ 1921 年出版**

1921 年，斯坦因从他获得的敦煌藏经洞文物中选取了精美绢画 48 幅，用彩色和黑白照片影印，辑成《千佛洞：中国西部边境敦煌石窟寺所获之古代佛教绘画》一书，在伦敦出版。

《一个博物学家在华西》
◎英国植物学家威尔逊著
◎ 1913 年出版

## 植物学家

已经是第三天了，步行数公里的威尔逊抬头看了看远处的灯火，想着那里应该是个村庄。

这是威尔逊第四次来到中国，在这之前，从 1899 年开始，到现在的 1911 年，12 年间，他先后四次来到这里。威尔逊举起相机拍下了远处树下的人。后来，人们称他为“打开中国西部花园的人”。简单来说，威尔逊是个植物学家。

1898 年，22 岁的威尔逊取得了英国皇家科学院植物学讲师的资格，并受聘于维奇园艺公司，而这也为他的中国之行创造了契机。一年后，威尔逊前往香港，这是他第一次来到中国这个遥远的东方国度。他此行的目的只有一个，他要寻找一种树——珙桐。珙桐是和大熊猫一样古老的生物物种，自从 1869 年法国传教士大卫在四川发现了珙桐后，西方的园艺界就对这种稀有物种产生了迫切的引进想法。

中国之行的收获超出了威尔逊的想象，在宜昌考察时，威尔逊还发现了中华猕猴桃，这种水果现在已成为新西兰最重要的出口水果之一。离开宜昌后，威尔逊南下巴东，在一处茂密的树林里，他终于找到了珙桐。

发现珙桐只是一个开端，威尔逊对中国的探索才刚刚开启。他发现中国的植物物种远远要比自己想象的丰富，而这，对每一个植物学家都可谓有着致命的吸引力。1903 年，威尔逊为了收集一种罂粟科植物全缘叶绿绒蒿，再次来到中国。他从康定前往海拔 3000 米的多山地带寻找这种植物。高海拔地区的天气变幻莫测，途中，威尔逊遇到了冰雹。“我一躺下，一滴雨水便落进我的眼睛；我翻了翻身，一滴雨水又落进我的耳朵，翻来覆去都逃不开。”即使遭遇了极端天气变化，也没能阻止威尔逊的脚步，他继续向前，向海拔 3300 米的山林里进发。也正是在那里，他找到了此行的目的——全缘叶绿绒蒿，一种美丽的黄色罂粟花。被他带回欧洲的全缘叶绿绒蒿种子，也在多年后成为西方备受欢迎的观赏花卉。为此，维奇公司还特意用 5 块纯金片和 41 颗钻石做成了“黄色罂粟花”形状的胸针来表彰威尔逊的这一发现。

1906 年的 12 月，威尔逊和哈佛大学签订协议，开始了他的第三次中国之行。关于这次考察，值得一提的是在岷江河谷带回的紫金莲和岷江百合种子，从此岷江百合成为英国家喻户晓的园林花卉。1910 年 9 月，威尔逊在第四次中国之行中遭遇了山体塌方事故，他的右脚被石块砸断，一个月后才被辗转送到上海就医，最终因伤口严重感染，他的右脚落下了终身残疾。

威尔逊的四次中国探险共收集了 65000 多份植物标本（共计 4500 种植物），并将 1593 种植物种子和 168 种植物切根带回西方。他引种了众多园林花卉植物，其中有 60 种以他的名字命名。威尔逊曾经感慨：“如果没有早先从中国大花园引进的品种，我们今天的园林和花卉资源将是何等可怜。”

爱尔勒斯特 · 威尔逊（Ernest Wilson），这位第一个系统考察中国西南部植物的西方人，在交通极为不便的 20 世纪初期，扛着沉重的摄影器材，记录下了中国西南部的人文地理。1913 年，威尔逊出版了《一个博物学家在华西》一书。16 年后，在这本书重版时，他将书名改成了更具意味的名字——《中国——园林之母》。

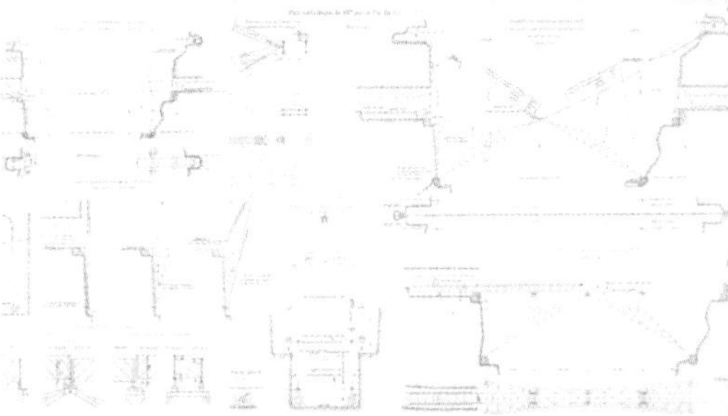

**《滇越铁路》◎法国铁路公司编◎ 1910 年出版**

1885 年 6 月，法国通过中法战争打开了中国西南的门户，接着又夺取了云南的铁路修筑权。1899 年 9 月，以法国东方汇理银行为首的几家机构成立了滇越铁路公司，承包了滇越铁路的集资修建业务。铁路由越南海防港至云南省会昆明，全长 854 千米，轨距为 1 米。此书记述了滇越铁路（始建于 1903 年，完工于 1910 年）的设计、施工经过，并附有大量照片、地图及工程图。全书分为两卷，上卷含老照片 294 幅，下卷含地图及工程图 55 种（组）。

## 铁路工程师

铁路在 20 世纪初成为贯穿世界的“大动脉”，随着铁路修建大潮的兴起，来到中国的洋人又多了一种身份——铁路工程师。

在政权摇摇欲坠的晚清中国，1885 年中法战争后，清廷丧失了一大藩属——越南，法国也由此打开了中国的西南大门，夺取了云南的铁路修建权，并强迫“中国国家允许法国国家或法国公司，自越南边界至云南省城修筑铁路一道”，清廷对此的回应是：“可允照办。”

滇越铁路是 20 世纪初西方在中国最早修筑的四条铁路之一，由于地形复杂，修筑难度大，技术要求高，被英国《泰晤士报》称作是与苏伊士运河和巴拿马运河并称的“世界三大工程奇迹”。

滇越铁路云南段在山峦、河流、峡谷间通过，险恶的地形和恶劣的施工条件造成十余万中国工人死亡，是一条被称为“一根枕木一条命，一颗道钉一滴血”的铁路。

由法国铁路公司编写的《滇越铁路》图册，于 1910 年出版，记录了滇越铁路的设计、施工过程，并收录了大量的工程图和历史资料。

除了滇越铁路，1898 年，清政府驻美公使伍廷芳还与美国美华合兴公司签订了《粤汉铁路借款合同》，美国工程师柏生士（Parsons）因此来到中国测量粤汉铁路地形。他考察了湖北、湖南、广东三省的地形、地质和铁路状况，并带着好奇心和善意，记录下了这些地区的社会经济、风土人情，完成了一个社会学家该做的功课。1900 年，柏生士出版了《一个美国工程师在中国》（*An American engineer in China*）一书，记录了他在中国勘测粤汉铁路时的见闻。

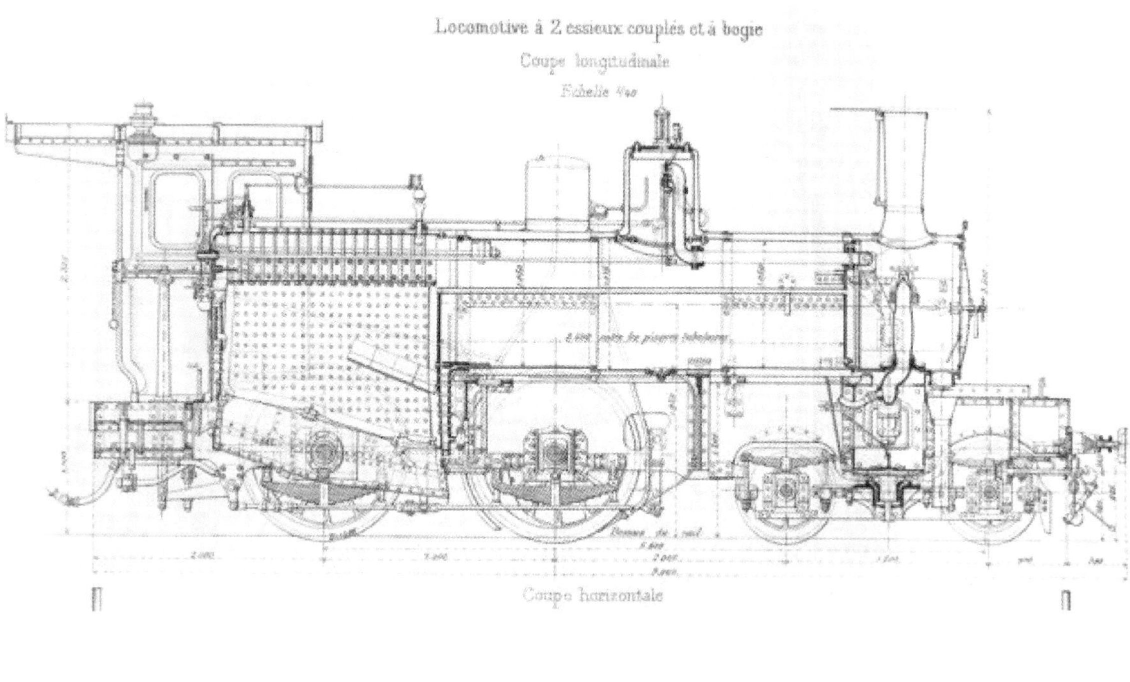

VIADUC METALLIQUE DE 9»8 M. AU KM. 87.9.

Avancement du montage au 15 mars 1908.

Concession de la Société

Préparatifs de départ en tournée

Rue principale de la " Concession" dite des "Travaux Publics"

Murs et porte

Une rue de la ville

Un coin des faubourgs

Equipe de parachèvements au Km: 20.1

La ligne sur les bords du Namti au Km: 23.

Tranchées en rocher au Km: 24.

La ligne sur les bords du Namti au Km: 27.7

HOKEOU. Origine de la ligne.

Vue générale de la ligne à son origine et du confluent du Namti.

## 驻华官员

20 世纪初在中国的洋人，还有很多是各国的驻华官员。这其中便有亨利·阿瑟·布莱克（Henry Arthur Blacke），他是英国派驻香港的第 12 任总督，去过湖北、四川等南方很多地区，并曾以“中国”为书名，撰写了一本书。全书配有 16 幅彩图插画，为画师莫蒂默·曼培斯（Mortimer Menpes）所绘。据曼培斯的女儿说，他绘制这些画作的时间大约在 1893 年至 1898 年之间。这个在中国、日本、东南亚地区旅居过一段时间的英国人，用插画记录了自己的东方见闻。

**《中国》（*China*）◎英国驻北京的大使馆工作人员亨利·阿瑟·布莱克著◎ 1909 年出版**

全书共分 8 章，介绍了 19 世纪末晚清中国的历史、政治、经济、文化艺术、民俗及社会生活等方面的状况，其中包括彩色全幅插图 16 幅、作为题头和书中小插图的铅笔或炭笔素描 64 幅。文字作者布莱克爵士是英国派驻香港的第 12 任总督，他认识李鸿章、张之洞、郭嵩焘等一批晚清中国的重要人物。根据他在书中的陈述，他曾经到过中国南方的不少地区，并曾深入探访过湖北武汉及四川等地。插图作家是莫蒂默·曼培斯。他也是 Menpes 图书系列的主编，本书即为该系列中的一部。

CHOPSTICKS.

**《中国人的性格》◎美国公理会来华传教士明恩溥（即阿瑟·史密斯，Arthur Henderson Smith）著◎1894年刊本**
这本书是20世纪西方人介绍研究中国民族性格的最有影响的著作。在近半个世纪的时间里，《中国人的性格》不仅影响了西方人、日本人的中国观，甚至还对中国现代国民性反思思潮，产生了很大影响。张梦阳先生对此曾做过专门研究。

## 传教士

《中国人的性格》是在19世纪末20世纪初轰动东西方的一本书。这本书被鲁迅极力推荐，在他去世前14天，还提到“我至今还在希望有人翻译出斯密斯的《支那人的气质》(《中国人的性格》) 来”，这本书在半个世纪的时间里，一直影响着西方人和日本人的中国观，成为历届美国总统的必读书。这本书的作者是一个名叫阿瑟·史密斯的美国传教士。

自从明代西学东渐以来，来到中国的洋人中，最多的身份持有者就是传教士。他们带着传教的使命，不远万里，从西方来到东方。既有高尚的品格和良好的习惯，也有天生的狭隘、固执性格，是这个美国公理会来华传教士眼中的中国人形象。他在中国生活了22年，将中国人的性格归纳为20多个类别。

辜鸿铭是这样看待史密斯为中国人性格分类的：“要懂得真正的中国人和中国文明，那个人必须是深沉的、博大的和淳朴的”，“比如那个可敬的阿瑟·史密斯先生，他曾著过一本关于中国人特性的书，但他却不了解真正的中国人，因为作为一个美国人，他不够深沉。”

史密斯1872年来到中国，他参与赈灾传教，建立学校和医院，他了解中国，也知道怎样用合适的方式影响中国。他以美国人身份的优势，帮助推动美国对“庚子赔款”承诺的实现，并向美国总统罗斯福建议用庚子赔款资助中国学生到美国留学，他的中国见闻成为很多西方人对中国印象的启蒙。一个洋人在19世纪末的中国见闻的影响力度，超出了很多人的预料。

## 旅行家

一个在 20 世纪初就走遍世界的旅行家，同样用相机记录下了一个全新的、让西方人好奇甚至着迷的东方国度。他的视角不同于传教士、社会学家和科学家，他向世人展示了一个旅行者是抱着怎样的心态去认识一个充满未知的国家的。

美国旅行家博顿·哈勒莫斯（Burton Holmes），1901 年来到远东阿穆尔，然后陆续在符拉迪沃斯托克、北京、天津等地拍摄了许多珍贵的照片。在他出版的《博顿·哈勒莫斯的环球影集》一书中，第 9 卷名为《从阿穆尔到北京到紫禁城》，收录了他在中国拍摄的影像资料。

**《甘博的摄影集》©美国社会学家甘博著**
甘博终生致力于中国城镇和乡村社会经济问题的调查研究。从1908年到1932年，他先后四次访华，积累了一整套极富价值的影像档案，展现并保存了20世纪初中国丰富的民族志信息，对今日的学者有着无可估量的价值。

## 社会学家

20世纪初，美国社会学家西德尼·甘博（Sidney Gamble）在中国的城乡之间行走着。他一路带着照相器材，记录着这个正在发生急速变化的古老国家，记录着它的人民和它的生活。

甘博还有一个鲜为人知的身份——宝洁公司创始人之一詹姆斯·甘博的孙子。早在1908年，18岁的甘博就随着父母第一次来到中国旅游。在旅居中国期间，他曾出任北京基督教青年会和华北平民教育运动的干事。在深刻研究中国社会后，他还引入西方社会学教育，创办了燕京大学社会学系。他在一个百废待兴的国家，全面系统地做着一个西方社会学家可以做的全部工作。政府、警察、穷人、商人、宗教信仰者……甘博对当时的中国进行的一手调查，被称作是“世界上唯一的一本关于中国一个大都市的实况调查”。这个来自美国的社会学家，将自己的大量精力都放在了中国城镇和乡村社会调查研究上。四年中，他调查了中国的283户家庭，留下了5000余幅黑白照片和彩色幻灯片，以及时长数小时的电影胶片，堪称一个正处于剧烈动荡中的社会的方方面面的最佳留档。甘博将这次调查结果整理成《北平的中国家庭是怎样生活的》一书，为近代中国历史留下了珍贵的档案资料。

僧人

梳妆中的满族女人

更夫

拉洋片

**《中国与中国人影像》◎苏格兰摄影师约翰·汤姆逊（John Thomso）著◎ 1873 年出版**

约翰·汤姆逊（1837 — 1921）是第一个广泛拍摄并传播中国的西方摄影师。为了拍摄照片，他还特意学习了中文，因为当时的人们误认为相机会摄人魂魄，因此在拍摄过程中也遇到了不少阻碍，汤姆逊曾回忆说："人们不止一次地朝我扔石头，或是用其他各种粗暴的方式给予对待。而且，越是在那些大城市，对外国人的憎恨表现得越是明显。"汤姆逊来到中国时，正是中国近代变革的初期。经历鸦片战争和太平天国运动之后，清王朝正处于最后的"中兴"阶段，通商口岸接连开放、洋务运动兴起，西方的影响在一些地方正悄然带来改变。正如他所言："中国人意识到他们的四书五经和圣贤之道已经无法让他们与那些采用了西方习俗、技术与科学的邻邦为敌了……中国迟早要被推上走向文明的道路，因为她的近邻日本正在奋力挖掘西方力量的秘密。"

贵妇

**探险家**

她是一位英国女性摄影师，也是世界百大探险家之一，她就是伊莎贝拉·伯德（Isabella Bird）。1878 年，伊莎贝拉第一次来到中国，探访了北京、沈阳、重庆、杭州、成都、上海等地，探险家的精神将她引领向中国众多未知的目的地。

在 20 世纪以前，人们普遍抱有女性不适合长途旅行的看法，伊莎贝拉打破了世人对女性旅行家的众多偏见。她从 22 岁起就开始独自旅行，并完成了穿越美洲的冒险。70 岁高龄时，她还曾骑马穿越摩洛哥，到达阿特拉斯山脉。

对未知的无畏探索和对神秘亚洲的向往，让伊莎贝拉在 19 世纪 70 年代来到中国，而古老的中国也没有让这位外来探险者感到失望，从故宫的秘密入口到沈阳的土地庙，从四川种满罂粟的土地到重庆万江的江上行船，她的足迹遍布大半个中国。

官员

**画家**

18 世纪末，在照相机尚未发明的年代，一个年轻的英国画家威廉·亚历山大（William Alexander）随着使团来到中国，用画笔记录下了中国的风俗。从澳门到北京，这个年轻画家一笔笔地描绘着他在中国的旅途中遇到的戏子、商贩、仕女甚至皇帝。

乾隆五十八年（1793），大英帝国派往大清帝国的马戛尔尼使团到达中国，25 岁的威廉被选为马戛尔尼使团的画师，他跟随使团在热河行宫觐见了乾隆皇帝。

这个年轻画师归国后，他画的中国风俗画，让西方人对这个神秘的东方国度倍感好奇。他的画作成为英国众多关于中国的出版物的底本，欧洲人通过这些色彩和线条展开了对另一种文明的想象。

高罗佩和水世芳

15

# Robert Hans Van Gulik's Passion for Chinese Guqin
# 高罗佩的中国古琴情结

文：李冰洁　编：陆沉
text: Li Bingjie　edit: Yuki

当飞机艰难地爬升过喜马拉雅山脉时，坐在里面的高罗佩，不知是否注意到了皑皑白雪上面无数反光的碎片，它们是被强风和低温瞬间摧毁的飞机的残骸。这条飞越驼峰的航线由于极度危险而被后人称作“自杀式航线”，但在 1943 年，它几乎成了外界物资送往中国的唯一一条生命线。当时，战争席卷了整个东亚地区，在日本战机的封锁下，弥足珍贵的物资只能经由这条航线降落在昆明。3 月 15 日这天，一起降落在昆明的，还有荷兰外交官高罗佩。

高罗佩的行李中有一件笨重的乐器——木制，长条形，七弦，琴身上刻着“松风”二字。它那沧桑斑驳的背板，也显示出它所经历过的漫长岁月。高罗佩所有的文物藏品几乎都在战火中毁于一旦，但这张名为“松风”的七弦琴却被有幸保存了下来，并被主人带到了重庆。在那里，高罗佩将它悬挂在书房里显眼的位置，并把书房命名为“犹存庵”，以此纪念历经战乱而犹存的信念。

这位年轻的外交官后来被公认为“最懂得中国的外国人”之一。他以传统中国士大夫自比，能写地道的文言文，会抚七弦琴，还精书法、善刻印、通诗词，而最负盛名的，则是他以唐代宰相狄仁杰为主人公创作的一系列推理小说——《大唐狄公案》。几年前，“元芳，你怎么看？”这句话风靡一时，有一半的功劳恐怕得归于高罗佩。正是由于他的笔耕不辍，狄公才由一位面目单一的能臣，转身一变，成了中国古代的“福尔摩斯”。以外国人而言，能够做到这些已经足够令人惊讶，然而，高罗佩却并未止步于此。作为东方研究学者的高罗佩，总能以别具一格的眼光，发现那些少人问津、生僻，而又恰恰与中国文化的精髓声气相通的领域，并开展研究。他的著作范围包括七弦琴、东皋心越禅师、猿文化，乃至更为幽僻的房中术、两性学等等。直到 50 余岁时，他仍在计划撰写专著，想要集中讨论中国文学中的死亡——一片被中国学者置而不言的黑色云彩。然而，他没有时间了，这片黑云在第二年就攫住了他。

观其一生，高罗佩本人常常用“吾华”来称呼中国这片精神家乡，然而，在他一生飘浮不定的宦迹中，真正履足中国的时间，却仅有 1943 年至 1945 年这短暂的三年。现在，让我们把目光重新拉回 1943 年，这一年，穿过生灵涂炭的广袤战场，高罗佩即将抵达战时首都重庆，而他在中国这个古老国度的奇妙经历，也将揭开序幕。

这不是高罗佩第一次来到中国。

数年前他曾乘车穿越满洲里，那时，他刚刚凭借一篇横向研究中国、日本、印度“马头明王”信仰的论文，获得博士学位。遥远的东方令这个 25 岁的年轻人痴迷而又向往。然而，刚一踏上被日本占领的满洲里，他就不禁惊呼：“那些在雅致的小花园里挥笔写诗的儒雅中国学者在哪儿呢？他们清秀、纤细、年轻美貌的妻子们在哪儿呢？！”

这早已不是诗歌中的中国。

这趟令高罗佩幻想破灭的旅行，正是现实的缩影——古老中国的辉煌早已不在。无论是载于马可 · 波罗笔记中的奇珍异宝，还是被斯文 · 赫定赞叹的诗歌、礼仪及贵族生活，都已经在纷飞炮火中绝迹于这片土地。随之而来的是家园焚毁、流民满路，文物像废纸一样充入当铺、毁于炉火，政党和军阀则野心勃勃地在无主的大地上展开角逐。在当时，唯有少数深谙历史的知识分子仍抱有信心：古老中国的灵魂始终未死，它在人心里蛰伏着。

然而，对首次踏足中国的荷兰人高罗佩来说，心中的桃花源已经幻灭。接下来该怎么办呢？是抛弃它，还是建立关于这片土地的新信念？

高罗佩没有得到答案，然而，八年后，他选择了再次来到中国。

战时陪都重庆是一座灰蒙蒙的城市。

“因为日本空军把它炸平了几次，到处是破烂的房屋。”高罗佩在日记里写道。

初到重庆的高罗佩无暇他顾，他被任命为荷兰使馆第一秘书，忙于建立信息办公室。他在这个狭小昏暗的房间里办公、起居、作画，从印度、日本收集来的珍贵文物和他挤作一团。偶尔，当空袭警报响起时，外交官们会手忙脚乱地在屋顶将巨幅国旗张开，然后奔向防空洞。一派荒唐、混乱的战时景象。然而，高罗佩很快意识到，这座在炮火中屡仆屡起的山城正在变成一个真实的桃花源。因为中国最优秀的学者和艺术家，正从各个地方奔来。

“二战”末期，最后一批传统意义上的文人还未消失，他们结社、创作、诗酒往还，形成了一个个艺术圈子。而在重庆，被默许出入这些风雅集会的还有政客、富商、洋人，以及“袍哥”之类的地头势力。这座战时陪都，光怪陆离与风花雪月并存，高罗佩参与的“天风琴社”便是其中一个。

“天风琴社”由重庆本地琴家杨少五和浙派名家徐元白协力倡导，后者早年曾追随孙中山参加北伐，然而终感本愿难酬，索性回到浙江老家，结社传琴。据说徐元白初访杨家时，抚琴酬唱了一曲《泣颜回》。这首琴曲是孔子为悼念弟子颜回所作，一叹生死无常，亲故永隔；二叹仁人之死，礼义在世间沦丧。生逢战乱之世，这两种叹息恐怕时刻藏在大多数人心底。杨少五听后慷慨泪下，就此种下了“天风琴社”开社的根由——他们期望在废墟上建一座文化的灯塔。即便家国破碎，后来人亦不致丧失信心。

1945 年初春，在杨少五的家宅中，数十位文人雅士聚集于此。乍一看，大个子、叼着烟的高罗佩显得格格不入，然而，当他在古琴前坐下，将双手搭上琴弦时，情况就完全不同了：

“我们在位于嘉陵江岸边险要山坡上的房子里吃晚餐，吃饭后，高罗佩博士就开始弹奏一支古老的曲子，名为《高山流水》。”当时在重庆政府进行外交工作的陈之迈回忆道，“那次聚会充满着浪漫的氛围。就身体特征而言，这位来自欧洲的年轻人，与我们中国人存在很大的差异。所以当他给我们演奏在中国人灵魂中生存了两千多年的曲子时，我们完全被他吸引住了。”

著名琴家张子谦也在《操缦琐记》中，记下了这位特殊的琴友：

> 高君奏《长门》颇有功夫，惜板拍徽位稍差。据云能操八九曲。异邦人有此程度，尤其对于琴学一切，几乎无所不知，洵足惊异。

可以想象，张子谦以及当年重庆的琴人们，是以怎样惊艳的目光打量着这位异邦来客。但他们不知道的是，在此之前，高罗佩已经完成了两本颇具分量的琴学著作——《琴道》《嵇康及其琴赋》，并由东京上智大学出版社出版。而他本人也已师从古琴名家叶诗梦学习有年，甚至还拥有一张明代老琴——正是那张被他千里迢迢带来重庆的“松风”。

自此之后，人们经常能够看见这个身材高大的洋人出入于重庆的各种社交场合，“松风”琴与他形影不离——事实上这种乐器十分笨重，并不适合随身携带，但他仍旧自得其乐，看起来像极了中国古代画卷里那些携琴访友的高士。只不过，高士们徜徉于山水，而他则徜徉于被轰炸得破破烂烂的嘉陵江畔，船只的残骸在江水中载浮载沉。1943 年的重庆，人们在防空洞里结社、写诗、恋爱、印刷报刊，高罗佩也一样，他开着一辆小破车在山城里穿上穿下，去大学演讲，携带着卷轴访问诗人、画家，彻彻底底地“融入了中国人的生活方式”。兴之所至，也绝不吝于为新认识的朋友们弹奏，尤其当轰炸停止，月光明亮，朦胧的夜色笼罩下来，极富情致之时，他就会想到那些刻印在明代卷本上的，被古人认为适合弹琴的情景——“值二气清朗，对清风明月”。

这类虽费周章而又不失浪漫的出游，直到他与中国姑娘水世芳坠入爱河之后才告一段落。这以后，他不再携琴，而是携着美丽的未婚妻出入各种场合。不过，他还是送给了未婚妻一个带“琴”的别名——“绮琴”。

对于琴，高罗佩秉持着稳定的热度，它是他“做一个中国士大夫”理想的重要部分，因此，在琴学研究领域，他从未将古琴作为乐器来进行研究，而是很自然地，将自己的目光集中在了它作为“道器”的灵魂之上。早在他尚未离开荷兰的青年时代，就从朋友那里读到过一首关于古琴的诗，其中流露出一种神秘的孤独感，令人好奇它究竟出自谁的笔下：

> 在腐烂的琴板下，在磨损了的琴弦旁
> 歌声早归沉默
> 在无尽的时光中，在被崇拜的同时
> 被轻蔑
> 白玉徽已变黄，金雁足被偷走
> 灰尘积在韵律饱满的琴腔
>
> 歌无人听
> 随着时间的流逝我愈发孤独
> 诗人遍地流浪，死亡或衰老
> 百姓们喜欢上了长笛短笛
> 即便它们尖锐、粗糙

高罗佩签名

高罗佩于吟月庵

熟悉中国古诗的读者，很容易发现它的灵感源于白居易的《废琴》：

> 丝桐合为琴，中有太古声。
> 古声澹无味，不称今人情。
> 玉徽光彩灭，朱弦尘土生。
> 废弃来已久，遗音尚泠泠。
> 不辞为君弹，纵弹人不听。
> 何物使之然，羌笛与秦筝。

新时代的到来往往会让一些人满怀失落，无论是白居易所处的盛唐，高罗佩所处的民国，抑或现在。全新的信息流正在冲毁人们曾信仰的一切，包括流行语、音乐以及价值观。当他们耳听羌笛华丽悦耳的旋律，瞥一眼油彩剥落的七弦琴，想起孔子的时代这种乐器曾被称为礼乐正声，象征着人们应当具有的崇高美德时，便不由得惆怅难言。

某种意义上，高罗佩的琴学著作同样为此而发。在《琴道》中，他不厌其详地梳理典故、传说，试图证明琴与知识分子之间长久而紧密的联系。他强调，这种乐器最初的制造者是中华民族的人文始祖伏羲，原材料是梧桐木、蚕丝、玉和黄金，它们贵重坚贞，喻示着君子的美德。除此之外，琴的样式、名字、发声、指法也无不具有人文指向。正因如此，抚琴者必须具备足够的修养、深沉的性情，才能真正从中求得三昧。而对普通人来说，仅仅将它悬在壁上、注视着它，就足够令他们内心宁静了。

作为点题，高罗佩坚持将琴译作“Lute”——一种与古希腊游吟诗人相伴的乐器，形状像小一点儿的琵琶。由于显而易见的外形差异，译词饱受争议，然而，高罗佩坚持认为，形状固然重要，但这件乐器所代表的精神，以及它在中国文化中占据的位置，同样值得慎重考虑。

“西方人习惯上将 lute 与诗歌和高雅的志趣联系在一起，它可以充分显示出古琴的环境和氛围。”他说。

2013 年，《琴道》经中西书局译出，成为古琴爱好者们的必读物。自高罗佩此书作成，匆匆已过 70 余年，传统意义上与古琴相伴的生活方式已经逝去不再。“那些在小花园里挥笔写诗的儒雅中国学者在哪里呢？”当年，高罗佩在满洲里火车上的惊呼，此刻开卷，仍回响在耳畔。

2010 年，重庆中国三峡博物馆研究员唐冶泽在修复馆内藏品时，无意间在一张老琴的背面发现了“中和琴室”的填红印章。这个曾被高罗佩短暂使用过的琴室名字，吸引了他的注意。后经仔细查考，他发现此琴以桐木制成，通体黑漆，磨蚌壳为徽，琴额上伏着一只椭圆琥珀狮子，牛角琴轸已被虫蛀残损，而琴背之上，“松风”两个篆字仍然清晰可辨。

这一年，距高罗佩辞世已近半个世纪。

我们只能从零星记载中还原后来的故事，“二战”后，高罗佩调离中国，先后赴华盛顿、东京、黎巴嫩等地，继续他波澜壮阔的外交生涯。而“松风”琴留赠杨少五，自此淹留蜀地。岁月更迭，琴人凋谢，“松风”与杨少五的 20 余张藏琴一起流入博物馆，数十年后，重现于世人面前。

当年，香港蔡允德女史闻高氏哀讯，作《高阳台》悼之，中有“旧地琴尊，怎知今落谁家”之句。然而，事实上，无论多么有趣或伟大的生命都终将消亡，但是琴却能够代替琴人继续活在这世上。这种古老、感情丰富，却始终沉默的乐器吸引着人们将短暂的生命归于它，高罗佩，乃至历代士大夫与古琴之间的羁绊，尽皆如是。

1

扫除文盲，普及小学

2

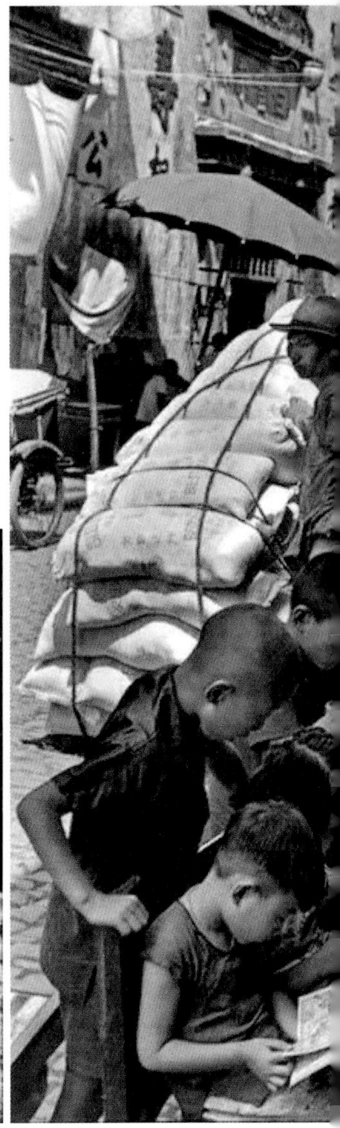

1948 年底，一架从缅甸仰光起飞的飞机降落在了北平。布列松在这架飞机上。这位被称作“现代新闻摄影之父”的摄影师，以《生活》杂志特派摄影记者的身份，来到了中国北平。世界已经察觉到这个古老的国家将要发生巨变。如同布列松已经记录下来的无数个经典瞬间一样，这次他将见证中国的这场历史大转折。

16

# During the 20th Century: From One China to Another

# 20 世纪：从一个中国到另一个中国

文：金阁寺　编：陆沉
text: Jin Gesi　edit: Yuki

①1949 年，上海，一家画像店。

②上海，街头小贩贩卖花生和中国烟，他的背后是一家书店。

③1958 年，北京，手拉手经过的学生。

④1949 年，上海，看连环画的孩子。

## 1948 年 北平

北平的冬天有点冷，在这座城市的心脏地带，那片恢宏的皇家建筑群里，太和门前的广场上站着 1 万名国民党召集而来的新兵。城外的中国人民解放军也在慢慢集结。静默的紫禁城上空，空气寒冷而凝重。国民党的军队正在撤退，临时修建的东单机场上仍旧有零星的国民党飞机起降。布列松在北平停留了 12 天，并决定在中国人民解放军彻底攻陷北平之前离开这里。12 天，已足够这个嗅觉敏锐的新闻人和摄影师，记录下这个古老国家的这场巨变。

①1948 年 12 月，老人在国民党新征召的新兵队伍里寻找自己的儿子。

② 1948 年 12 月，北平城内，乞讨的难民母子。

③ 1948 年 12 月至 1949 年 1 月，上海抢购黄金风潮。

## 1949 年 上海

一切都预示着崩盘即将发生。1948 年 12 月 24 日的报纸头条为《一两黄金七条性命，上海外滩演出巨大惨剧》。上海外滩，4 万人排队购买黄金，无论警察怎么驱赶，人群都不离开，甚至还越聚越多。当然没有人愿意离开，金圆券贬值，国民政府只允许每人兑换 40 克黄金，眼看手上的钞票即将变成废纸，除了聚集和等待，人们无计可施。

抗日战争后，国共两党间的战争让国民政府的军费开支急速增加，财政赤字直线上升，为了填补军费开支，国民政府加大通行货币的印刷量，最终导致物价上涨，通货膨胀，经济面临崩溃，为了挽救财政危机，1948 年 8 月 19 日，国民政府通过了货币改革方案，公布《金圆券发行法》，规定“禁止私人持有黄金、白银、外汇，凡私人持有者，限于 9 月 30 日前收兑成金圆券，违者没收；全国物价冻结在 8 月 19 日水平”。

④ 1949 年初，上海，等待离开的国民党官员。

⑤ 1949 年，杭州，街头上靠在礼服出租馆外的流浪汉。

⑥ 1949 年，上海，孩子们在慈善机构前排队领取分发的大米。

⑦ 1949 年 9 月，上海，国民政府撤离上海后，对上海实施海上封锁，经过 5 个月的封锁后，一艘美国军舰“戈登”号抵达上海港，搭载外籍人士离开上海。

至此，自 1935 年开始通行的国家信用法定货币被废除。不过，行政手段对市场干预的短板也是显而易见的，商人买卖亏本，物价管制的失败是注定的。国民政府在发行金圆券时又未严格遵守限额，财政赤字只是一味靠增加金圆券来填补。外部形势上，原本寄希望于美国的贷款援助也失败了。这种种因素最终决定了金圆券贬值、经济崩溃已是定局。

1948 年底，黄金即将全部撤出上海的传闻让市民们极度恐慌，人们担心一夜过后金圆券就会成为一页废纸，自己也将倾家荡产，身无分文。涌向外滩银行换取保命钱，成了人们当下的头等大事。因此，人越聚越多。在这之前，上海市政府刚刚化解了因通货膨胀而引发的米荒。那时候，全市的警力都被部署在各大米店周围，以应对随时可能出现的抢购大潮，所幸外购粮食及时运到了上海。不过，米荒刚刚平息，紧接着就出现了这次更难控制的黄金换购大潮。为了维护治安，连特别警察都出动了，但也只能勉强在人群中开出道路。最终，场面还是不可避免地失控了，人群中发生了踩踏事件，导致 7 人丧命。

上海这一年的冬天似乎格外寒冷。这座在 20 世纪 30 年代被赞誉为东方小巴黎的城市，此刻在靠近黄浦江的码头上，人们正在争抢着码头上的棉包。天气实在是太冷了，已经没有什么可以用来取暖御寒了。在这个战火不断的冬天，人们此刻的唯一希望，就是不要被冻死。

而在宋庆龄办的一家慈善机构门口，孩子们正在排着长队等待领取分发的粮食。上海的慈善事业，在 20 世纪 30 年代达到了巅峰，据统计，截至 1947 年底，上海社会局登记在册的慈善机构已达 100 多家。不过随着内战爆发，上海的资本家和旧官僚在 1949 年前后大量外逃，这些人大都是慈善机构的出资人，随着他们的外逃，上海的慈善事业也逐渐冷落下来。

出逃，对很多人来说，目的地并不明确，只是知道不能再留在这里了。火车站，码头上，国民党官员们纷纷准备离开这座城市。不过这一次的选择，却让很多人很久很久，甚至一辈子都没有再踏回故土。他们的群像，成为战争年代的一个个落寞剪影。

## 1949 年 南京

1949 年 2 月，从前线撤退下来的国民党军队正在撤离南京，长江码头上挤满了国民党军人，轮船的汽笛声在长江上空不停地响着，拥挤的人群正源源不断地往窄窄的甲板上挤着。置身于时代洪流中的人们，并不真正清楚这次看似简单的离别，究竟意味着什么。一部分物资装船准备运去广州，飞机残骸也要被回收利用，往更南边运去。正值新年伊始，南京夫子庙的灯会还是吸引来了看灯的市民，无论世道再怎么变，年还是要过，生活也还是要继续。

4 月，最后三架国民党 CAT 飞机从南京撤离。路上再难看到拉车扛枪、蜿蜒前行的国民党部队。进城的中国人民解放军部队，就快到了。路两边站满了欢迎的市民，路中间留着长长的通道，毛主席像和标语也都准备好了，这座古老的城市，正在等待着新的历史转变。

## 20 世纪 50 年代

布列松第二次来到了中国，这次是因为中国政府的主动邀请。1949 年的政治交接，布列松的记录，具有极大的历史意义，他被允许再次来到中国。兴建中的三峡水电站、马路上走着的报喜石油工人、里三层外三层挤着看中国成就展览的人群、桥梁和铁路展览……布列松被带去这些地方，用他的镜头记录着发生在这个国家的全新变化。热火朝天的大炼钢，不断被修建的熔炉，这是 1958 年的中国。

而在 1956 年，另一个对中国来说同样重要的外国摄影师，正坐在从香港到广州的火车上，在那里，他拍下了在中国的第一张照片。这个法国摄影师，就是马克·吕布。

跟很多摄影师一样，在美国《生活》杂志上发表摄影作品，成了马克·吕布踏上职业摄影师道路的第一步。《生活》杂志，这本创办于 1936 年的杂志，有着让人羡慕的创作团队，很多摄影大师都曾做过它的摄影记者，这本开创了图片新闻的伟大杂志，它的创始人亨利 · 卢斯出生于中国。亨利 · 卢斯的父亲 19 世纪末来到中国，是个美国传教士。亨利·卢斯出生在山东蓬莱，小时候在烟台读书，后来回到美国，这位 20 世纪最具影响力的媒体人，因创办了《时代周刊》《财富》和《生活》杂志而被称为“时代之父”。1936 年，他为《生活》杂志撰写了一份发刊词，而这份发刊词，也成为一本杂志、一群杂志人和一个时代的精神——“去观察生活；去观察世界；去目击伟大事件；去看穷人的面孔与骄傲者的姿态；去看奇异的东西——机器、军队、群众、丛林和月球上的影子；去看人的工作——他的绘画、高层建筑和发明创造；去看数千里外的世界，藏在墙后与房间里的人和事物、难以接近的危险情景；男人所爱的女人和孩子们；观察并从中获得乐趣；观察并领略惊异；观察并受到教导”。

注重观察生活和世界的《生活》杂志，鼓励自己的摄影师和记者去记录世界，布列松和马克 · 吕布都曾为《生活》杂志服务过。1955 年，马克 · 吕布被玛格南图片社派到了印度，在那里，他结识了法国的驻华使节，通过这层关系，他又得到了在印度的周恩来前秘书的帮助，获准到中国拍摄。

> 这是我在中国拍的第一张照片。这是 1956 年的年底，在从香港到广州的火车上，穿越边境时拍摄的。换言之，是我在从一个世界进入另一个世界时拍摄的。从所带的行李判断，这个身穿黑衣的妇女是个农民，虽然她那种成熟的优美让人觉得她是在城里生活的。人们看到的亚洲某些地方的人，是连一点儿人的尊严也没有的，他们往往处在一种完全被抛弃的状态，而这张照片立即完全改变了这种印象。

从一个世界进入另一个世界，这是马克 · 吕布的在中国拍下的第一张照片。在一本摄影集的前言中，马克 · 吕布写过这么一段话：“我在中国走啊走，看啊看，拍了不少照片。我还喝了很多茶，听了很多当时官方冗长的报告……所到之处我看到并喜爱这些美丽的面孔、工具上的陈年铜绿、浩瀚又有些奇特的景观，到处都有一种尊严，取代了上世纪几乎整个民族的耻辱。”

① 1949 年 4 月，南京，学生张贴的宣传单。

② 1958 年，人民公社，孩子们组成民兵队，训练打枪、投手榴弹和抓从飞机上空降的敌特，墙上标语写着：人人爱劳动。

③ 1958 年，北京到沈阳的火车餐车上的晚餐价格在五角到一元两角之间，很多人会购买站台上供应的食物。

④ 1958 年，北京，大学图书馆里自习的人们。

2

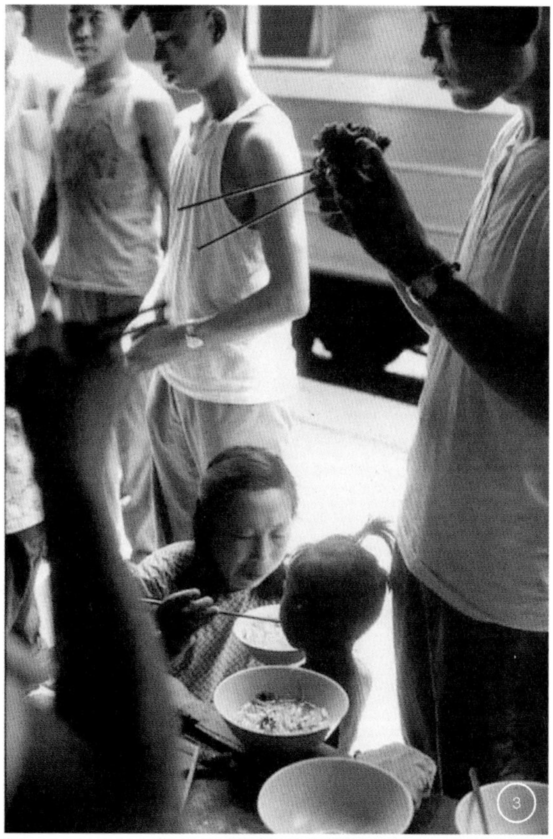
3

4

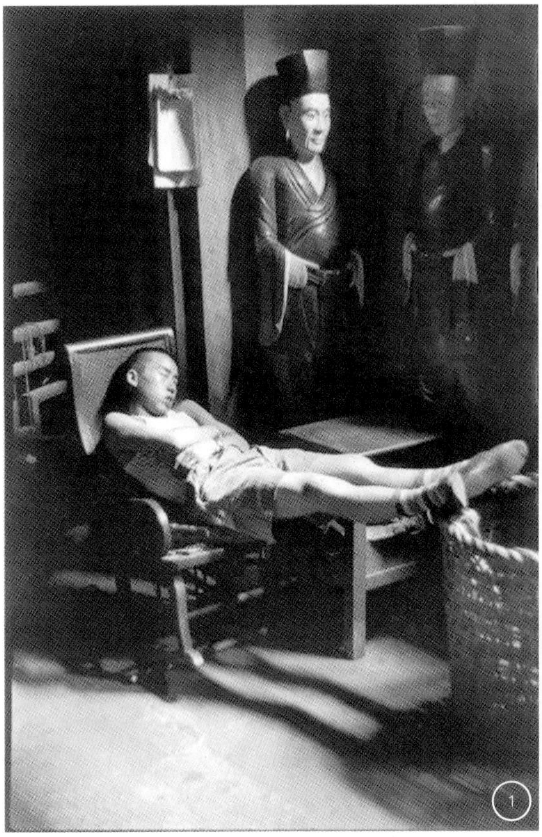

①上海，一个看门人在庙中神像的阴影下熟睡，布列松摄。

② 汉口，由苏联援建的武汉长江大桥正在施工，马克·吕布摄，1957。

③ 北京，《琉璃厂》。马克·吕布曾送给上海美术馆6件“礼物”，其中有一幅名为《琉璃厂》的作品，拍摄于1957年。当时，马克·吕布和他的第一任太太一起在北京的琉璃厂买东西。他的第一任太太是位美国雕塑家，出生在墨西哥，黑皮肤，他们的到来引来了很多人围观。太太在挑选印章，马克·吕布却很不耐烦：“你们女人总是喜欢买很贵的东西。”他一边说一边把镜头对准窗外。于是，画面被窗户分隔成几个各自“独立”的部分，右下角和左下角的小女孩戴着红领巾，看着镜头。马克·吕布当时觉得她们是被派来监视自己的。几十年后，他总是喜欢把她们叫作“小天使”。

④ 北京大学的周末舞会和戴着口罩跳舞的女学生，此后，这种场面也将告别普通中国人的生活长达20年，马克·吕布摄，1965。

⑤ 北京，在湖面滑冰的人们，马克·吕布摄，1957。

⑥ 从香港到广州的火车上，一个发呆的中国妇人，马克·吕布摄，1956。

⑦ 中国美院雕塑系课堂上尚未遭取缔的人体模特，而他们很快就将在中国的美术教育中消失，直到20年后重新出现仍不免被舆论抨击和歧视，马克·吕布摄，1965。

⑧ 北京天桥的杂耍艺人表演摔跤，马克·吕布摄。

⑨ 武汉长江边上，矗立在两个烟囱之间的毛主席像，烟囱是中国新工业化的象征，马克·吕布摄，1971。

5

6

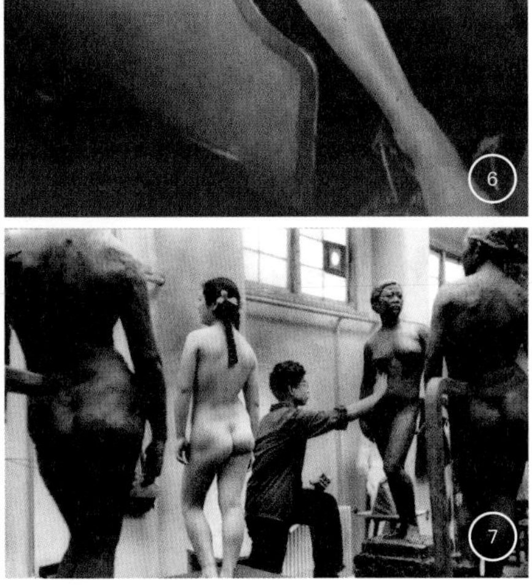

7

8

9

①在背景是一片工装的北京街头，老妇以这身装扮出场显得荒诞而不真实，马克 · 吕布摄，1957。

②北京，看连环画入了迷的小孩，马克 · 吕布摄，1957。

1979 年 10 月英版《Vogue》杂志

### 20 世纪 80 年代

在 1979 年的 8 月刊上，美国《Vogue》杂志第一次以“In China Now”为主题来到中国进行拍摄。这本创刊于 1892 年，被奉为世界的时尚圣典的杂志，在中美建交这一年，以时尚界的视角重新认识中国。摄影团队跟随美国国务卿基辛格的夫人南希 · 基辛格一同来到了中国。

在北京，在杭州，在刻意或是无意之间，《Vogue》希望以自己的时尚性视角，来消解政治的严肃和紧张感。最终，通过一种善意构建的方式，众多的中国面孔被记录在了那一年的美版《Vogue》上。

同一年 10 月，英版的《Vogue》也刊登了一组关于中国的时尚照片，“红发女魔头”格蕾丝 · 柯丁顿策划了这次封面及大片拍摄。作为《Vouge》的创意总监，这个天才式的媒体人，在一次采访中谈到 20 世纪 70 年代的首次中国之行：

当时人人仍身穿中山装。非同凡响。我的意思是每一个人都身穿相同衣服。大概有个 2 岁小孩偶尔穿了件绣着小鸭的衬衣，但其他人，从 4 岁起的所有人，都穿卡其色或是蓝色的中山装，留同样发型。

从视觉上来说，非常美。我向来对制服着迷。但你知道，你得看看这着装背后，是对人个性的压抑。从审美上来看，这非同凡响，虽然说出“哦，这看过去太棒了”听起来有些让我自觉尴尬，因为这也象征着人们并无自由。至少他们穿的制服极其实用，剪裁精良，简洁。

我买了 100 条裤子带回家。我爱它们，虽然那让我感觉自己是个愚蠢的时尚人士——我的确是！我每次出门旅行，都会从当地搜集有意思的东西。

在中国，不管你去到哪里，那些大沙发上，都铺着白色沙发套，哪怕在火车站，也是如此，这让人难以置信，也给我留下了深刻印象。我回家以后，丢弃了所有英国印花棉布（English Chintz），买了成匹的白麻布，当沙发罩。这多实用啊；每周丢进洗衣机就好。我猜在中国的火车站，他们也是这么做的。

当世界把目光投向 20 世纪的中国，也许只是出于好奇，目光稍作停留便又转向了别处。但这稍作停留的目光，却在历史的长河里留下了一个时代的记忆，一个民族的兴衰，以及一代人的悲欢离合。

民国广告画

17

## Foreign Goods During 20th Century

## 20 世纪的民国洋货

文：燃灯　编：陆沉　绘：陈雪珺
text: Ran Deng　edit: Yuki　illustrate: Chen Xuejun

鸦片战争后，西方的器具、制度、思想文化等现代元素在中国大放异彩，知识分子和士绅阶层纷纷在这场现代化运动中发出自己的声音，他们或为大清做裱糊匠，或为君主谋出路，或为革命唱赞歌。不过，对普通民众来说，这场大变局最直接的表现，还是那些形形色色的洋货的涌入。对民国时期的广大百姓而言，这些洋货并不仅仅是文化人眼里的审美、时尚那么简单。很多由输入洋货为媒介逐步建立起来的生活习俗和品味，逐渐左右了沿海都市圈的时尚风潮。它们最先流行于上流社会，并渐渐向市民阶层蔓延，对人们的日常生活产生了持续而深远的影响。这些新式的物质形态与蕴含其内的文化内涵，在传播新文化、新意识、新思想的同时，也逐步塑造出现代中国社会的样貌。

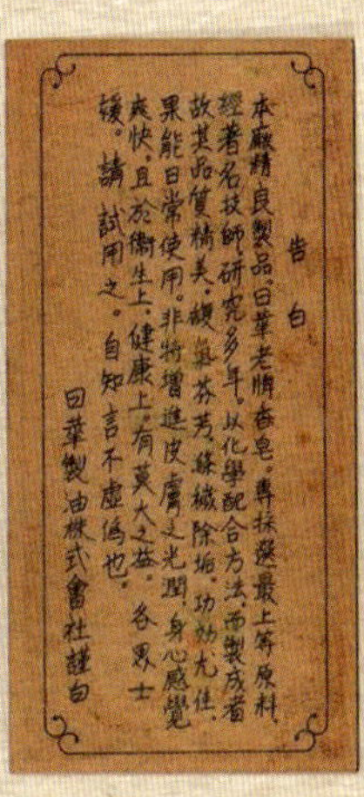

外贸用英文打字机

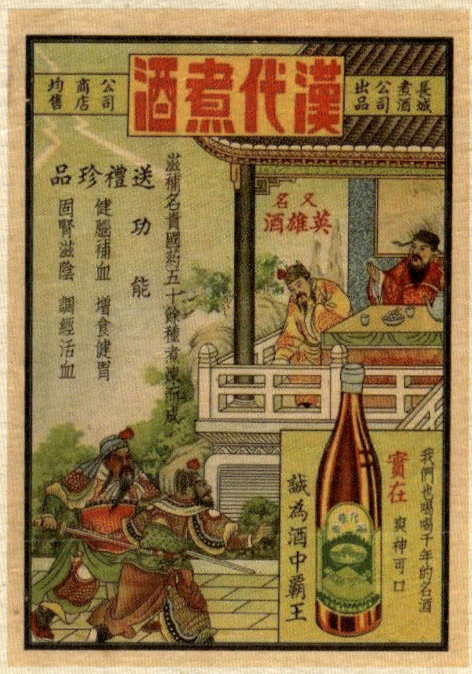

十三行商区全景

洋汽油罐

民国留声机

洋皮箱和洋灯具

19 世纪末 20 世纪初，人类进入电气时代。最早的一批电器也随着现代化浪潮来到中国，并对中国社会的方方面面产生了影响。

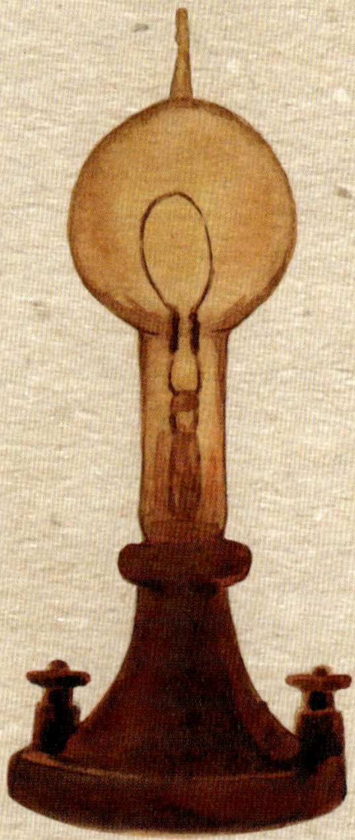

## 电灯

电灯是国人最早接触到的电器，早在 19 世纪 70 年代前后，电灯就已进入中国。在民国时期，由于受到生活水平、电力供应不足等条件的限制，老百姓对电灯的要求极其简单——只要能照明就行，因此家家使用的都是白炽灯（我们常说的电灯泡）。那时，一个拉线开关就能够满足人们的需求。

## 电话

鸦片战争后，西方列强在中国大肆掠夺土地和财富的同时，也为中国带来了近代邮政和电信。1900 年，我国第一部市内电话在南京问世；1904 — 1905 年，俄国在烟台至牛庄架设了无线电台。中国古老的邮驿制度和民间通信机构被先进的邮政和电信逐步取代。

中华民国初期，中国的邮电通信一直被西方列强控制着。当时因为连年战乱，通信设施经常遭到破坏。抗战时期，日本出于战争需要，以及长期统治中国的企图，改造和扩建了电信网络体系，他们利用当时的中国经济、技术的落后和政治制度的腐败，通过技术、设备、维修、管理等方面的专长对中国的通信事业予以控制。中华人民共和国成立以前，中国电信系统发展缓慢，1949 年时，中国的电话普及率仅为 0.05%，用户只有 26 万。

## 电报

民国的通信方式，电报较为普及。中国首条电报线路的出现时间是 1871 年，是由英国、俄国及丹麦敷设，从香港经上海至日本长崎的海底电缆。1912 年，民国政府接管清政府邮传部，改组为交通部，设电政、邮政、路政、航政四个司。1919 年 6 月 28 日，北京无线电报局成功接收到中国出席巴黎和会代表拒签对德和约的消息，并将其传报给了正在总统府前静坐示威的学生，打破了外商大北、大东、太平洋三家电报公司垄断传递国外新闻的局面。电报是按照字数收取费用的。当时，部分民众为了省钱，在发电报时会直接省去收信人的名字，使得接收到消息的邮政工作人员只能根据姓氏等信息进行推测。

## 电影

从晚清到民国，电影消费已成为中上阶层时髦而有趣的消费方式。在当时，作为国际化大都市，上海不仅拥有亚洲最豪华的电影院，而且可以看到英美主要制片厂刚刚制作完成的新影片。这些在豪华戏院上演的西方影片和大幅的报纸广告及街头随处可见的电影广告牌，为上海增添了无限的“现代”“西化”气息。据不完全统计，从 1896 年到 1924 年，中国共上映外国影片 659 部。因为上海是当时中国最大的电影市场，这些外国影片绝大多数应当都在上海放映过。由此亦可想见当时的电影盛况。

早期进入中国电影市场的多为法国影片。“一战”后，随着美国电影产业在世界影坛地位的提升，美国影片渐渐取代法国影片，占据了中国电影输入的头把交椅。美国电影进入上海，最初是由来华的外商带来的。由于放映后获利颇丰，刺激了当时的美国电影商，好莱坞随之打入中国市场。与其在国内直接投资控制院线的方式不同，美国电影商在上海主要是通过销售代理制控制上映片目、占领市场的。

电影的魅力似乎足以抵挡来自炮弹的死亡威胁，战时的陪都重庆或许是最典型的案例。抗战期间，这里的房屋不止一次地被整片炸毁，当然也包括电影院在内。但这些被炸毁的电影院却一次又一次地被修复重建。而且每次放映时，观众都热情不减，座无虚席，从这里也可以看出电影对于当时的中国观众那无与伦比的吸引力。

不过，当他们看到无法容忍的影片时，也会采取“以死威胁”的方式逼其撤片。1946 年，电影《亨利五世》在上海上映。首映当晚，影片的经典台词被当时无法欣赏其奥妙的观众们的闲谈所淹没，还伴有剥花生壳的脆裂声。最后，在上映的第五天，院方经理收到了一封匿名信，威胁说如果不将此片撤除，就把电影院炸掉。

## 收音机

民国时期，民间使用的收音机有舶来品、组装机和国产机之分。其中舶来品数量最多，占 60% 以上；组装机系用国外元件或主要部件加工而成，数量稍少；国产机最少，估计只有 1% ～ 2%，且部分配件仍需进口。

1923 年 1 月，美国人奥斯邦利用旅日华侨的资金，在上海建立了中国第一家广播电台，并借机开始推销收音机。据文献记载，当时上海地区约有 500 台收音机，并且全部是洋机。此后又有永安、新孚、开洛数家电台开张，目的均不离销售收音机。与此同时，日本收音机及元件凭借着低廉的价格，输入中国的数量迅速蹿升，大有取美国而代之的势头。到 20 世纪 30 年代初，日本的三灯再生收音机只需十多元钱即可购得，比欧美的便宜很多。

中国自己的收音机生产于 20 世纪 20 年代初。20 年代中期，上海地区大概有 20 多家无线电小作坊，如亚美、天和、电亚、天声、业余无线电研究社等，生产销售一些简单的收音机元件。在 1930 年前后，又出现了麟记、亚洲、大华、中雍、精美、建华等公司。它们之中，真正成气候的首推亚美公司。30 年代初，国内的无线电爱好者已经开始尝试自制超外差式机。但因当时的国内民众普遍缺乏无线电知识，一味崇尚洋货，致使不少外观漂亮、质次价高的欧美收音机大量涌入国内；加之极端廉价的日本收音机的大力倾销，民族收音机工业的发展举步维艰。

1919 年，上海鸿文书局印行的《营业写真百图》，上面两图为“作影戏”和“装自来水管”的场景。

民国收音机

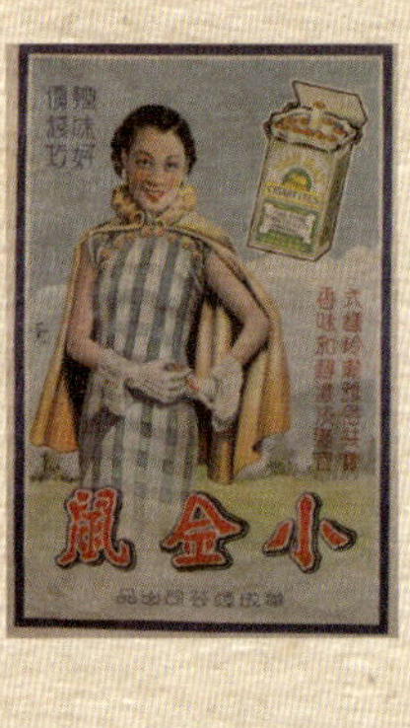

## 香烟

美洲印第安人最早吸食烟草。16世纪时，西班牙人把烟草带入吕宋（今属菲律宾）；明万历三年（1575），烟草由吕宋传入台湾、福建等地。此后，烟草在达官贵人间流行开来。到了近世，香烟再次以洋货的姿态卷土重来。鸦片战争后，英美列强还企图通过垄断中国烟草市场来进一步侵略中国。19世纪末期，美国烟草实业家詹姆斯·杜克率先获得卷烟机的使用权并组建美国烟草公司，随后进入中国销售烟草，销量呈现出逐年递增之势。后来，美国烟草公司与帝国烟草公司联合创办英美烟草公司，在中国的发展更是势不可当。当时，英美烟草公司几乎垄断了中国的所有洋烟。其旗下的大前门、老刀、哈德门、三炮台等品牌，在中国更是家喻户晓。

为了推广产品，英美烟草公司在广告上下足了功夫，其中最鲜明的例子便是制作烟画。烟画，也即香烟画片，是旧时香烟包附赠的一种小画片。20世纪上半叶，随着纸烟在世界范围内的全面推广，烟画风靡一时，与邮票、钱币并称为世界三大收藏品。为了占领中国市场，英美烟草公司同样煞费苦心。除了在报纸上大量登载广告之外，他们仍旧沿用之前的思路，在哈德门香烟广告上使用美女图案，以达到营销效果。他们设计了很多符合中国特色的包装和画片，做得相当地道。他们的中国画师还注意到了一些文化细节上的差异并加以改进，比如改掉原来的画中人物所佩戴的绿帽子。

英美烟草公司在中国的广大农村地区也有着不错的销量和覆盖率，甚至做到了“许多的乡村中不知道孙中山是何许人，却知道‘大英’牌香烟”。因地制宜的他们在广告中大量使用中国传统文化元素，比如采用刘、关、张三英战吕布的故事来宣传“三炮台”香烟，广告词“刘关张，古之英雄；三炮台，今之名烟”更是朗朗上口。

此外，英美烟草公司出品的《清代各行各业》《三百六十行》等香烟画片，描绘了清末民初民间照相、杂技、织布、当铺、木工、建筑、算命、医药、缝纫、制药、说唱等各行各业的状况，生动而翔实的绘事连缀起来甚至不亚于《清明上河图》。

香烟广告

洋酒和洋化妆品

## 化妆品

欧美的化妆品工业肇始于 18 世纪后期，并在 19 世纪末得到了迅猛发展。其中比较著名的化妆品公司有美国林文烟、美国旁氏、法国妙巴黎等等。19 世纪 50 年代，上海成为中国首批条约口岸城市之一，逐渐形成了以对外贸易为主的经济框架。外国商品源源不断地输入进来，打开了国内化妆品的市场，也逐渐改变了本土化妆品自给自足、自产自销的现状。

洋货化妆品最早由洋行代理销售。19 世纪 60 年代以后，洋行大量涌入中国，由于航运业的发展与电信的变革，洋行中洋货化妆品的销售方式也发生了变化。这一时期，拍卖成为主要的销售方式，并在上海风行一时。洋货化妆品的拍卖信息会不时刊登在《上海新报》上。其中，拍卖信息出现频率最高的是香水。可以说，香水是最早成功打入中国市场的洋货化妆品。

除拍卖外，洋行也会采用批发或零售的方式销售化妆品。《上海新报》上刊登的当时的洋行广告说："元丰洋行启启者苓行今有顶上等好香水名福利达水（Florida Water，为林文烟公司出品的著名花露水，笔者按）出售，或擦在头发上或手巾上或滴入洗浴水内，无所不可。贵客欲买者，请来面议也，特此布闻。"

19 世纪 80 年代以后，一些经营进出口货物的内贸商号如布号、鞋号、茶号等都有洋货化妆品出售。此外，外商药房与华商西药房也都经营洋货化妆品。这一时期，进入中国的洋货化妆品主要是对卫生有益的牙粉、香水及具有药用功能的护肤类化妆品如花露水、雪花膏等。

19 世纪末 20 世纪初，随着国门进一步被打开，国外化妆品公司开始有意开拓中国市场，药房所出售的西式化妆品品种较之前大为丰富，民众则处于对各类化妆的观望期。所以此时的化妆品广告多借"卫生""健康"等元素来吸引对洋货功效抱有期待的消费者，广告中采用的女性形象也往往倾向于成熟型的，故吉布森女孩作为一种标准的女性美形象，经复制和加工后，用在了大量的化妆品广告画中。

20 世纪初至 20 世纪 20 年代，现代意义上的化妆品（如唇膏、眉笔等品类）逐渐开始被大量进口，外国化妆品企业与中国市场进入磨合期。所以在广告的设计上转向中国本土化，开始有意识地设计符合本地消费者审美喜好的广告，东方古典女子形象被引入化妆品广告中。化妆品的主要消费者是女性，不过当时接受教育的女性数量有限，采用典故中的女子形象做宣传不失为一个好办法：一来引用典故，能够引起中国人的好感；二来可以帮助并无多少西方文化基础的女性更加便捷地了解产品的功效，方便推销。

## 花露水

近代中国，在很长一段时间里，花露水都不是用来驱蚊止痒的，而是被妇女们当作香水来增添自己的魅力的。民国初期，美国品牌林文烟在我国的沿海一带风靡一时。后来，双妹花露水和明星花露水渐次崛起，成为淑女的象征。其中，双妹是香港广生行的产品，“唛”在粤语里面是“mark”的意思，“双妹唛”也即双妹牌。明星牌花露水则由上海中西大药房研制，这种独特的玫瑰麝香型花露水一经上市就深受广大消费者的青睐，并以一种后来居上的姿态，打破了洋花露水在我国的垄断地位。中西大药房在获得丰厚利润后，投入巨资创办上海明星香水厂，专门生产明星牌花露水。

民国时期的花露水包装瓶的造型设计在整体上不如香水那样多姿多彩。但作为花露水包装重要组成部分的玻璃瓶瓶贴，因其图样设计小巧精美、色彩搭配鲜艳夺目、人物造型优美多姿而让人爱不释手，非常值得收藏与研究。

## 雪花膏

雪花膏是晚清、民国时最流行的面霜类型，因吸收性好，涂在脸上会像雪花一样迅速消失，故名雪花膏。雪花膏价廉物美，是中国规模化生产最早、使用人群最广的化妆品之一。

民国时期，市面上的雪花膏品牌很多，国货有双妹、友谊、百雀羚等，洋货品牌则有迪安、夏士莲、妮维雅等。其中，夏士莲原先是英国伦敦威廉大药厂生产的，后来被卖给了上海联合利华，于 20 世纪 90 年代中期停产。妮维雅是世界上第一款长效润肤露，该品牌一直存续至今。

1895 年，美国旁氏雪花膏的诞生和迅速走俏，使雪花膏成为当时护肤品的代名词。十年之后，以香港广生行的双妹牌雪花膏为先驱，一批国货护肤品问世，雅霜便是其中的代表。

1912 年，范和甫创设大陆大药房，直接从事国货化妆品——雪花膏的生产，并将其命名为“雅霜”。雅霜在吸收西方化妆品工业成功经验的同时，也有着自身的特色。它是桂花香型，集德国名贵桂花和印度进口檀香于一体，而且质量稳定，因此在国货化妆品中独树一帜，后来还出口东南亚乃至欧美等地，一时有“无雅不成店”的说法。在三四十年代，城市的街头到处都能看见上海女人雪花膏的广告。那时，精打细算的女人会把用完的雅霜瓶子留到第二年冬天，然后到百货公司去买散装的雪花膏，这样就有了雅霜长用不竭的感觉。当红明星白杨也在广告上说它“最为爱美仕女之妆台良伴”，可谓拨动了许多爱美女士的心弦。

洋货店招牌

### 香水

民国妇女普遍有使用香水的习惯，不过那时候用的多是单方香水，也即某一种单一味道的香水，而且香味是线性的，没有调味变化。起初它们只是被当作香水使用，不过因为它们的酒精浓度高达 70%，后来也常被用作他用。到了民国中后期，香水更是风靡名媛贵妇之中。

20 世纪 30 年代初期，我国香水生产企业大概有 20 多家。当时最为流行的香水产品有香港广生行生产的“双妹”牌香水、安利行化妆品制造厂生产的“晨鸡”牌香水、先施有限公司生产的“茉莉香”牌香水、三水工业厂生产的“鹦鹉”牌香水和中亚工艺社生产的“星”牌香水等，与世界一流香水品牌相比，其质量和外包装都没有明显的差距。

民国时期的香水包装与现在使用的包装较为相似，主要为瓶装，只是在材质上有所不同。其时的包装瓶全部为玻璃瓶，大都造型奇特，表面设计有精美的几何图形、花卉和花边，瓶贴装饰漂亮。玻璃瓶本身的色彩丰富多样，有透明的，还有深绿、淡黄、深蓝、淡褐、乳白等多种颜色的。这一时期由设计师设计的各种形状的彩色纸质瓶贴，是香水瓶包装中的一个极为重要的组成部分，对玻璃包装瓶具有非常明显的装饰效果。

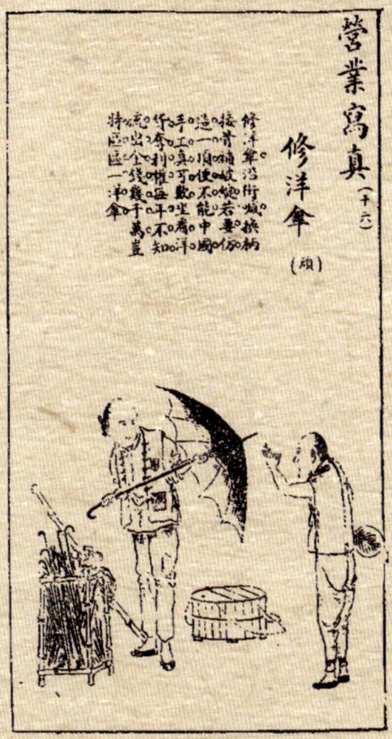


1919 年，上海鸿文书局印行的《营业写真百图》，上图为“修洋伞”的场景。

### 时钟

民国时期，德国钟占据了中国钟表市场的半壁江山。德国钟因质量好、制作精美、耐久性强而受到了上层社会人士的广泛欢迎。当时德国钟甚至不打品牌，而是直接在机芯铜夹板上用钢印砸上“德国造”三个汉字。这些钟的钟套精美，多用普鲁士风格的西洋人面相、战马、神鹰进行装饰，风格奢华。

德国钟极为昂贵，在当时是一种高端奢侈品。一架三发条八音簧报时报刻的美最时八音挂钟，民国二十七年（1938）香港谦信洋行报价已在 200 块银圆以上。家中如果有德国钟表，照相、待客时都必然会摆在厅堂最显眼的位置。由于德国钟表太贵，很多人都买不起，这也激发了国人自主研发生产钟表的热情。第一次世界大战期间，西方列强放松了对中国的经济侵略，当时以烟台德顺兴造钟厂、上海昌明电器公司等钟厂为代表，生产出了一大批物美价廉的机械钟。

洋日用品

18

# Foreign Goods in *A Dream in Red Mansions*

# 《红楼梦》里的西洋玩意儿

文：孔德罡　编：陆沉　绘：陈雪珺
**text:** Kong Degang　**edit:** Yuki　**illustrate:** Chen Xuejun

《赏中秋新作得佳识》
◎清代◎孙温

自 15 世纪始，由葡萄牙和西班牙两个国家为先导，世界进入了大航海时代。实际上，所谓远东通商古已有之，除了著名的丝绸之路外，波斯、阿拉伯等地的商人早已经开拓了多条从海上进入中国的航线，“大航海时代”的意义在于，它将西方国家的风物奇珍带入了中国。此时的中国恰处明代鼎盛时期，明初强制的“禁海令”已经逐渐松弛，东南沿海地区与外来西洋商人通商不绝，来自西方的风格迥异的器物文明令国人十分好奇，趋之若鹜。传教士利玛窦曾言：“中国人有一种天真的脾气，一旦发现外国货质量更好，就喜欢外来的东西甚于自己的东西。”

《红楼梦》中虽自称书中时间、地点皆不可考，但结合作者曹雪芹的个人经历，还是能够看到明末清初贵族家庭生活的方方面面。据统计，全书关于西洋器物的描写约有 70 多处。贾家作为当时社会地位较高的贵族阶层，能接触到较多的西方文明和西洋器物，从这些描写中也能看出当时进入中国的西方器物的种类、来源及其在日常生活中的作用。

在《红楼梦》第五十二回中，薛宝琴向姐妹们讲述了自己 8 岁时“和父亲到西海沿子上买洋货”，见到“真真国”女子的故事。薛家是官商，可以与西洋商人直接往来，因此购置西洋器物极为方便。除通商获得的器物之外，御赐物品也是贾府西洋器物的主要来源，这些赏赐，往往来自各国使节进贡所得，极为珍贵。有了这两大较为稳定的渠道，对贾府众人来说“西洋玩意儿”已经不算新奇，不仅是家中陈设器物，连西洋的很多食品、日用品也已成为贾府主人的日常惯用，甚至可以按月供给。从小说中对贾府的各种陈设和日常生活描写来看，贾府人对西洋器物有着很高的接受程度。通过对贾府上下全面详尽的记述，《红楼梦》也成了研究西洋器物进入中国的重要例证文献。

## 钟表：西洋自鸣钟、金表

虽然贾府的人对“西洋玩意儿”已是见惯不怪，但对类似刘姥姥这样的底层劳动人民来说，很多器物还是第一次见。《红楼梦》第六回提到了王熙凤房内的西洋自鸣钟，当时刘姥姥误入房中，可是被它吓得不轻：

刘姥姥只听见咯当咯当的响声，大有似乎打箩柜筛面的一般，不免东瞧西望的。忽见堂屋中柱子上挂着一个匣子，底下又坠着一个秤锤般一物，却不住的乱幌。刘姥姥心中想着：“这是什么爱物儿？有甚用呢？”正呆时，只听

钟表

《贾芸送礼求凤姐差》◎清代◎孙温

《刘老老醉卧怡红院》◎清代◎孙温

得当的一声，又若金钟铜磬一般，不防倒唬的一展眼。接着又是一连八九下。

西洋钟表往往造型精致富丽，精雕细琢的设计呈现出受到中国文化影响的洛可可风格。18 世纪，中国风在欧洲盛行一时，法国的蓬巴杜夫人就对来自神秘东方的美学推崇备至，风靡欧洲的洛可可风格亦受到了中国风的影响。洛可可风格的西洋钟表漂洋过海来到中国后，极为符合明末清初国人的细致审美。从康熙时开始，清政府就设立官营制钟作坊仿造了大量西洋钟表，以满足皇室及贵族家庭的陈设装饰需要。

在《红楼梦》中，重要人物的房间内一般都有西洋钟作为陈设，比如每当描写贾宝玉房内众丫鬟的生活时，往往会用类似“自鸣钟敲了多少下”的描写来提及时间。而除了西洋钟，令人印象深刻的还有贾宝玉时常携带的“核桃大小的一块金表”。第十九回中，宝玉需要知道时间，却未带在身边，便打发婆子取表来看；第四十五回中，宝玉为看时间“回手向怀掏出”了这块金表，又担心看表这一动作被黛玉误解为不愿意和她待在一起，“忙又揣了”。

从小说中可以发现，贾府所用的各类钟表，一般都是用来“看时辰”的，宝玉几次看表，看到的都是“戌末亥初之间”之类的时间点，可见他们所用的钟表表盘上不使用阿拉伯数字，而是标准的时辰刻度。这些钟表要么是皇室制钟作坊所制，要么是产自西洋但经过中式改装。这也从侧面证明了西洋制式的钟表已在当时的中国贵族家庭普及开来。乾隆十四年（1749），皇帝甚至传谕两广总督，要求确保所有上贡的钟表均为洋货，不得有国产仿制钟表混入其中，足见国产西洋钟表之泛滥。

怀表

### 玻璃：西洋穿衣镜、眼镜、玻璃炕屏

刘姥姥第一次去大观园，被自鸣钟吓了一大跳，而第二次再去大观园时，又误入了宝玉房中不知归路，着实经历了一番“惊险刺激”。

刘姥姥最先看见的，是“迎面一个女孩儿，满面含笑迎了出来”，结果一头撞在板壁上，才发现是一幅画。虽然历代评论家对绘画作品“以假乱真”的称赞层出不穷，但多为夸张之语，刘姥姥将画中女子误认为真，很有可能是因为画作应用了西方传来的透视画法，使得宝玉房中的这幅人物画非常写实。这种结合西洋透视法和中国工笔画传统的绘画在清初的宫廷画师手笔中极为常见，宝玉房中有一幅不足为奇。

紧接着，刘姥姥站在穿衣镜前，以为自己的亲家母从外面迎了进来。

《王熙凤协理宁国府》◎清代◎孙温

西洋穿衣镜

玻璃屏风

刘姥姥笑道："你好没见世面，见这园里的花好，你就没死活戴了一头。"他亲家也不答。便心下忽然想起："常听大富贵人家有一种穿衣镜，这别是我在镜子里头呢罢。"说毕伸手一摸，再细一看，可不是，四面雕空紫檀板壁将镜子嵌在中间。因说："这已经拦住，如何走出去呢？"一面说，一面只管用手摸。这镜子原是西洋机括，可以开合。不意刘姥姥乱摸之间，其力巧合，便撞开消息，掩过镜子，露出门来。

从这段叙述文字可见，带有西洋机栝的穿衣镜已经在当时的中国贵族家庭极为流行，连刘姥姥都听说过"富贵人家有"，因此才恍然大悟。贾府日常所用的玻璃制品中，除了落地镜之外，还有眼镜。贾母便常常会随身携带眼镜，以供看戏、欣赏物品之用。

在小说第六回中，贾蓉前来向王熙凤借"玻璃炕屏"，这当是一件"富贵显摆"之物。王熙凤的娘家"单管各国进贡朝贺"之事，这玻璃炕屏也是"上回老舅太太给婶子的"，可见是王家陪嫁之礼，可能是皇帝赏赐的。

玻璃制品在当时较为珍贵，大观园建造穷奢极欲，也只提到在李纨房内有一扇整面的玻璃窗，其他提到玻璃的地方大多为精致小巧的器皿。贾母的几个丫鬟均以玉石命名，其中就有一个丫鬟名为"玻璃"。

在小说后四十回续书中提到冯紫英从广西带回的自鸣钟和围屏（因是洋货，推测也应是玻璃制品）共计银子五千余两，而第七十二回中凤姐把一架自鸣钟卖了五百六十两，两相比较可见玻璃屏风的贵重。这还是用高鹗和程伟元生活的乾隆时期的市价来计算的，在曹雪芹生活的时代，玻璃制品恐怕还要更加珍贵不易得。

大红汗巾

雀金裘

## 日用品：大红汗巾、雀金裘、西洋鼻烟壶、葡萄酒

各类纺织品作为我国的特产，出口的很多，进口的倒很少。英国的棉织品在中国打不开销路，也被认为是英国人转向鸦片贸易的一大原因。小说第二十八回中，名伶蒋玉菡送给宝玉一条贴身用的大红汗巾子，是“茜香国”（经考证可能是东南亚一带某国家）女王所贡之物。此巾“夏天系着，肌肤生香，不生汗渍”，是北静王水溶赠给蒋玉菡的，最后辗转落到袭人手里，竟也成就了一段姻缘。

小说第五十二回中，宝玉向贾母问安，贾母赏了宝玉一件氅衣，唤作“雀金呢”，是“哦啰斯（俄罗斯）国拿孔雀毛拈了线织的”。考虑到俄罗斯的地理位置，又是贾母赏赐，可推断这件珍贵的雀金裘，应该也是进贡得来。当晚宝玉不小心将氅衣烧了一个洞，只有晴雯能修补。而当时晴雯正生病，服药也不见好：

> 宝玉便命麝月：“取鼻烟来，给他嗅些，痛打几个嚏喷，就通了关窍。”麝月果真去取了一个金镶双扣金星玻璃的一个扁盒来，递与宝玉。宝玉便揭翻盒扇，里面有西洋珐琅的黄发赤身女子，两肋又有肉翅，里面盛着些真正汪恰洋烟。晴雯只顾看画儿，宝玉道：“嗅些，走了气就不好了。”

《宝国府除夕祭宗》◎清代◎孙温

鼻烟壶上有“黄发赤身女子，两肋又有肉翅”这类裸体天使的图案，这跟封建礼教是相违背的，可能是当时贾府私下淘到，供宝玉赏玩的民间西洋奇珍。这个鼻烟壶似乎比宝玉所说的他和凤姐都用惯的西洋药“依弗那”还有效，晴雯拖着病体给宝玉织好了雀金裘，宝玉非常感动，“这就很好，那里又找哦啰斯国的裁缝去。”

据史料记载，康熙帝的天花病是传教士用西药“金鸡纳霜”治好的，而“依弗那”这样的药品可以按月供给，也说明使用西洋药物已经成为贾府众人的日常习惯。又比如第六十回中提到芳官去取装玫瑰露的玻璃瓶，却发现里面是宝玉喝的葡萄酒。当时在国内还比较罕见的西洋葡萄酒，已经是贾府皆知、宝玉喜爱的酒类饮品了。

说到《红楼梦》中出现的西洋器物，还有一桩有趣的公案。小说第五十七回中，紫鹃为试宝玉之心骗他说黛玉要走，宝玉一下子就疯疯癫癫起来，“又一眼看见了十锦格子上陈设的一只金西洋自行船”，以为是黛玉家人要接她回去，将船抱入怀中大闹了一场。小说里的“金西洋自行船”毫无疑问是一件摆设工艺品，但“自行船”究竟是什么船却历来争论不休，如果是指不靠风帆的蒸汽轮船，则未免有“穿越”之嫌。历史上第一艘蒸汽轮船于 1783 年下水，而富尔顿将轮船推广到全世界时已是 1807 年，去世于 1763 年前后的曹雪芹生前是不可能见到蒸汽轮船的。程伟元和高鹗的续书于 1791 年发行,时间上也偏早。由此可见,小说里的“自行船”更有可能是风帆较多的可“自行”的金制西洋帆船模型，这类物品在当时还较为常见。

西洋鼻烟壶

《贾宝玉初会林黛玉》◎清代◎孙温

《琉璃世界白雪红梅》◎清代◎孙温

《嗔顽童茗烟闹书房》◎清代◎孙温

葡萄酒

自行船

19

# Science: The Reformation of the World View of Chinese People

# 科学：中国人世界观的重塑

文：李暮雨 编：陆沉
text: Li Muyu edit: Yuki

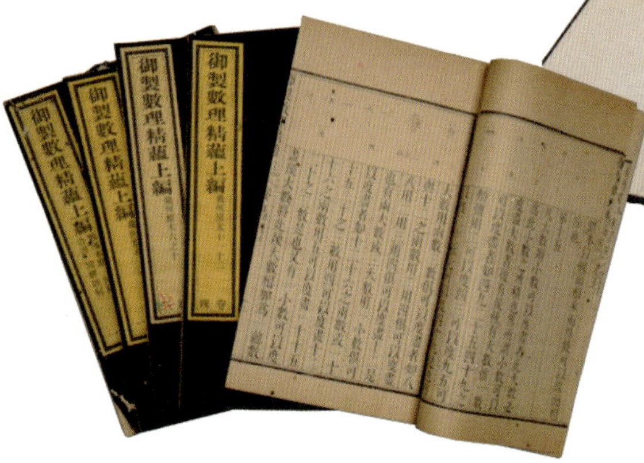

金庸《鹿鼎记》中说，康熙三年（1664），汤若望指出钦天监推算日食有误，与汉官杨光先争执不休。杨光先争辩不过，诬告汤若望所编《大清时宪历》只有 200 年是诅咒清朝国祚不长，以致汤若望一干教士身陷囹圄，直到康熙亲政，才将他们释放。

一本历书，为什么会惹来杀头之祸？推算日食有误，又因何会让两人争辩不休，甚至以死相逼？事实上，这涉及中国传统的世界观与科技观，我们可以经由古代地位特殊的天文学，来一窥古人眼中的宇宙与“科学”。

银镀金浑天仪

◎清代◎南怀仁◎故宫博物院藏

中国古代，天象一向被认为与王朝政治密切相关，因此天文历法由国家统一颁布。西洋传教士所进的各类天文仪器在制定历法、树立清王朝的正统观念中发挥了重要作用。

此浑天仪是清钦天监官员、比利时传教士南怀仁于康熙八年（1669）制作。仪器上的水平圆圈为地平圈，刻有度分，与地平圈垂直相交的为子午圈，刻有四象限子午圈以内的各环分别为黄道带、黄道圈、赤道、白道，皆刻有度数。地球安置在通轴的中心，上刻有"亚细亚""欧罗巴""阿美利加""利未亚"等当时五大洲的名称。

作为宫中的一种小型天体演示仪器，旋转浑天仪可以演示太阳、月亮围绕地球转动的情况，并表现出日、月食现象。

## 天文

现代天文学是研究宇宙空间天体构造、性质、运行规律及宇宙结构与发展的学问，它的研究基于空间测量与理论推算。方法上，中国古代天文学与现代天文学别无二致；但是在目的与意义上，却有很大的不同。古代天文学首先是观测天象的学问，目的有二，一是通过观测、计算天体的运转来获得对时间的精确认识；二是以天象的变化来获得对未来的预知。我国古代天文分为两个系统：其一是历法系统，其二是星象系统。前者重在推算，后者重在观测，二者共同的目的是为王权服务，加强王权的神圣性与合法性。

那么历法与星象这两个系统，究竟何者处于第一位？从计算方式上来说，中国古代天文学是一种数理天文学或者代数天文学。由于天文学在古代的特殊性，相关学者多为皇家服务，他们计算出日月五星的运行规律，继而制成历书。《三统历》是中国第一部有完整文字记载的历书，奠定了我国古代历书的基本框架。一般认为，此历书是刘歆（前50—23）据《太初历》改进而成，全书分为六章，其中最有特色的地方为第一章。第一章的"统母"数据，最重要的是"立元"与"上元积年"，立元，即确定推算的起点。上元，是历书之始，也是历史的开始。由上元至修历的年数，为上元积年。不同历书的上元积年是不同的，其历史的开端与未来的指向也有所不同，其政治意义自然更是不同。这样就可以明白为何王朝更替首先要改历立元了。

同时，我们也可看出，在中国古代，天文学是一种数理天文学，相较而言，"数"比"象"更为重要。皇家的天文机构对天象进行观测，一方面捕捉特殊的天象，进行政治解释；另一方面则密切关注日、月、五星的运行来与历书佐证。这样就可以理解，为什么历法预测日食不准，会导致轻则国家组织重新修历、重则相关人员身陷囹圄的结果了。

古代天文的历法系统与王朝的命运相关，星象系统则与人们的世界观有关。如前所述，星象系统的起点是实际观测，在观测中古代人形成了种种的宇宙观，其中最为重要的就是盖天、浑天、宣夜三说。盖天说认为天圆地方，日月星辰依附于天盖而随天盖运转；浑天说认为日月星辰缀附于蛋壳般的天球上，随之运转；宣夜说则主张日月星辰皆为浮在空中的气体，此说早佚。从今天的角度来看，宣夜说最接近现代科学的理论，浑天说最适合地平观测与计算，盖天说在观测上亦有其优势。这便是古人对宇宙的基本认识。

那么，何以清廷的天文官员出现了洋人呢？而且，洋人的算法似乎还超过了中国人。这就要从千年以来中西天文学的互动说起了。

## 西方天文学的影响

西方天文学对中国第一次产生较大的影响是在六朝隋唐时期。站在全世界的视角来看，古代各国的天文学，除了古希腊，几乎都和占卜、政治、神学、宗教有种种联系。古希腊天文学随着亚历山大东征而传至东方，经巴比伦而至印度。随着佛教进入中国，部分融入印度的古希腊天文学知识也对中国的古代天文学产生了影响。《隋书·经籍志》中记有七种印度天文著作，其中《摩登伽经说星图》今日尚存。印度有一门计算七曜（日月五星）的方法，古人称之为"七曜术"，曾盛行于魏晋南北朝唐宋时期。唐代名僧一行曾主持测量子午线的长度，编撰了当时的历法《大衍历》，其中便曾用过"七曜术"。大唐的天文机构中，还有著名的"天竺三家"——迦叶氏、拘摩罗氏、瞿昙氏。前两家擅长计算交食，后一家最有名的则是瞿昙悉达。他编的《开元占经》中保存了外来的《九执历》。《九执历》译自印度，是古希腊天文学传至中国的重要资料。其中最具古希腊天文学色彩的成分为：360 度的圆周划分、60 进制计数法、黄道坐标、太阳周年视运动远地点、计算月球视直径变化法、正弦函数表等。这些知识，恰为中国古代天文学所无，可以看出，当时的天文学家也在试图以外来天文学知识来改善中国古代天文学缺少几何法的缺陷。

西方天文学对中国的第二次较大影响是在成吉思汗时期。当时长春真人丘处机受成吉思汗之邀西行，《长春真人西游记》中记录了丘处机在撒马尔罕与当地学者讨论日食之事。后来，忽必烈征召中亚人扎马鲁丁来到中国负责元朝的天文机构。扎马鲁丁带来了七件阿拉伯仪器，其中有几件是典型的欧洲仪器，这是又一次西方天文学对中国的输入。

元代的天文机构与前代不同，有两个并列机构，一个叫汉儿司天台，一个叫回回司天台。后者使用的方法与仪器来自西域诸国。当时的汉人天文学家代表是郭守敬，在他身上，我们也可以看到西方天文学对中国的影响。一是郭守敬编撰的《授时历》，不再使用有政治意义的上元积年。二是郭守敬制作了一批天文仪器，同样受到了欧洲天文仪器的影响。一般说来，欧洲人的仪器一部只测量一个数据，中国人的仪器是多个数据同时测量。郭守敬制作的“简仪”则由一组仪器构成，一部仪器只测一个数据。

如果说，隋唐时期中国对西方天文学的学习是引进算法，蒙元时期是改良仪器的话，那么，西方天文学对中国更为深层次的影响，应该是从16世纪以来的“西学东渐”开始的。

哥白尼《天体运行论》发表半个多世纪后，意大利耶稣会士利玛窦来到了大明。那时候，欧洲兴起了著名的宗教改革运动，革新的主要力量来自耶稣会，他们一方面打入宫廷与上流社会，另一方面广办学校，希望在世界范围内以知识传播来扩大影响，利玛窦就是来华耶稣会士中的代表。他敏锐地发现了天文学在中国的特殊地位，以及源自古希腊的欧洲天文学与中国天文学的不同。《利玛窦中国札记》中记载：“他们（中国人）把注意力全部集中于我们的科学家称之为占星学的那种天文学方面；他们相信我们地球上所发生的一切事情都取决于星象。”因此，他一方面用西方的先进天文仪器“炫奇”，吸引中国上层社会人士入教，另一方面，他撰写《经天该》《乾坤体义》等书，介绍日食月食的原理、七曜与地球体积之比较、西方所知的恒星以及天文仪器的制造。1605年，利玛窦请罗马教会派天文学者来华参与历法改革，使得大量西方天文学者来到中国。他们广泛结交士大夫，试图通过这种途径进入权力中心。

万历三十八年（1610），在伽利略发明天文望远镜的第二年，中国出现了一次日食，但无论是历书的预测还是钦天监的计算，都出现了严重的偏差。19年后，崇祯二年（1629），钦天监对日食的推算再次出现错误，在这种情况下，修订历法就显得很有必要了。这一年，崇祯皇帝命礼部左侍郎徐光启主持开局修历，而这也给了西方传教士们接近明朝权力中心的机会。这次修历完成了《崇祯历书》。然而由于政局动荡，《崇祯历书》并没有实行。明清鼎革后，汤若望将这部新历法呈与顺治皇帝，并因此得以颁行，改称《时宪历》。这部历书与传统中国天文学的不同有六：

第一，它引入了丹麦天文学家第谷的宇宙体系。在欧洲天文学史上，起先占核心地位的宇宙体系是托勒密地心体系，后来是哥白尼创立的日心体系，第谷体系则是二者的折中。这个体系认为，地球是宇宙的中心，太阳、月亮、恒星绕着地球转，五大行星绕着太阳转。可以看出，教士为了适应中国人的思维，选取了这个体系。《崇祯历书》

## 镀金望远镜

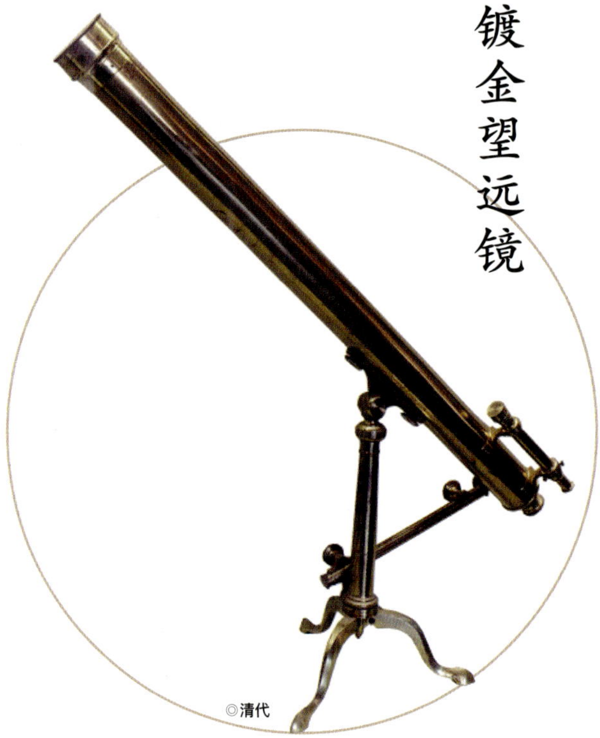

◎清代

中有一部《五纬历指》，其中的《七政次序图》介绍了中国传统天文学与第谷体系宇宙模型的区别。

第二，它采用了本轮、均轮等小轮系统来解释、计算天体运行，这就在我国数理天文学的基础上，较彻底地引入了几何天文学。

第三，引入明确的地球概念，使用了经纬度及有关测定、计算方法。

第四，引入球面和平面三角学。

第五，引入蒙气差的数值改正，区别开了冬至点和太阳近地点的不同。

第六，引入欧洲天文学的一些度量制度。

这部历书可以说是与中国传统天文学的许多观念有根本性差异，较为彻底地改变了中国人的宇宙观。它的不足是没有引进哥白尼和开普勒的学说。乾隆年间，西方传教士戴进贤主持钦天监，在其纂修的《历象考成后编》中介绍了开普勒三定律与牛顿的研究成果。同时期的法国传教士蒋友仁在他的《坤舆全图说》中介绍了哥白尼的日心说，此时距《天体运行论》发表已经过去200年了。

不难发现，数学、计算方法和宇宙模型的使用是天文学进步和世界观改变的关键。那么，处于核心地位的数学，以及作为宇宙模型补充的地理学，又发生过哪些碰撞呢？

## 数学

传统天文学在认识自然上的缺陷，一是缺乏合理的宇宙模型，这涉及世界观的问题；二是计算方法，也即数学工具的停滞。传统数学有两大特点，一是沿袭《九章算术》的传统，以题为例，寓理于算，缺乏理论系统；二是注重实用，如商业算术高度发达等。“崇祯改历”既是一次天文学危机，也是一次数学危机。在修历前后，大量西方的数学观念、理论、方法和著作被引入中国。

早在万历三十五年（1607），利玛窦就与徐光启翻译了欧几里得《几何原本》的前 6 卷。这既是传教士来华翻译的第一本数学著作，也是第一本科学著作，为中国引入了欧几里得几何学。万历四十二年（1614），利玛窦又与李之藻合译了《同文算指》，介绍了西方笔算方法。围绕着《崇祯历书》的修纂，西方传教士与士大夫们翻译、编撰了 20 余部数学著作，主要介绍了欧几里得几何学、数量比例性质、笔算四则运算及开方、等差与等比数列、平面与球面三角学、立体几何等等。除了数学知识与方法的引进，一起进入中国人视线的还有欧洲计算工具，其中的代表为比例规和纳皮尔算筹。比例规的发明者为伽利略，这是一种能开合的两脚尺，利用相似三角形的原理进行计算。纳皮尔算筹则是早期的对数计算尺，它由一组刻有九九乘法表的条形板组成，计算时，将条形板进行组合读数，即可得出计算结果。

## 地理

欧洲的地理知识也在这一时期传入中国。中国自古以来就不乏对异域的认识，从汉代到唐代，就不断有异族人来到中国。蒙古帝国的建立，更是大大地开拓了人们的视野。不过，在对世界的认识上，中国人似乎仍旧停留在一种“想象异域”的层面。

传统中国对异域与外国人的认识集中体现在古典神话、旅行记与职贡图这三种资料中。它们的共同特点是有意地忽略当时的人们对实际世界的知识，并且混入了大量古典文献中对异域的想象。比较典型的例子是明代王圻、王思义父子合编的《三才图会》。此书出版于万历三十七年，即 1609 年，书中在中国周边的女真、暹罗、琉球、日本等国之外，又加入了女人国、狗国、猴狲国等神话异闻。要言之，当时中国对世界的认识，主要是一种对“中国”及朝贡体系中“天下”与“四夷”的一种想象。

除了这种传统世界想象，中国还存在另一种佛教世界观。佛教认为世界分为东胜神洲、西牛贺洲、南赡部洲、北俱芦洲四大洲，中国居于南赡部洲。日月星辰围绕须弥山运行，四大洲各包含二中洲、五百小洲，大洲、中洲有人居住，小洲或有人或无人，一洲之上有大国三十六、小国二千五百。四大洲中，东洲空间极大，西洲多牛羊珠玉，北洲果报最胜，乐多苦少，人寿千载，却无佛陀，南洲人民勇猛刚强，却有业行，因而能修梵行，故有佛陀。此世界观中，天下文明的中心显然是佛教的诞生地印度，后来随着佛教传入中国，被改造成了印度－中国的双文明中心体系。

利玛窦来华不久，就绘制了《山海舆地全图》，这是第一部用汉字标识的世界地图。随后随着传教活动的开展，利玛窦在北京修订旧图，扩充内容，绘制了《坤舆万国全图》。这幅地图的刊行以传教士们的一系列后续译介活动，把当时最新、最高水平的地理知识传入中国，让中国人知道了真正的五大洲与经纬度的概念。

《几何原本》

◎清代

康熙二十九年（1690），法国传教士张诚、白晋等系统地向康熙讲授过几何学和算数，讲义制成了满文《几何原本》手稿，后有誊写本。白晋编写了满文《实用几何学纲要》，后来，满文讲稿整理成册，并译成汉文，由康熙亲自审定作序。

《御制数理精蕴》

◎清代

此书是在康熙皇帝的主持下编撰的数学著作，汇集了自康熙二十九年（1690）以后传入中国的西方数学知识，并吸收了当时中国数学家的研究成果。全书分上、下两编，共 45 卷。上编包括《数理本源》《河图》《洛书》《周髀经解》《几何原本》，下编包括实用算数，介绍了西方数学知识以及西方计算尺。全书较系统地向国人介绍了西方初等数学，推进了中西数学合流。后传入日本、朝鲜、越南等地，对周边国家的数学也产生了一定的影响。

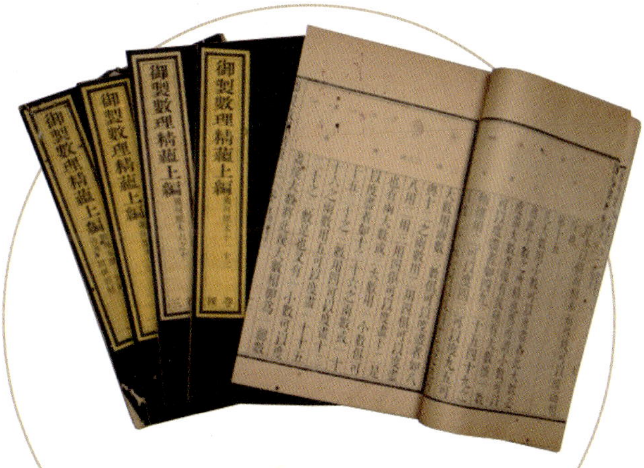

## 康熙年间的科学工程

如果说明代耶稣会士来华促进了中国科学的萌芽，那么科学之花的第一次开放可以说是在清代初年。康熙在中晚年时，开展了两项大的科学工程，堪称是这一次“西学东渐”的总结。第一项是编撰《律历渊源》，康熙旨在“成一代大典，以淑天下而范万世”。这套丛书包括三大部分：《历象考成》《律吕正义》《御制数理精蕴》。《历象考成》讲述了西方天文学基础，并依正史历志体例，分天体分别记述各历推算方法。《律吕正义》讲述了十二律及乐器制造，西洋乐理和五线谱知识。《御制数理精蕴》则对西方代数有系统介绍，附表包括素数表、对数表、三角函数表、三角函数对数表等。康熙时期开展的另一项科学工程是《皇舆全览图》的测绘，这是当时世界上最先进的实测地图。

既然科学在我国曾经如此受重视，那么何以中国人的世界观没有发生根本性的改变呢？这样的疑问，我们既可以从当时的国人对待西方科学的态度来回答，也可以从“西学东渐”的受众层面来解释。

## 科学观念和现代中国

站在宏观的层面，从对待态度与受众层面来看“科学（science）”观念进入中国的历程的话，可以将其分成两个阶段。从对待态度上讲，可以分成被动接受与主动学习两个阶段；从受众层面上说，可以分成高层吸收和大众普及两个阶段。这两种分法并不是完全同步的，甚至可以说，受众层面的转变是远滞后于对待态度的转变的。

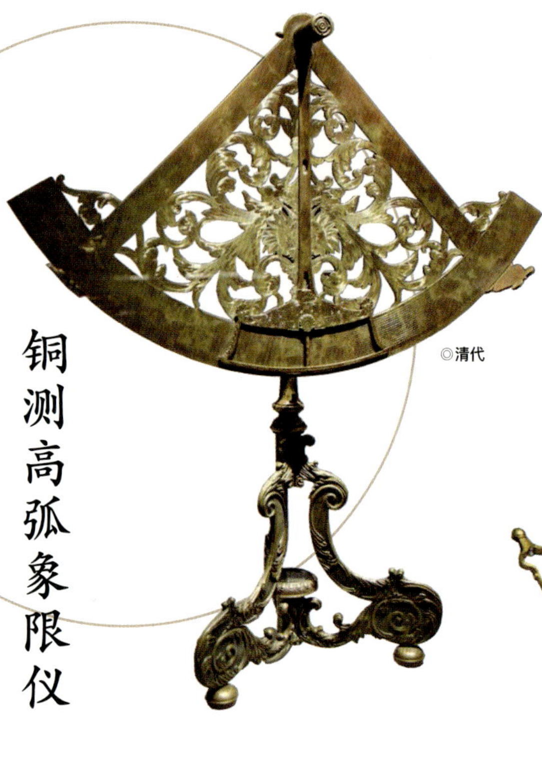

铜测高弧象限仪

◎清代

## 新旧两教的教士

“西学东渐”起初只是宗教传播的附加品，西方的科学知识伴随着传教士来到中国。面对以这样“温和”方式传入的科学知识，中国人多数持一种被动接受的态度，直到鸦片战争后，大家的态度才发生转变。在“被动接受”时期，因为传播科学的媒介主要是传教士，所以，欧洲的宗教势力的消长也是这种知识传播一条脉络。

明正德十二年，也即1517年，是世界宗教史上的重要转折点。在中东，奥斯曼帝国的苏丹征服了埃及，兼任哈里发，集世俗王权与宗教神权于一身，成为伊斯兰世界的最高精神领袖。在欧洲，马丁·路德发表《九十五条论纲》，拉开了欧洲宗教改革的序幕。宗教改革的结果就是新教与天主教分庭抗礼，于是在天主教内部成立了前文所述的耶稣会。也许是冥冥中的天意，恰恰是路德公布《九十五条论纲》的这一年，葡萄牙人的商船抵达了中国广州。随后，便是以利玛窦为代表的耶稣会士来华，给中国带来了西方科学发展的最新成果。

然而，第一次的“西学东渐”很快受到了遏止。雍正元年（1723），雍正皇帝下旨禁教，乾隆三十八年（1773），教皇解散耶稣会，天主教在华势力式微。与此同时，新教开始重视海外“福音”的传播，嘉庆十二年（1807），英国传教士马礼逊来到中国，成为第一位来华的基督新教教士。从此，新教教士陆续抵达中国，掀起了第二次“西学东渐”的热潮。新教教士的传教活动与耶稣会士有所不同，耶稣会士采取的方式主要是，以科学技术为“奇技”来对上层士大夫拉拢，在下层百姓中则以“天主”教义进行传播。而新教教士的传教方式则主要依靠基督教事业的四大支柱——布道、出版、教育、医药。在这四大支柱中，布道是教士传教的目的，后三者则是取信于民的方式。从中可以看出，如果说耶稣会士重在走上层路线传教的话，那么，新教教士则更为重视吸收下层教徒。这一分歧与天主教的教廷机制和新教“因信称义”的核心理念有着直接关系。正是在这一次知识的传播中，欧洲科学的最新成果，如物理、化学、生物、医学等，得以较为系统地进入中国。不过，这两次“西学东渐”中，传播者的目的均不是传播知识，而是吸引信徒；接受者也并不是主动学习，而是在被动接受，并且教士们的影响是有限的。这样的特征，决定了所传入的知识与传播范围的局限性。

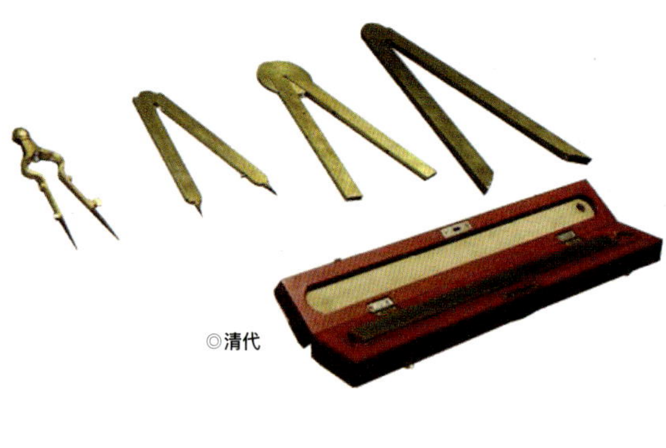

◎清代

铜镀金算尺

### 洋务运动的努力

中国人主动学习西方科学知识，是在两次鸦片战争之后。鸦片战争的失败，让有识之士看到了西方在技术上的领先，由此引发了著名的“洋务运动”。“自强求富”是洋务派的口号，前期是“自强”，后期是“求富”，这是洋务运动的目的。“师夷之技以制夷”是实现目的的方法，同时，“制夷”也透露出洋务派意欲战胜西方诸国的目的。“中体西用”是洋务派的根本立足点，即以中国传统思想文化为主体，引入西方先进技术。总的说来，保守派与洋务派的主流都认可中国的传统思想文化，即“中体”，区别在于要不要引进西方的技术，即“西用”。“体用论”让我们看到，在洋务运动时，中国人对西方的认识，主要集中于西方的先进技术，其典型代表也即是将鸦片战争的失败归结于西方的“船坚炮利”的简单认识。这样的认识，决定了洋务运动向西方学习的着眼点在于西方的技术。

洋务运动的主要内容是办工厂、练新军、兴学堂、译文献。通过其中央机构（比如京师同文馆）和地方机构（比如江南制造局）的发展情况，也能够清楚地看到洋务运动取得的成果与局限。京师同文馆起初是为了跟洋人打交道而设立的翻译学校，洋务运动时又开设了天算馆，并尝试将它改造成一所科学教育学校，同文馆为中国培养了早期一批科技人士，翻译了 10 余部西学著作。与京师同文馆相对应的是江南制造局，它是清末第一家大型军工企业。在进行工业生产之外，制造局还翻译了 200 多种著作，堪称西学引进的重镇。值得一提的是，在教育与翻译活动中，活跃在一线的仍是外国传教士。

这两个机构的局限性也很明显。当时的科举制度让同文馆的学员们有些类似于科技专员，这也让同文馆一直面临着招生困难及影响力有限的处境；而“工厂式”的定位又让制造局的译书种类主要集中于技术方面，与其说制造局培养出的是具备科学思想的人才，还不如说是技术熟练的工人。从这里我们就可以看出洋务运动的两个症结所在：第一个是将科学看成是“用”“术”“器”，而不去思考这些技术背后的宝贵科学思想。正因如此，也出现了第二个局限，即把人才培养视为一种专门教育，认为只需有一批专门的技术人才便可改变国家的现状，而未真正将这些技术进行普及推广。

显微镜

◎清代

### 变法维新的转变

甲午海战中，号称亚洲第一、世界第五的北洋水师全军覆没，宣告了洋务运动的失败，意味着洋务派只引进西方技术不学习科学思想这一方法是行不通的。也说明直到此时，西方科学思想在中国的受众仍然还停留在高层，而未向大众普及。有识之士们意识到，技术不能自强，应该从整个社会制度上来改变现状，“维新运动”应运而生。清末的“维新”主要是一场政治运动，其中对科学思想领域影响最大的是改革科举制。科举制在古代的中国曾是一种先进的政治制度，它为社会各阶层中人才流通提供了渠道。它的问题在于考试的内容决定了社会的基础思想，只要以儒家经义为主的考试内容不变，其他的思想就很难在社会上起到很大的影响力，同文馆招生困难的重要原因也在于此。“百日维新”虽然失败了，但清政府却于光绪三十年（1904）颁布了《奏定学堂章程》，并在两年后（1906 年）正式废除科举制。

《奏定学堂章程》是中国第一个正式在全国范围内推行的学制，又称“癸卯学制”，它第一次将科学教育纳入教育体制中，这意味着中国人对西方科学的接受开始进入大众的层面。改制之后，再一次兴起了译书热，中国有组织、全方位地转译了大量日本科教用书。实际上，“科学”一词，本来是指科举之学。最早翻译西方科学著作的徐光启把 science 译作“格物致知之学”，长久以来，物理、化学、天文这样的科学一直被称为“格致学”。这个名称带有鲜明的儒家色彩，不难看出，人们仍旧是用传统的儒家眼光来看待科学的，并认为科学只是儒学的一个分支。严复为了将西方科学与中国传统学术区分开来，选用“西学格致”来翻译 science，强调了它与儒学的不同。国内最早使用“科学”这个词的应是康有为。他在《日本书目志》中，将日语“科学”直接抄成汉语（日语中“科学”的写法与汉字相同）。而日语“科学”一词，是日本学者西周翻译法文 science 时最先使用的。西周认为，西

◎清代

血压表

方科学是一科一科的专门知识汇总起来的“分科之学”，与中国不分科的儒学不同。这个认识随着“科学”一词进入大众视野而影响了中国人的观念。1915 年，《科学》杂志创刊发行，“科学”这一概念开始产生广泛的影响力，“民主”与“科学”成为新文化运动的两面大旗。与此同时，随着 1913 年中华民国教育部的《大学令》《大学规程》等法令的出台，中国的教育正式从经史子集的“四部之学”转向“七科之学”（文、理、法、商、医、农、工），人们的世界观开始全面改变。

铜鎏金太平有象水法转花音乐自鸣钟

◎清代

### 西学东渐的反思

回顾西方科学进入中国的 300 年间历史，可以说，思想的交流、观念的改变，始终沿着两条传播途径、伴随着两个观念间的冲突在进行。这里的两条传播途径是指“商业”与“宗教”。然而，这两条渠道又都有其局限性，即如果不主动学习，我们的收获始终是片面的。两个观念是指“思想”与“技术”，即“体”与“用”、“道”与“器”的论争。可以说，技术进步往往需要思想进步做支撑，思想进步又往往与政治、社会进步有关。

中国人本来就较为崇尚实用性，所以更多着眼于“用”。以严复译《天演论》为例，严复翻译此书，意图将达尔文的进化论引入中国，不惟介绍一种科学前沿思想，更是想让人们认识到“适者生存”这一“进化论”，以此来为社会改革开路。《天演论》译自英国生物学家赫胥黎的《进化论与伦理学》，严复翻译了该书上卷的进化论部分，更名为“天演论”，并杂糅进斯宾塞优胜劣汰的社会达尔文主义的主张。《天演论》流传最广、影响最大的观点是“物竞天择，适者生存”，其实只有前半句是赫胥黎的观点，后半句是斯宾塞“强存弱灭”的社会达尔文主义。同时，斯宾塞主张“任天为治”，严复对此不满，仍选择了赫胥黎的 “与天争胜”观点。可见，严复旨在唤醒国人放开眼界，学习、接受西方先进科学思想与技术，与西方列强争胜。《天演论》不仅仅是介绍了一种前沿科学理论，更向人们昭示了大自然的发展规律，构造出一种全新的世界观、人生观和社会观。严复在翻译中还介绍了西方的社会学、经济学、哲学等知识，可以说，《天演论》堪称那个时代的解放思想宣言。然而，问题也出在这里。严复只翻译了原书的上卷《进化论》，而有意忽略了下卷《伦理学》，这主要是出于实用与救时的考虑，以及中国人的“尚用”传统跟进化论的合拍。直至今天，“适者生存”的竞争观念还是我国社会与生活中的一种共识，而原书下卷关于伦理、公平、平等、互助内容却付之阙如，这也不能不说是“体用之辨”下意想不到的结果。

那么，近 100 年，在西方科学的影响下，中国人的世界观又有了怎样的变化呢？我们不妨看两个新旧对比。其一是孙中山就任中华民国临时大总统时，发布的第一号总统令——《改用公历令》。从政治意义上讲，它意味着新旧政权的更替。从文化意义上讲，我们可以看到传统思想仍旧影响着人们的思维习惯——历史上王朝更替，所做的第一件事便是改历，君主更换，第一件事则是改元，有趣的是，这道政令的文件上果有“天字第一号”的字样。从科学意义上讲，它意味着西方科学进入了中国传统中最神圣领域——历法。

另一个是近年受到关注的《澄衷蒙学堂字课图说》（以下简称《字课图说》）与《新华字典》的对比。前者是 20 世纪初的小学学堂识字用书，该书在传统小学（即文字、音韵、训诂之学）的思想框架下，加入了不少科学的概念义项。比如该书关于“电”的释义：“阴阳二气薄而生热，热而发光曰电。……电速三倍于光，每秒约行五十七万英里。动植及金类多有含之者。今所用，则人造之电也。”这里有着纳科学于识字课本的痕迹，然而，“阴阳二气薄而生热，热而发光曰电”依旧有着传统思想的印记。如果与《新华字典》做对比，如“天”字的释义，《字课图说》的解释有二，一是“至高无上曰天”，二是“天积气也，气包乎地，近地者气浓，离地愈远则愈薄。……气尽则空，故曰天空”。《新华字典》的解释有六：一是指在地面以上的高空。二是指自然的，天生的。三是指日，一昼夜，或专指昼间。四是指气候。五是指季节，时节。六是指迷信的人指神佛仙人或他们所住的地方。二者相比，显然前者仍带有鲜明的、不分科的、传统儒学世界观的特点，而后者则是典型的科学世界观。两本字书对一个字释义的差异，也反映出今天的中国人的世界观与 100 年前的差别之大，从这里也应该感受到 300 年来科学进入中国后的濡化之功了。

所谓“科学”，其实是我们人类认识世界的一种方式。科学为我们提供了一个能够很好地认识世界、解释世界、改造世界的模型，就目前的实践来说，这个模型对世界的认识是优于中国传统文化中的世界模型的，而从哲学角度讲，这两种模型是等价的。我们无意于讨论它们的优劣，不过，面对 300 年“西学东渐”的历史，享受着科学世界观带给我们的成果，也许每个人都应该思考一下著名的“李约瑟问题”：“从公元前 1 世纪到公元 15 世纪的漫长岁月中，中国人在应用自然知识满足人的需要方面，曾经胜过欧洲人，那么为什么近代科学革命没有在中国发生呢？”

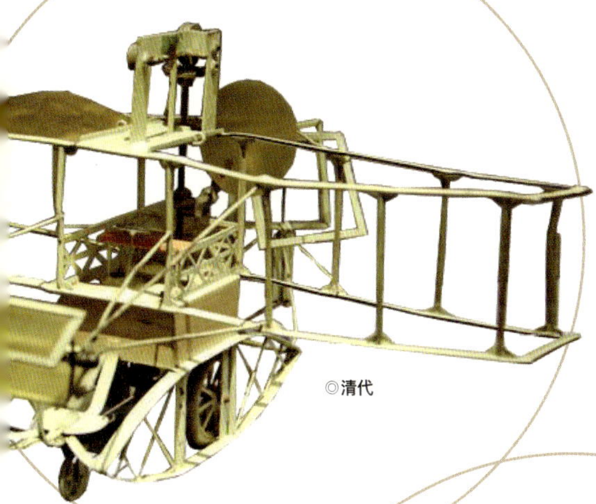

洋铁小飞机模型

◎清代

留声机

◎清代

⑳

# The Returned Students Who Have Changed China

# 改变中国的一群人：从清末到民国的留学生们

文：奚炜轩　编：陆沉　绘：陈雪珺
text: Xi Weixuan　edit: Yuki　illustrate: Chen Xuejun

**自鸦片战争以来，中国的经济、政治、社会和文化等各方面都面临着严重的危机，晚清重臣李鸿章在同治十一年（1873）的奏折中，将此形容为“三千余年一大变局”。中国的文人们不再埋头从三代之治和儒家经典中求索破局救亡之道，而是转向西方，从最初的“师夷长技以制夷”到“德先生和赛先生”，以自尊自勉又谦卑开放的心态开始了向西方学习之路。**

这种情势下，留学生，这一身肩着特殊使命的群体也就应运而生。从最早的留美潮到甲午战争后的留日潮，再到民国时期的留欧、留美、留苏热潮。这些怀揣着远大抱负的年轻人们既担负着学习西方先进教育、科技、政治等理念，寻求改造中国之道的历史使命，同时也在大变革时代向西方世界揭开了古老中国的面纱。留学生这一群体的个人经历与变革时代里的民族救亡图存运动紧密地绑在了一起。有趣的是，这些最早的留学生们的不同留学经历，也让他们在改变中国的历史潮流中选择了不同的道路。

## 1 容闳

### 容闳：中国留学生之父

1840 年 11 月，12 岁的广东渔农子弟容闳进入澳门玛利逊学校读书。也是在这一年，中英之间爆发了第一次鸦片战争，林则徐被道光帝以“办理禁烟不善”为由革职，英军在进攻厦门不利后转而攻克了浙江定海。这一年，是中国历史的一个转折点，中国被迫打开国门，由此正式步入近代社会。

14 年后，作为第一个从美国耶鲁大学毕业的中国人，容闳选择了归国。早在毕业前夕，容闳便立下了今后的人生志向：“予之一身既受此文明之教育，则当使后予之人，亦享此同等之利益，以西方之学术，灌输于中国，使中国日趋于文明富强之境。”

经李善兰等人推荐，容闳于 1863 年在安庆拜见了当时的两江总督曾国藩。交谈中，容闳向曾国藩提出了建设西式机器厂的建议。这一机器厂并非专门制造枪炮，而是“造成制枪炮之各种机械”。凭借留学海外的丰富阅历及对西方文明的深刻理解，容闳超越了此前洋务官员普遍认同的“制器”层面，突入“觅制器之器”的新境界。

容闳的洋务才能得到了曾国藩的赏识，被委托以出国采购“制器之器”重任。两年后，容闳不辱使命，成功购得一批重要的生产机器来装备新兴的江南制造总局，这也是中国历史上第一个从国外引进成套先进生产设备而建立起来的基础工业。容闳也因此被曾国藩举荐为江苏候补同知，正式登上晚清的政治舞台。

“以西方之学术，灌输于中国，使中国日趋于文明富强之境”的理想一直深深植根于容闳心中。同治七年（1868），容闳向清政府提出以选派幼童出洋留学为重点的四项条陈。两年后，在容闳的反复劝说下，曾国藩终于向朝廷奏请选派留学生赴美，并获得了清政府的批准。清政府于同治十年（1871）成立“幼童出洋肄业局”，由陈兰彬出任委员、容闳为副委员。

尽管成功组织了近代中国第一批赴美留学生，但清政府的实施办法与容闳的初衷仍有相当大的差距，翰林出身的陈兰彬担任留美幼童的正监督，要求幼童们“随时课以中国文义，俾识立身大节”，但幼童们在接触西方自由空气后很快就趋于“洋化”：脱下马褂换上西装，跟随房东进教堂信基督，剪去辫子不愿向留学监督行跪拜礼。为此，守旧派乃至一些洋务派官员都表示担忧，批评留美幼童们“抛荒中学……适异忘本，目无师长，固无论其学难期成材，即成亦不能为中国用”。

从同治十年至同治十三年（1871 — 1874）这 4 年间，容闳组织的 120 名留美幼童中有日后的中华民国首任国务总理唐绍仪、“中国铁路之父”詹天佑、清华学校（清华大学的前身）首任校长唐国安、在黄海大战中以身殉国的“致远”舰大副陈金揆等等，在西学东渐的历程中，容闳与他组织的留美幼童们，共同推进了中国的近代化发展。

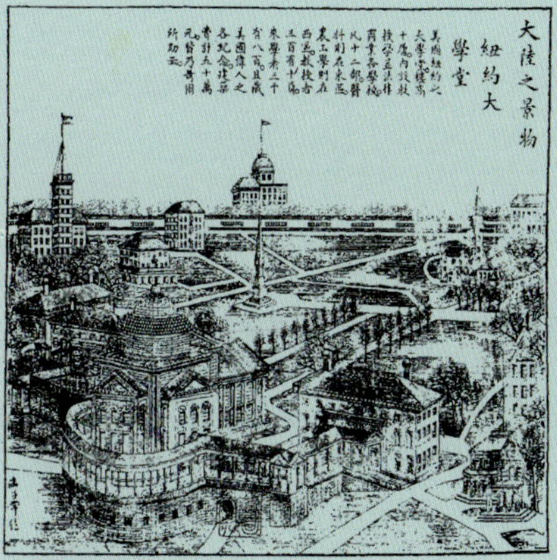


纽约大学堂

纽约高等学校

## 2 金雅妹

## 3 胡适

**金雅妹：中国女留学生第一人**

在美国波士顿的第 13 届世界和平大会上，大会主席介绍了来自中国的金雅妹（又名韵梅、雅梅）。在演说中，金雅妹讲道：“2000 年来，中国人始终是和平的守护者。”事后，《纽约时报》评论称：“金雅妹医生，这位优雅娇小的中国女性……使美国听众倾倒。”

1881 年，因担心留美学生过分“抛荒中学”，清政府下令全部撤回此前的留美幼童，容闳“教育救国”的梦想至此夭折。而这一年 11 月，刚满 18 岁的金雅妹则从日本启程前往美国，进入纽约大医院附属女子医科大学，成为近代中国第一位留美女学生，也是该校当时唯一的中国学生。

经过 4 年的刻苦学习，金雅妹以班上第一名的优异成绩成为最早毕业于美国大学的中国女留学生。1887 年，纽约《医学杂志》刊出了她的学术报告《显微镜照相机能的研究》——当时的金雅妹已经在纽约的医学界享有一定声誉。

在此后的岁月里，金雅妹回到中国，先后在厦门、成都、广州、上海等地行医，以精湛的医术救死扶伤。1905 年，时任北洋大臣的袁世凯聘请金雅妹担任中国近代第一所公立妇婴医院——北洋女医局的局长。由于深感医院医护人员不足以及相关护理知识匮乏，金雅妹又创建了北洋女医学堂，引进西方先进护理技术和理念，提倡妇女解放，金雅妹也由此成为中国护理教育事业的开拓者。

**胡适：如今我们已回来**

从生活放纵的颓废少年到新文化运动干将，对胡适来说，考取庚款留学官费生，赴美读书的这段经历是其人生的重要转折点。

由于担心民间仇洋情绪高涨，美国国会在 1908 年通过法案，决定退还中国庚子赔款中超出实际损失及应有利息外的余额，并将这笔退款用于资助中国青年留学美国。1910 年，胡适考取了第二期庚款留美官费生，并在其二哥的建议下选择了美国康奈尔大学的农学。

“那时在美国的中国学生中，有一部分是受过戊戌变法及庚子国难刺激的，故都抱着‘实业救国’的志愿。”除了“实业救国”外，也有许多留美学生提出了“科学救国”的主张，并于 1915 年在康奈尔大学成立了中国历史上第一个民间现代科学学术团体——中国科学社。胡适虽未在社中担任具体职务，但一直参与各项事务并积极向科学社投稿。1929 年，胡适还专门为中国科学社作社歌一首：“我们叫以太送信，把自然的秘密揭开……”

其实，早在中国科学社成立之前，胡适就已经弃农从文，并决意走上教育救国之路，“但求归国后能以一张苦口，一支秃笔，从事于社会教育，以为百年树人之计”。1917 年，胡适在《新青年》上发表了《文学改良刍议》，主张白话写作，提倡文学革命。同年，胡适回国，在北京大学任教并担任《新青年》编辑，以此实践其“教育救国”的梦想。

“如今我们已回来，你们请看分晓罢（You shall see the difference now that we are back again）”，这是胡适在少年中国同学会演讲时引用的荷马诗句，而这，也是一代留学生的心声。

4

梁启超

### 梁启超：我朝变法，但采鉴日本，一切足矣

鸦片战争后，就在中国一步步走向半殖民地社会的同时，与中国相邻的日本则在经历了黑船事件、尊王攘夷运动和倒幕运动后，于 1868 年拉开了“明治维新”的序幕：废藩置县，推行“殖产兴业”政策。建立君主立宪政体，提倡“文明开化”，使得日本成为亚洲第一个走上工业化道路的国家，并跻身于世界强国之列。

甲午之败，马关之辱，犹如一记重锤敲打在中国人心上，人们纷纷思考：为什么“区区三岛，长不及千里”的日本可以在短短数十年间崛起并打败中国？

越来越多的读书人开始注意到明治维新之于日本的作用，此时的梁启超更是将日本在甲午战争中胜利的原因归结于其成功地进行了变法：“自明治维新，改弦更张，不三十年而夺我琉球，割我台湾也。”“师敌国以自强”的观念开始影响中国的维新人士，梁启超主张：“我朝变法，但采鉴日本，一切足矣。”然而 1898 年，戊戌变法失败，梁启超被迫流亡日本。

从 1893 年投身国事到 1929 年去世，梁启超在中国的历史舞台上活动了近 40 年，在这近 40 年间，梁启超约有三分之一的时光在日本度过。严格来说，梁启超不算留日学子，但他旅日 15 年，立足日本，了解世界、认识世界，组织翻译西书，创立《新民丛报》等刊物，将所得新知与感受及时介绍回国，有力地推动了中国社会的近代化。

5

蔡锷

### 蔡锷：军事救国

1897 年，时年 15 岁的蔡锷考入湖南时务学堂，师从梁启超，深受梁维新变法思想的影响，两年后赴日留学，对清政府“初挫于英，不知振；再挫于法，不知振；三挫于日，不知振”感到失望、激愤。

在跟随唐才常回国参加自立军起义失败后，蔡锷认识到“今日讲救国，拿枪杆子比拿笔杆子更重要”，决定投笔从戎，立志“流血救民”。他将原名“艮寅”改为“锷”，取“砥砺锋锷，重新做起”之意。在梁启超的帮助下，蔡锷先入成城学校，继入日本陆军士官学校学习军事，与蒋方震、张孝准并称“中国士官三杰”。

在日本学习军事期间，蔡锷积极吸收毛奇、克劳塞维茨等人的西方近代军事思想。西方的斯巴达精神和日本的武士道也对年轻的蔡锷产生了重要影响，1902 年 2 月，他在梁启超创办的《新民丛报》上阐述了自己的救国救民主张，提倡实行“军国民主义”来改变“国力孱弱，生气销沉”的国家现状。这些理念在其日后训练新军、领导护国战争过程中发挥了重要作用，例如在广西练兵时，蔡锷便力图将广西打造成“中国的普鲁士”。

## 6 鲁迅

### 鲁迅：唤醒铁屋子里熟睡的人们

跟胡适的弃农从文有些类似，鲁迅走上“文艺救国”的道路也经历过“弃医”的插曲。

在《呐喊·自序》中，鲁迅表露了东渡日本学医后的心路历程：“我的梦很美满，预备卒业回来，救治像我父亲似的被误的病人的疾苦，战争时候便去当军医，一面又促进了国人对于维新的信仰。”但在日本医科学校的课堂上，鲁迅通过日本教师播放的影像看到了日俄战争中国人表现出的麻木状态，意识到：“凡是愚弱的国民，即使体格如何茁壮，也只能做毫无意义的示众的材料和看客”。

于是，鲁迅提出“文艺运动”，以期改变国民的精神。从《狂人日记》到《阿Q正传》，鲁迅以笔为武器，以文字为火种，努力去唤醒铁皮屋子里熟睡的人们。

## 7 严复

### 严复：物竞天择，适者生存

2014年是中国启蒙思想家、教育家、翻译家严复160周年诞辰，也是他从英国格林尼治皇家海军学院毕业的135周年。11月13日，在格林尼治皇家海军学院海军将领议事厅举行了“严复，帝国留学生与皇家海军学院”国际学术研讨会。

作为中西文化交流中不可不提的人物，严复于1854年出生在福建侯官县（今属福州市）的一个中医世家。

19世纪中后叶，面对西方威胁和内部隐患，清政府发起洋务运动，以期“自强求富”。从1875年开始，福建船政学堂及北洋水师学堂陆续派遣学生赴欧洲学习海军技术。1877年，严复被清政府派往位于伦敦格林尼治的皇家海军学院留学。

但相比海军技术，留英期间的严复倒是对西方先进的人文思想更感兴趣。从法律到经济，从政治到哲学，严复广泛阅读当时他能找到的各种书籍，从中探求西方富强自由与中国贫弱落后的原因。

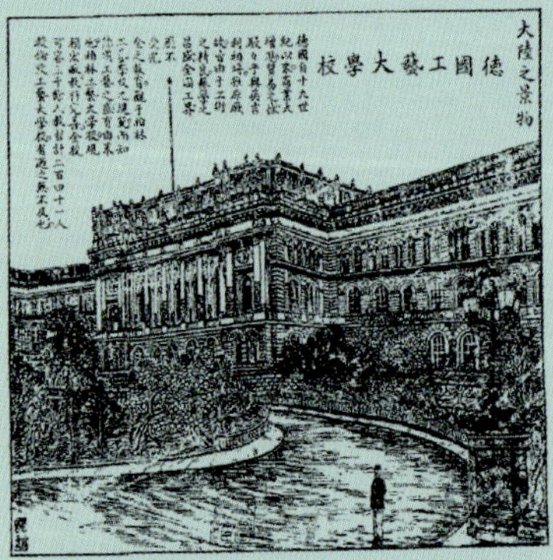


德国工艺大学

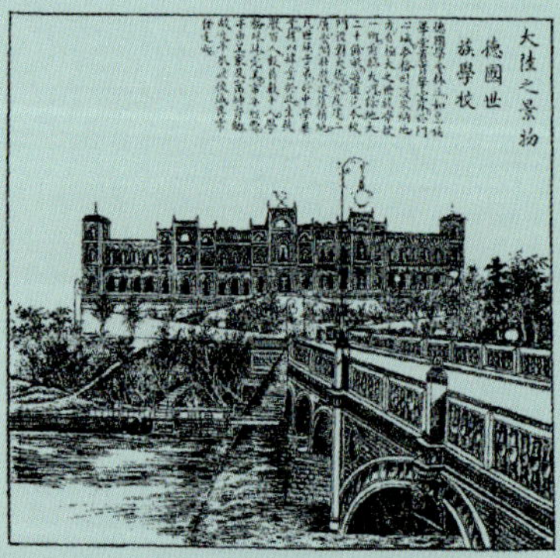


德国世族学校

回国后的严复被李鸿章聘为北洋水师学堂洋文正教习。尽管严复在北洋水师的仕途并不如意，但也正是这一时期，严复开始了对西方著作的翻译。受中国在甲午战争中落败的刺激，严复发表了《原强》《辟韩》等一系列政论文章，以西学为依据，“溯源竟委，发明富强之事”，并提出了“教育救国”的主张。

同一时期，严复也开始了《天演论》的译著以及对亚当·斯密的《原富》、斯宾塞的《群学肄言》等著作的翻译。在《天演论》一书中，严复通过改造达尔文、赫胥黎、斯宾塞的进化思想，提出了“物竞天择，适者生存”的天演进化观：抛弃中国传统的“天人合一”“任天而治”的观念，强调“任人而治”，突出人在世界进化中的重要作用；为摆脱封建专制而呼吁个性解放；为提升民族凝聚力，抗击西方入侵，提出“适者生存”同样适合于人类社会的观点。在翻译《群己权界论》时，严复将西方的“自由”概念引入被封建专制统治了千余年的中国，又将“自由”与儒家传统“为仁由己”“成己成物”联系起来，促进了中西方不同文化间的交流互动。

8

刘少奇

**刘少奇：留苏学生，中国革命的生力军**

随着俄国十月革命的成功，许多对辛亥革命后的中华民国感到失望的知识分子开始把目光转向北方，希望从苏俄革命中寻求新的救国方案。

在共产国际的支持下，中国共产党与孙中山先生领导的国民党于1924年开始第一次合作，明确了反帝反封建的革命纲领，20世纪20年代的留苏热潮也在这样的形势中应运而生。刘少奇、任弼时、萧劲光、蔡畅、邓小平等共产党人先后在苏俄留下了自己的印迹。

历时3个月的漫漫旅途，23岁的刘少奇和任弼时等各地共产主义小组成员抵达莫斯科。1960年出访苏联时，刘少奇回忆起当年这段艰辛的旅程：“为了学习俄国十月革命的经验，1921年春，我和其他十几个共青团员，第一次来到你们的国家……当时你们国家处在革命后最困难的时期，我们看到了并且亲身经历了这些困难。我们当中有部分人对于社会主义的信心发生了动摇，但是我们另一部分人对于社会主义的信心却因此而更加坚定了。”

留苏期间，刘少奇加入了中国共产党，这也成为他一生最重要的转折点。

9

季羡林

**季羡林：求学“拓荒者”**

1935年，季羡林考取了清华大学与德国交换研究生的项目，进入德国哥廷根大学主修印度学，季羡林也由此成为中国第五代留学生中的一员。

“你必须是个拓荒者，只有走过前人未走过的路，超出前人的贡献，才能沿着这条路走下去。”在留德10年的生活中，季羡林遇到过善良的房东夫妇，也遇到过狂热的纳粹主义分子，经历过“二战”期间盟军的大轰炸，也见证过美军占领德国……正是在这样多舛的留学生涯中，季羡林以梵学拓荒者的姿态，伏案研究，在西方的大学中发掘出东方古老文明的魅力。

在总结自己10年留学经历时，季羡林坦言：“在我这一生六十多年的学术研究的过程中，德国十年是至关重要的关键性的十年……如果我的学术研究有一个发轫期的话，真正的发轫不是在清华大学，而是在德国的哥廷根大学。”

饮食习惯是扎根于民族基因中的文化谱系。在长江黄河流域，原始先民出于历史背景、地理环境等原因选择了稻与粟作为主食。而后，在汉文化持续向外辐射以及与周边诸民族文化不断交融的过程中，伴随着“华夏”文化概念的形成，中国的饮食习惯也在交融过程中不断发生着改变。不同的民族拥有各异的饮食习惯。《礼记·王制》中说：“中国戎夷，五方之民，皆有其性也，不可推移。东方曰夷，被发文身，有不火食者矣。南方曰蛮，雕题交趾，有不火食者矣。西方曰戎，被发衣皮，有不粒食者矣。北方曰狄，衣羽毛穴居，有不粒食者矣。中国、夷、蛮、戎、狄，皆有安居、和味、宜服、利用、备器。五方之民，言语不通，嗜欲不同。”从这段记载可以清楚地看出，生活在内地的华夏民族在饮食上有着区别于其他民族的特点。饮食作为文化的一个部分，正是由于其相对稳定却又变动不居的特性，才能反映出中华民族动态成型的自觉体认。我们常说中国饮食文化博大精深，窥一管而可知全貌，知味或许正是知道中国的一个有趣侧面。

21

# The Imported Foods in China

# 食：引入中国的外国食物

文：李亦凡　编：陆沉　绘：Ricky
text: Li Yifan　edit: Yuki　illustrate: Ricky

中国引进外国食物有一个特点，就是你可以从食物的名字大概了解这些作物于何时传入中国的。比如，大凡带“胡”字的，大都引入于两汉、南北朝时期；名字中带“番”的，多为明代以后传入的美洲作物；而带“洋”的，如洋葱，则大致是清末民初传入我国的。语言学中的萨丕尔·伍尔夫假说揭示了人类高层次思维与语言的关系，亦即：语言决定了思维。从“胡”到“番”再到“洋”的演变中，似乎确实能投射出华夷关系的不断变化。但又为何不能说是因为观念的变化才给不同时期的食物贴上了各异的标签呢？无论如何，这些食物自此以后就这样融入了中国人的传统饮食中，好像本就如此，从不陌生。

## 汉代的外来食物

从西汉开始，随着大一统局面的完全确立，强大的汉王室也在食物中注入了前所未有的热情。在负责皇帝日常事务的职官中，与饮食活动有关的有太官、汤官和导官，分别主“膳食”“饼饵”和“择米”，构成了一个十分完备的食物管理系统。据说，当时皇帝与后宫膳食开支一年达到二万万钱。这是一个什么概念？意即他们每天开支五十四万八千钱，而这在当时可购买二千七百多石上好的粱米，或是九万一千多斤好肉。天子“饮食之肴，必有八珍之味。”如同罗马人爱洗澡，汉代人对美食的狂热也是冰冷的文字记载所难以传达的。

也正是从西汉开始，中华美食进入了一个与周边民族食品交融汇合的高峰期。据《史记》《汉书》等史书记载，西汉张骞出使西域时，就通过丝绸之路同中亚各国开展了经济和文化交流活动。张骞等人除了从西域引进了葡萄、胡桃、胡荽、胡麻、胡萝卜、安石榴等物产外，也把中原的桃、李、杏、梨、姜、茶叶等物产以及饮食文化传到了西域。这些外来食物极大地丰富了其时人们的餐桌与味蕾，真正实现了“殚天下之味”。

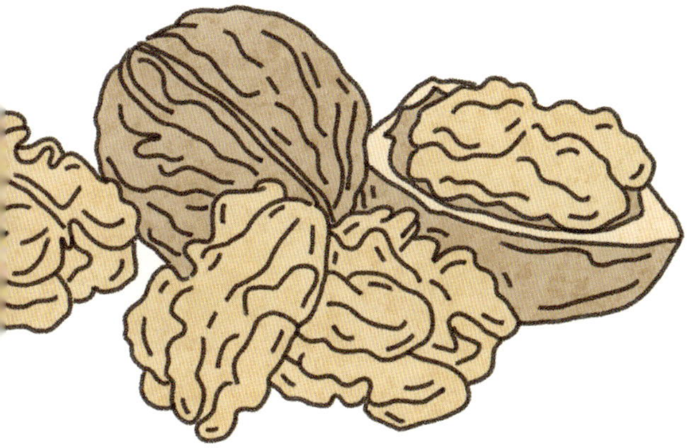

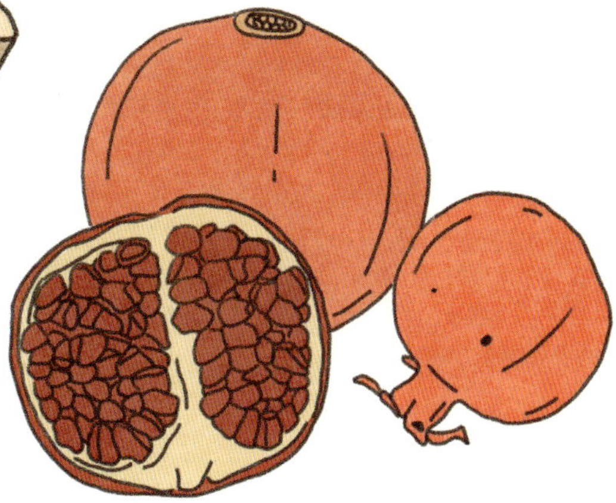

### 葡萄

葡萄是一种落叶藤本植物，果实多为圆形或椭圆形，是常见的水果，可直接食用，亦可酿酒。在“葡萄”二字成为通用的名字之前，它在历史上曾有过多种书写形式。《史记》和《汉书》中均称“蒲陶”。《后汉书》里始称“葡萄”，《魏书》称“蒲萄”，唐、金、明时还用过“蒲桃”一称，金代著名诗人元好问著有《蒲桃酒赋》。明李时珍的《本草纲日》和徐光启的《农政全书》中均使用“葡萄”二字。

我国古代文献中关于葡萄最早的记载应该追溯到《史记》。司马迁在《史记·大宛列传》中写道：“宛左右以蒲陶为酒，富人藏酒至万余石，久者数十岁不败。俗嗜酒，马嗜苜蓿。汉使取其实来，于是天子始种苜蓿、蒲陶肥饶地。”大宛位于今天的费尔干纳盆地，可见葡萄确实是自西域引入中原的。

### 胡桃

即核桃，又名羌桃，是一种落叶乔木。胡桃原产于波斯北部俾路支一带，汉代张骞出使西域以后将胡桃引入中原，并在中原地区种植，称之为核桃。宋代史能之《咸淳毗陵志》中记载：“胡桃一名羌桃，本生西羌，张骞归致其种。外刚朴而内柔甘，孔文举书云：‘多惠胡桃，深知笃意。’”看起来核桃在当时也是一种较受欢迎且相对高级的食物。今人过年时或以“坚果大礼包”相赠，原来这在汉代就已有先例了。

### 胡荽

即香菜，又被称为芫荽，原产于地中海沿岸及西域地区。据《博物志》记载，胡荽是张骞出使西域时带回来的。但《博物志》各版本记载不一，且与多种史书中的记载相矛盾，并不可靠。因此有人考证，胡荽的传入实际上是在张骞之后。不过，胡荽作为一种蔬菜，至少在南北朝时就已经得到了广泛种植，因为在《齐民要术》里，已经记载了颇为详尽的种植胡荽以及制作腌胡荽的方法：“胡荽宜黑软青沙良地，三遍熟耕。树阴下，得；禾豆处，亦得。”石勒称帝建立后赵后，讳胡，“呼胡荽为香荽”，故晋地俗称香菜。河南称芫荽，南方称芫荽、胡荽或香菜。香菜是一种重要的食用蔬菜，今天中国各地均有栽培，以华北地区最多。

### 安石榴

即石榴，原产于波斯一带（今伊朗）。徐光启《农政全书》转引张华《博物志》云：“汉张骞出使西域，得涂林安石国榴种以归，故名安石榴。”传说其时安石国大旱，连御花园中的石榴树也奄奄一息，张骞便将汉朝兴修水利的经验介绍给了安石国。此举救活了一批庄稼，以及那一棵石榴树。临行前，张骞拒绝了安石国王赠予的许多金银财宝，只收下了一些石榴种子，回国后在长安上林苑种植了数十株，深受武帝喜爱。然而，也有学者基于《汉书》等古代文献中对石榴记载的缺失而怀疑这一说法的真实性，并基于文献、语音流变等方面的分析，推测出石榴当来自汉与安息国的贸易往来中。处于学术研究之外的我们很难深入到一个具体的学术考证语境中，但无论孰是孰非，石榴自此便在中原扎下根来，以至于石榴花开最艳的农历五月也被人们雅称为“榴月”。

### 大蒜

关于大蒜的早期记载同样见于《博物志》，后魏贾思勰《齐民要术》中“种蒜”条引《博物志》称：“张骞使西域，得大蒜、胡荽。”大蒜自引入中国后，就成了汉人餐桌上一道佐饭、调味两宜之佳品。据《太平御览·菜茹部二》“蒜”条引《晋四王起事》记载，西晋“八王之乱”时，成都王司马颖挟持晋惠帝司马衷逃往洛阳，途中吃饭，宫女端来了粗米饭和大蒜头、盐豉两样下饭菜。一向锦衣玉食惯了的司马衷，此时饥饿难耐，就着大蒜一连吃了两大碗粗米饭。由此可见，用蒜佐餐在魏晋时已成为民间食俗。《南齐书·张融传》还记载了一件有意思的事情：“豫章王大会宾僚，融食炙始（行）毕，行炙人便去，融欲求盐蒜，口终不言，方摇食指，半日乃息。”其时，食蒜已经成了一种非常普遍的现象。

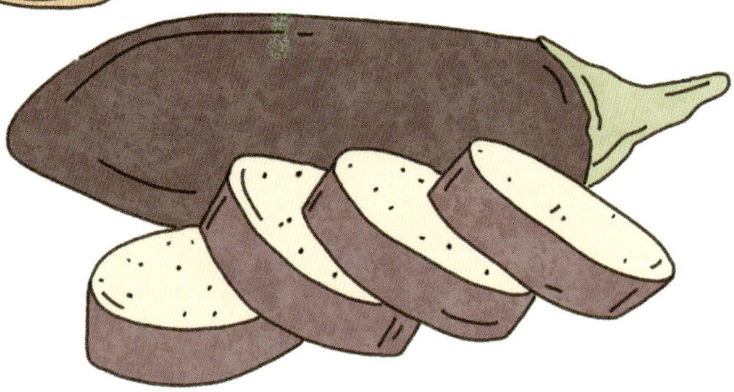

### 苜蓿

同葡萄一样，苜蓿也是张骞至大宛后带回的。当时，张骞见骏马以苜蓿为食，强壮健硕，于是携带着苜蓿种子回归中原（也有学者认为张骞回国时路途多舛，是没有可能将种子带回来的）。其时西域之路既通，外国使者络绎不绝，求葡萄酒以佐餐，求苜蓿以喂养西域良马者众，于是葡萄与苜蓿的栽种蔚然成风。唐人鲍防有诗赞彼时胜景：“汉家海内承平久，万国戎王皆稽首。天马常衔苜蓿花，胡人岁献葡萄酒。”至明代时，为解饥荒之急，苜蓿作为一种野菜在民间流传开来。沸水煠煮，和油盐而食，或者只是清炒，亦能甘之如饴。

### 茄子

茄子也非中国原产蔬菜。中国古典文献中对于茄子最早的记载可以追溯到西汉末年王褒的《僮约》：“种瓜作瓠，别茄披葱。”5000 年前，印度河谷居民就已开始采集茄子为食，其时印度与四川已有贸易往来，所以茄子最早可能是由印度传入四川的。据唐代段成式《酉阳杂俎》载，茄子，“一名落苏”。据说，吴越王钱镠为避跛足儿子之讳，“谚谓‘跛’为‘瘸’，杭人为讳之，乃称‘茄’为‘落苏’。”虽然宋代诗人陆游在《老学庵笔记》中批之曰：“亦未必然。”但当时南方人将茄子称为“落苏”，应该是确有其事。直至今日，作为上海人的笔者仍然会将落苏作为茄子的指称。

### 西瓜

西瓜的原产地为非洲东北地区。关于西瓜何时传入中国的，历来有两种说法：一种是“南宋传入中国说”，南宋洪皓在高宗建炎三年（1129）奉命使金，被扣留十余年之久，后著《松漠纪闻》，详细记载了他在金国的见闻，其中就说他曾食西瓜；第二种为“五代传入中国说”，李时珍在《本草纲目》里非常肯定地说，西瓜传入中国的时间为五代。但近年来，长沙马王堆、江苏高邮和扬州发掘的西汉及东汉墓中均发现了“西瓜子”。汉代“建安七子”之一的刘桢在《瓜赋》中也描述了西瓜：“蓝皮密理，素肌丹瓤……甘逾蜜房，冷亚冰圭。”而从《清明上河图》中街道水果摊上出现的西瓜可以推测出，西瓜传入中国的时间应该远远早于五代。只是西瓜在传入中国伊始叫“寒瓜”，南宋之后，由于西瓜经丝绸之路从西域进入中原，才得名“西瓜”。

## 唐代的异域风味

中国的大一统在唐代达到了一个全新的阶段，随着社会文化与国力的欣欣向荣，唐代的对外交通也呈现出四通八达之势。唐代统治者万邦来朝的开放心态使得唐王朝对外贸易与交流频繁，文化在持续的碰撞中灿若星辰。其中，饮食文化的发展同样不容忽视。其时，菜肴的烹饪方法明显增多，制法更加精细，异域风味迭出，名菜佳肴层出不穷。

唐朝人爱吃，这从士人中流行的“烧尾宴”亦可见一斑。所谓“烧尾宴”，是指士人拜官或升迁时，招待前来恭贺的亲朋同僚的宴会。关于“烧尾宴”的得名有三种说法。一说老虎变成人时，尾尚在，要烧断其尾；二说羊入新群，要烧焦旧尾才被接纳；三说鲤鱼跃龙门，经天火烧掉鱼尾，才能化为真龙。之所以取名“烧尾”，意在祝福前程远大、官运亨通。

### 胡椒

胡椒原产于波斯，在唐时传入中国。《酉阳杂俎》云：“胡椒，出摩伽陀国，呼为昧履支。其苗蔓生，茎极柔弱，叶长寸半，有细条与叶齐，条上结子，两两相对，其叶晨开暮合，合则裹其子于叶中，子形似汉椒，至辛辣，六月采，今人作胡盘肉食皆用之。” 除了被当作食物的调味料，胡椒亦可入药。清代张秉成的《本草便读》中说胡椒能“开豁胸中寒痰冷气”。令现代人意想不到的是，胡椒在当时竟还是拥有强大资本的象征。当时的胡椒只有天竺有产，价格昂贵，因此只有达官贵人才能品尝到胡椒的滋味，甚至会以此来显示身家。据说唐朝宰相元载在被赐死抄家时，除了抄出了金银珠宝外，竟然还有八百石胡椒。唐时一石约为现在的八十千克，八百石就有整整六十四吨！陈与义写诗讽刺：“贪人积胡椒，智不到鬼录。”那时候以为尽显风光，现在看起来却令人捧腹。

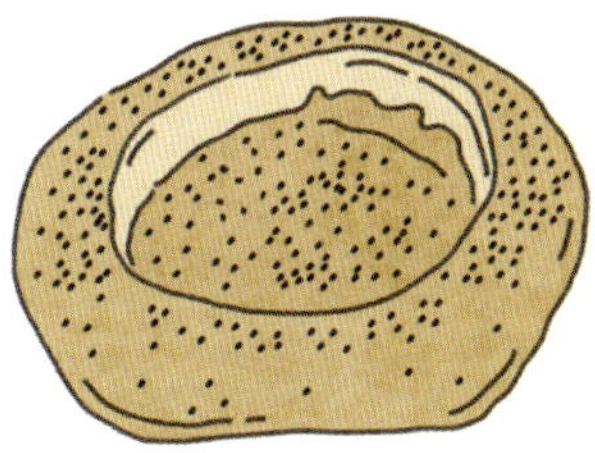

唐

### 胡饼

胡饼是用烤炉烤制的大饼，汉代时自西域传入，虽然今日未能找到当时直接的文字记载，但是《太平御览》引《续汉书》中说：“灵帝好胡饼”。可见汉代已有胡饼。胡饼自汉魏以来风行中原，至唐代最盛。崔鸿《前赵录》说，石虎忌讳“胡”字，所以改“胡饼”为“麻饼”。《湘素杂记》又讲：有卖胡饼者，不知道胡饼原名，就改了个名字，叫“炉饼”。所以“胡饼”也叫“麻饼”“炉饼”。白居易在《寄胡饼与杨万州》一诗中曾对胡饼赞美道：“胡麻饼样学京都，面脆油香出新炉。寄与饥馋杨大使，尝看得似辅兴无？”今日北方之饽饽、南方之馍馍与新疆之馕，或许就是胡饼的直系亲属。

### 菠菜

菠菜传入中国有两种不同的说法。一说菠菜的“菠”字最早写作“波”，原产于波斯，后来传到泥婆罗（今尼泊尔）等国家和地区。贞观二十一年（647）泥婆罗国使节来唐，并向唐太宗献上了波棱、浑提葱等贡品，其中“波棱”就是菠菜。第二种说法是菠菜直接从波斯传到了长安。唐韦绚在《刘宾客嘉话录》记载：“菜之菠棱者，本西国中，有僧人自彼将其子来，如苜蓿、蒲陶，因张骞而至也。”菠菜在唐朝带有神秘色彩，其时人们酷爱炼丹，而菠菜似乎能够化解服用丹药后带来的不适感，“服丹石之人，食之佳”。传说唐太宗喜食菠菜，丹药激起了性欲，而菠菜能减少汞中毒带来的不利影响，所以他子孙众多，说不定是沾了菠菜的光。菠菜又别名鹦鹉菜，传说乾隆微服私访，饥渴难耐时在一农妇家中偶然尝到用豆腐干和菠菜烹制的菜肴，食后颇觉鲜美。乾隆极为赞赏，便问其名，答曰：“金镶白玉板，红嘴绿鹦哥。”“红嘴绿鹦哥”自此便成了菠菜的雅称。

### 三勒浆

三勒浆源起于古印度，后来被制成“类酒”自波斯经丝绸之路传入大唐。《唐国史补》中有这样的记载：“又有三勒浆类酒，法出波斯三勒者，谓庵摩勒、毗梨勒、诃黎勒。”三勒浆有抗疲劳的神奇妙用，许多士大夫在饮用三勒浆之后都容光焕发，三勒浆因此被视为佳品，唐代宗甚至以三勒浆赐进士宴。唐末因为战乱，三勒浆的配方曾经遗失，直至元代，御医许国祯再造三勒浆献饮忽必烈。“光禄许公复以庵摩、诃黎、毗梨三者酿而成浆，其光色油然，如蒲萄桂醑，味则温馨甘滑，浑涵妙理。及荐御，天颜喜甚，谓非余品可及，遂时供内府。”这大概就是我国历史上最早的“脑白金”了吧。若在市场经济的今天，可能考生恨不得人手一杯，正所谓“天·行健，智·无限”！

### 巨胜奴

巨胜奴是烧尾宴上的一道点心。唐代韦巨源的《烧尾宴食单》中便载有“巨胜奴”，陶穀在《清异录》中注为“酥蜜寒具”，意即用酥蜜制成的寒食节食品。关于巨胜奴，最有趣的大概就是对于其名字的考证了。“巨胜”一词最早见于《神农本草经》:“(胡麻) 一名巨胜。”明李时珍《本草纲目》也记载道:“胡麻，八谷之中，惟此为良。纯黑者名巨胜，巨者，大也。本生大宛，故名胡麻。又以茎方者为巨胜，圆者为胡麻。”由此可以基本肯定:巨胜，就是原产于胡地的一种黑芝麻。那么“奴”又是什么意思呢？唐初著名医学家陈藏器曰:“(麦奴即) 麦穗将熟时，上有黑霉者也。”可以推测，“奴”有“不重要的小东西”的含义。因此,“巨胜奴”很可能就是“黑芝麻做的小东西”的意思。联系注释所言的“酥蜜寒具”,“酥蜜”是用蜂蜜与奶酪制成的胡人食品，寒具，“即食馓也，以糯粉和面，入少盐，牵索纽捻成环钏形，油煎食之。”既包含有奶酪和蜂蜜，又一定是环钏状的油炸食品，且是上面点缀着黑芝麻的小东西，那不就是今日所食的馓子麻花嘛！抛开食材而论,“巨胜奴”一词，大概也有“大胜匈奴”之意吧！

### 龙膏酒

龙膏酒是一种源于西亚的美酒。唐苏鹗在《杜阳杂编》卷中记载:“龙膏酒，黑如纯漆，饮之令人神爽。此本乌弋山离国所献。”我国古代就已讲究以酒养生,《汉书·食货志》中提出的酒为“百药之长”对后世以酒养生的观念影响深远。唐宪宗时，乌弋山离国贡使给唐宪宗进贡了八坛龙膏酒。据说此酒是用当地特有的一种鳄鱼“湾鳄”经特殊工艺泡制而成，不仅可以滋补气血，还可以“轻身延年”。唐宪宗将其定为酒中上品，藏于金瓶之中，还要覆一黄帕，不许外人乱动。每宴贵客异人，方以“处九华之室，设紫茭席，饮龙膏酒”待之，且必以白玉盏为容器。

### 婆罗门轻高面

婆罗门轻高面也是烧尾宴上的一款食点。根据新疆古高昌国附近阿斯塔纳墓葬群中出土的风干上千年的轻高面，可以推测出婆罗门轻高面就是如今的千层糕。但是，它与“婆罗门”这样一个古印度教的专有名词到底有什么关系呢？难道是由于婆罗门高僧在中原布道时传入的此种点心？当然了，这个问题可能和千层糕到底有几层一样，是难以寻找到答案且无伤大雅的吧。

## 宋元的常膳百品

北宋的饮食文化可谓饮食衎衎、燔炙芬芬，“有美皆备，无丽不臻”。而宋代的宫廷饮食更是以穷奢极欲著称于世。如皇帝，“常膳百品”，“半夜传餐，即须千数”。当时，我国最有影响的“四大菜系”——鲁菜、苏菜、粤菜和川菜已经发展得相当成熟。可以说，宋代的饮食文化为中国后来的烹饪技艺、风格特点等奠定了坚实基础，堪称中国饮食文化史上的一次里程碑。

而同一时期的辽金元的饮食水准则粗劣得多。朱彧《萍洲可谈》说辽人会为宋朝使节每天供给一碗乳粥，因为乳粥是非常珍贵的食品。但辽人却在粥中“沃以生油”，宋人无法下咽，就向辽人提出“去油”的意见，辽人置之不理，宋使只好提出另用一器皿盛生油，以便自用。徽钦二帝被囚于金国时，恰逢金帝生日，金人将金帝特赐的酒食给他们吃，结果二人竟呕吐不止。原来这食物是“蜜渍羊肠”，在金人眼中是“珍味”，而在汉人看来则真是“腥膻酸薄不可食”了。

到了元代，随着帝国疆域前所未有地扩大，饮食文化也得到了长足的发展。与辽和金不同的是，元朝统治者虽为少数民族，饮食文化却并不粗鄙，反而显得更为多元化和国际范儿。或许是因为蒙古人大规模的西征接触到了北方各个少数民族的异质文化；或许是因为从波斯、中亚细亚和阿拉伯等地自发前来的各族穆斯林与当地民族发生了融合；又或许是疆域的扩大进一步便利了中国与外国的交通条件，中原饮食在这一时期发生了许多新鲜的变化，最显著的风格就是“回化”。

# 宋元

## 洋葱

洋葱原产于波斯和中亚地区，传入中国后，最早见载于唐代孙思邈的《千金食治》中。洋葱其实在唐代便已有之，但尚不流行，直至元代才为人所接受，所以笔者将其放入元代食物中。究其原因，可能在于大家不熟悉洋葱的吃法，元代因大量中亚人来到中原，带来了不同的烹饪方法，才逐渐改变了对于某种食物的偏见。过去人认为洋葱“味辛、温、无毒，温中，消谷，下气，杀虫，久食发病。”但元代北京周边的寻麻林驻有大量来自中亚的回民工匠，他们嗜食洋葱，改变了北京人的饮食习惯，并转而称赞洋葱“其形如扁蒜，层叠若水精葱，甚雅，味如葱等，腌藏生食俱佳”，“元人《饮膳正要》作回回葱，似言其来自胡地，故曰胡葱耳”。

## 胡萝卜

胡萝卜原产于亚洲西南部。关于胡萝卜是何时传入中国的，历来被认为是元朝，《本草纲目》载：“元时始自胡地来，气味微似萝卜，故名。”但也有人提出不同的见解，因为宋时官方药书《大观本草》新修订的版本中记载着新增的六味药，胡萝卜赫然在列，说明胡萝卜传入中国应该不晚于宋。也有人认为是当年张骞自西域带回的，但《博物志》中只记载了张骞从西域带回了苜蓿、葡萄种子，而没有提胡萝卜。当然，无论如何，没有张骞当时出使西域，我们现在也就吃不上胡萝卜了。

## 八儿不汤

八儿不汤也用到了特殊的回民香料，特别是咱夫兰与哈昔泥，即今之番红花与阿魏膏。咱夫兰应是英语Saffron的音译，元代《饮膳正要》中对“咱夫兰”的注解为：“即是回回地面红花。”《本草纲目》载：“番红花，出西番回回地面及天方国，即彼地红蓝花也。元时，以入食馔用……张华《博物志》言：张骞得红蓝花种于西域。则此即一种，或方域地气稍有异耳。”因此，咱夫兰很可能就是《博物志》中记载的张骞得种于西域的红蓝花，但直到元代才“以入食馔用”。哈昔泥也是原本生于中亚细亚，“元时食用以和料”。

## 马思答吉汤

马思答吉汤是元代的一道名汤。马思答吉，即黄连木树脂，又称乳香，在元代，经常用作调料。马思答吉汤是用羊肉、草果、官桂、回民豆子熬成，吃的时候拌入香稻米饭、熟回民豆、香菜汁和羊肉，不仅美味，而且可以“补益，温中，顺气”。忽思慧《饮膳正要》中载有做法：“羊肉一脚子，卸成事件，草果五个，官桂二钱，回回豆子半升，捣碎，去皮。……一同熬成汤，滤净。下熟回回豆子二合，香粳米一升，马思答吉一钱，盐少许，调和匀，下事件肉、芫荽汁。”其中，回民豆子的加入可以说是点睛之笔。可惜元朝灭亡后，马思答吉汤亦失传。原因大体有三：一是明初政府力倡“去元化”；二是中医对元代饮食持有偏见，认为伤身；三是一些原料无从进口，比如鹰嘴豆，因为汉地少有种植，而无之则菜品尽失原来风味。

## 秃秃麻食

秃秃麻食，现在北方人叫作“手撇面”，南方人称为“猫耳朵”，原是西域回民食品，元时随着大量西域人东来而传入，后经汉人加工，又衍生出煎、炒等各种吃法。元代饮膳太医忽思慧在他的成名作《饮膳正要》一书中说：“秃秃麻食，系手撇面，补中、益气。白面六斤，作秃秃麻食，羊肉一脚子，炒焦肉乞马。……用好肉汤下，炒葱调和匀，下蒜酪、香菜末。”明代饮膳典籍《居家必用事类全集》一书中更有详细记述：“和圆小弹剂，冷水浸，手掌按作小薄饼儿，下锅煮熟，捞出过汁，煎炒酸肉，任意食之。”如今，陕西关中街头巷尾食摊上经常可见这种传统食物。一碗麻食，以鲜汤蔬菜肉类小火煨炖后，香味袭人。在窗外大雪纷飞时，于屋中捧一晚热气腾腾的麻食，搓一口香菜，再挑一筷子辣子油，亦足够惬意！

## 明清的民间饮食

明代与清代不同于此前任何一个朝代的地方在于，明清的市民经济与市民文化走向了繁荣，市民文化注重享乐，表现在饮食文化上就是宫廷饮食的奢靡无度与民间饮食的推陈出新。

据《明大政纪》记载，洪武二十七年（1394），工部在京城修建了 10 座大酒楼交给民间商人经营。这些酒楼豪华异常，里面还设有剧场。同时，朱元璋还赏给文武百官官钞让他们去酒楼消费（相当于如今的拉动内需），使得酒楼生意兴隆。如此，在明代，吃饭已不仅仅是吃饭本身，还附加上了娱乐属性，逐渐走出了“吃”的局限。

这一时期，另一个突出特点是大量外来食材的出现，极大地丰富了原本的菜系与菜式。哥伦布发现美洲，引发了欧洲人对这块所谓“新大陆”的注意。在美洲成功建立殖民地后，16 世纪后期，西班牙人进而在南亚的菲律宾建立了殖民地，一些美洲农作物因此被传入菲律宾，再由菲律宾传到南洋各地，并进一步传到中国。其中，辣椒、番茄、玉米等都是在明代传入中国的美洲作物，特别是辣椒的传入，对于中国饮食文化的发展具有革命性的意义。没有辣椒，也就没有今天的湘菜与川菜；没有番茄，我们如今最为家常的番茄蛋汤也可能永远不会出现在餐桌上了。

到了清代，我国宫廷饮食发展到极端，形成了闻名遐迩的满汉全席，满汉两族风味肴馔兼用，菜肴竟达 300 余种，有所谓“四八珍”之说。而民间饮食，除了原有的四大菜系外，另加入了浙、闽、湘、徽地方菜成为“八大菜系”（也有加入京、沪地方菜称为“十大菜系”）。这在小说《红楼梦》中就可见一斑：《红楼梦》中所列举的食品达到 186 种之多，光是粥就有碧粳粥、红米粥、江米粥、腊八粥、燕窝粥、鸭子肉粥、枣儿粳米粥、绿畦香稻粳米饭、绿稻米粥等，令人目不暇接。我国饮食文化在这一时期又达到了一个新的高度。

### 玉米

玉米原产于美洲。根据各省通志和府县志的记载，玉米是在明嘉靖年间传入我国的，距离哥伦布发现新大陆还不足 40 年。哥伦布发现新大陆后，玉米传入欧洲和非洲，后经中东传入中国。李时珍在《本草纲目》中称它为“西天麦”“番麦”。玉米在传入之初，尚未列入谷物，被人视为珍稀之物，明田艺衡在《留青日札》中说：“御麦出于西番，旧名番麦，以其曾经进御，故名御麦。”《金瓶梅》中的“烧鹅肉”就是将玉米磨成粉后和以熟鹅油，做成手掌大小的鹅油蒸饼，夹了烤鹅一起吃，这是当时上流社会的佳肴。直至 18 世纪末 19 世纪初，玉米才开始在中国大规模推广，满足了日益增长的人口对粮食的需求。

### 番薯

番薯即红薯，明万历年间引入中国。徐光启在《农政全书》里记载：“近年有人在海外得此种。海外人亦禁不令出境，此人取诸藤绞入汲水绳中，遂得渡海。”简单说，就是海外华人将番薯藤混在海船缆绳里偷渡回境，最终在中国引种成功。相似的还有广东《电白县志》中的一则小故事，说是有一位名医叫林怀芝，到交趾（今越南北部）行医，以高超的医术救活了无数病人，国王闻讯后赏赐番薯给他吃。林医生知道番薯是好东西，只咬了两口便将剩下的藏起来想要带回国，不料在出境时还是被边防军官拦下了。其时交趾国禁止将番薯带出境，照例是要杀头的。然而没想到那位边防军官竟是林医生曾经的病人，于是军官狠下心将恩人放行，而林医生也带着半个番薯辗转回乡，引种成功。

**洋芋**

洋芋，即马铃薯、土豆，原产于南美洲，与玉米合称为“并蒂开放的印第安古文明之花”。较早有关洋芋的记载出现在明万历年间蒋一葵的《长安客话》中：“土豆，绝似吴中落花生及香芋，亦似芋，而此差松甘。”万历之后，洋芋因其稀有而跻身宫廷美食行列，但时人却不知如何烹饪。直至清代，随着洋芋产量的提升以及人民对粮食需求的扩大，洋芋走出了宫廷院落进入民间，迎来了种植高峰，关于洋芋的烹饪方法也渐渐丰富了起来。洋芋的成功栽培使得它与番薯还有玉米一道，成为时人的主要口粮。

**菠萝**

菠萝原产于美洲。菠萝的发现与玉米、番薯、番茄等类似，都是地理大发现的产物。哥伦布最初将菠萝带回欧洲为欧洲人所识，之后便随着西班牙与葡萄牙殖民者扩散丌来。中国的菠萝可能是从东南亚传入，也可能是由葡萄牙人直接从澳门带入，时间不会晚于明代晚期。

**辣椒**

辣椒原产于中南美洲热带地区。同样是葡萄牙殖民者将辣椒推广到世界各地的，为单调的饮食生活增添了变化。辣椒在明末从马来西亚传入中国广州，在辣椒传入中国之前，古代中国餐桌上的辣主要靠五种食材来提供，分别是花椒、胡椒、黄姜、茱萸和芥末。即使辣椒初入中国时，人们也只是不识货地将其当作一种观赏植物置于院子里培养。汤显祖在《牡丹亭》里提到了一户富贵人家后花园里的40种花卉，其中一种就是辣椒花。直到乾隆之后，贵州、湖南一带才将辣椒入菜。这一入菜，人们才发现辣椒的刺激性辛香能给味蕾以极大的享受，从此一发不可收拾，便“种以为蔬”，“无椒芥不下箸也，汤则多有之”，“非辣不可”。而川菜也从当时的并不以辣出众，发展成了今日的“无辣不欢”。

**番茄**

番茄原产于秘鲁和墨西哥，19世纪欧洲人首先将番茄当作蔬菜和水果食用，我国直到晚清光绪中，才以食用的名义将番茄引入，不过，事实上我国在明代就已有关于番茄的记载了。成书于1621年的《群芳谱》载：“番柿，一名六月柿，茎似蒿，高四五尺，叶如艾，花似榴，一枝结五实或三四实，一树二三十实。缚作架，最堪观……来自西番，故名。”至于为什么这么晚才享受到番茄的美味，也许也与18世纪前的欧洲人相似。相传，番茄以前曾被认为有剧毒。当时一位法国画家难耐好奇，冒着中毒致死的危险吃下了一个番茄，并穿衣躺在床上等待死神的降临。但半晌仍无异样，索性接着再吃，身体依旧安然无恙，只觉得滋味酸甜。自此，番茄便势如破竹地席卷了人们的餐桌，成为日常饮食中不可或缺的一种食品。

**咖啡**

咖啡传入中国的时间已经无从考证。从文字上看，《康熙字典》既无“咖”字，又无“啡”字，更无“咖啡”一词，但也不排除其时咖啡具有其他译名的可能。不过嘉庆年间，来到广州的洋人就已经在烧煮、饮用自己带入的饮料了。据《广东通志》记载：“外洋有葡萄酒……又有黑酒，番鬼饭后饮之，云此酒可消食也。”所谓黑酒，应该就是咖啡。中国人最早开始品尝咖啡可能始于同治年间，其时美国传教士高丕第夫人出版了一本《造洋饭书》，是一本为来华外国人能吃上西餐而教中国厨师做西餐的书。书中将coffee音译为“磕肥”，并记录了烧煮咖啡的方法。可能在烧煮的过程中受雇的中国人难免会尝一口吧。更确切的记载来源于张德彝的《航海述奇》。作为中国历史上第一个赴欧旅游观光团的成员之一，年仅19岁的张德彝充分品尝了西洋食品，包括咖啡——他音译为“加非”。当然，这一次出境游对于不习惯西洋食物的张德彝而言，着实是一场不堪回首的噩梦……

22

## Western Dress in Early Republic of China

## 衣：民国初年的摩登洋装

文：安妮　编：陆沉
text: Annie　edit: Yuki

19 世纪末 20 世纪初，西方列强的坚船利炮攻破了清王朝紧锁的国门，中国大地一时风雨飘摇，进入了风云诡谲的历史转折期。1911 年，辛亥革命推翻了清王朝统治，结束了已在中国延续两千多年的封建君主专制制度，“昭名分，辨等威”的服饰等级制度随之倾塌，民国服饰涌现出新的潮流。

良友
復刊號

良友
THE YOUNG
Companion
40¢
NO.86 第八十六期

八月號 第一四五期
THE YOUNG COMPANION
AUGUST 1939 NO.145

良友
THE YOUNG COMPANION
Nº 90
第九十期
紀念本公司創業十週年●本期起改爲半月刊

以“两脚踏东西文化，一心评宇宙文章”为座右铭的文坛巨匠林语堂在 1934 年以英文写就的《中国人》一书中说：“(中国妇女受到西方影响之后）在气质、装束、举止和独立精神等方面都发生了较大的变化。”

中国女性开始尝试烫头，穿英式高跟鞋、美国丝袜、呢子大衣、高衩旗袍，用巴黎香水……封建社会从未有过的欧美时尚悄然影响着中国女性的日常生活。这一时期引领潮流的新兴女性大多为交际花、女学生、明星等，“摩登女郎”（modern girl）成为人们争相追捧的对象。像殷明珠、蝴蝶、周璇、李丽华、阮玲玉等人，她们的名字亦早已成为那个时代的时尚代名词。

## 民国女装

民国女性的穿着，不消探究史料，自作家笔下就可窥知一二：巴金的小说《家》《春》《秋》中无一女子着旗袍。五四运动以后的大家闺秀装束如《春》中的表妹蕙的打扮——“穿一件滚边玉色湖绉短袄，系粉红裙子”;《家》中冯乐山给婉儿做的是喇叭袖的时髦短袄，在小说中的作用当然是给自己争面子，却也能够看出五四运动以后汉族城镇女子上身穿袄、下身着裙的习惯，窄袖长袄渐渐过渡为喇叭袖短袄也是一个代表性特点。

受《红楼梦》影响极深的张爱玲在写作中对服装的描述极为讲究，她甚至认为“衣服是一种言语，随身带着一种袖珍戏剧——贴身的环境，那就是衣服，我们各人住在各人的衣服里”。二十年光景，《金锁记》中的曹七巧自麻油店千金初入大户的“身上穿着银红衫子，葱白线镶滚，雪青闪蓝如意小脚裤子”打扮，到长安长大后，变成了“苹果绿乔琪纱旗袍，高领圈，荷叶边袖子，腰以下是半西式的百褶裙”打扮。衣着上紧跟潮流，无论是得意还是落魄，曹七巧的打扮始终不过时。无论是在女权运动盛行时的上衣下裤（出入门厅时方换裙装）打扮，还是依照满汉女装款式交融的风格打扮——上身穿旗袍，下身穿百褶裙，总能做到恰如其分。而高领圈和镶荷叶边的袖子都是当时的时尚，在张爱玲最为人熟知的一幅照片中，她也是这般打扮的。

民国时期留洋风尚此消彼长，一些年轻女性也开始学习欧洲贵妇们的打扮，穿起“洋装”，采用复古风欧洲中世纪蓬蓬裙搭配蕾丝边，辅以各种珠宝装饰，略大胆的还会穿偏中性的西装马甲。

对民国女性来说，初涉“自由”，风气渐开，除了在服装上做颠覆性改变外，似乎还没有其他的更好的方式能够让她们喜悦地反复确认自己的身份。当时的女学生们倡导上身穿浅色短衫、下身配深色长裙，这种舍弃繁缛首饰的“文明新装”成为当时的知识女性表达身份一种手段。简洁时髦成为新女性眼中的首选时尚。

类似地，在当时的人们看来，西式婚纱似乎也要比中式礼服更能彰显“自由恋爱、自由婚姻”的精神，于是许多人都选择了在教堂举办婚礼。女性穿西式婚纱，男性穿西装，尤其是女性烫发开始大范围流行。

良友
The Young Companion No 52
第五十二期
上海良友圖書印刷有限公司印行

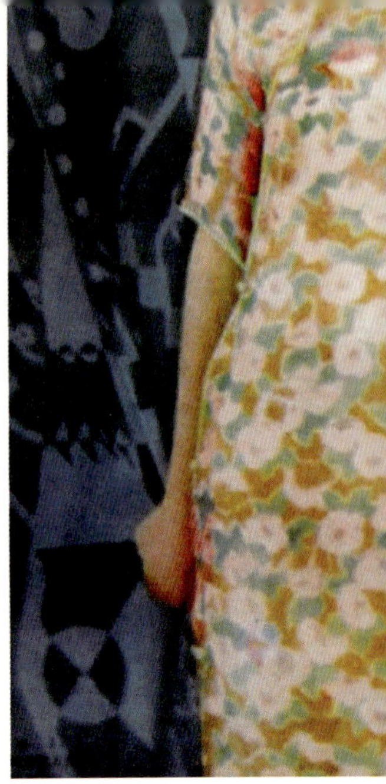

THE YOUNG COMPANIO
ANNUAL
1933-1934

20¢
良友
THE YOUNG
COMPANION
半月刊
第九十八期
十一月十五日出版
NOVEMBER 15th, 1934
No 98

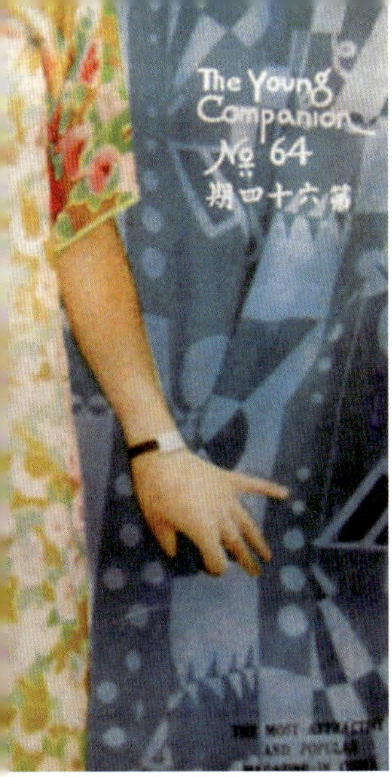
The Young
Companion
№ 64
第六十四期

八週年紀念

良
友
THE YOUNG COMPANION

良
友
THE
YOUNG
COMPANION
半月刊

## 民国男装

比起花式繁多、颇多讲究的女性服装，民国男性服装虽没有那么多变化，却也有颇多可玩味的地方。

西服东渐，一批有新思想、新观念的中国人敢为天下先，率先穿西服、用手帕，一时间成为大众模仿和追逐的对象，中国服饰呈现出新老交替、中西交汇并存的新局面。中华民族传统服装也由此走向衰落与蜕变。

最为人乐道的是中山装。

中山装指的是孙中山先生在广泛吸收欧美服装的特点后，综合中西服装特点，以日本学生装（诘襟服）为基础设计出的一种“直翻领，有袋盖”的四贴袋服装，因此被称作“中山装”。中华人民共和国开国领袖毛泽东对中山装偏爱有加，经常在公开场合穿，因此西方也将其称作“毛装”。自 20 世纪 20 年代起，中山装广泛流行，一度成为中国男子最喜欢的标准服装之一。

帽子作为中国男性的重要配饰，也有着丰富而漫长的流变历史。清朝末年，礼帽传入中国，因常见于礼仪场合，故名礼帽。礼帽有大礼帽和小礼帽之分，大礼帽帽冠较高，多在 14 ～ 19 厘米之间；小礼帽的帽型相对较小。中国的礼帽多采用传统工艺制作：先将羊毛擀压成毡坯，再盔烫成帽胎，然后整理、装饰成帽。市场上有皮礼帽、呢子礼帽、兔绒礼帽、条绒礼帽等诸多材质可供选择，冬天用黑色毛呢，夏天用白色丝葛，因时制宜，中西着装均可适配。

除礼帽外，瓜皮帽、鸭舌帽、学生帽亦在民国时期普遍流行，以供各个年龄段的男子选用。彼时，眼镜、钢笔、手表、怀表、腰带、长围巾、手杖等配饰在男性装扮中也很常见。不同质地与品牌的这类物品也成为男性身份的象征，装点着“文明人士”的花花世界。

纵观来看，民国初年社会上的西服大致有三类：一类是军服，包括英美式、俄式、日式军服；一类是驻外使馆文职官员、买办商人、留学生穿的西服；再一类就是日式的士官服和学生服装，这些学生装，是由大量留学青年带回国的。19 世纪 40 年代前后，西装传入中国，1919 年后，西装作为新文化的一部分对传统长袍马褂发起冲击，中国西装业由此逐渐发展壮大起来，出现了一大批以浙江奉化人为主体的专门制作西装的“奉帮”裁缝。

民国时期，中国大地上的服装种类繁多，令人眼花缭乱，正如那个纷乱的时局和不断出现的新文化一样。可以说服装是那个时代的一面镜子，每个人将自己藏在带有极强身份标识的服装之下，带着气力奔向变革中的新生活。

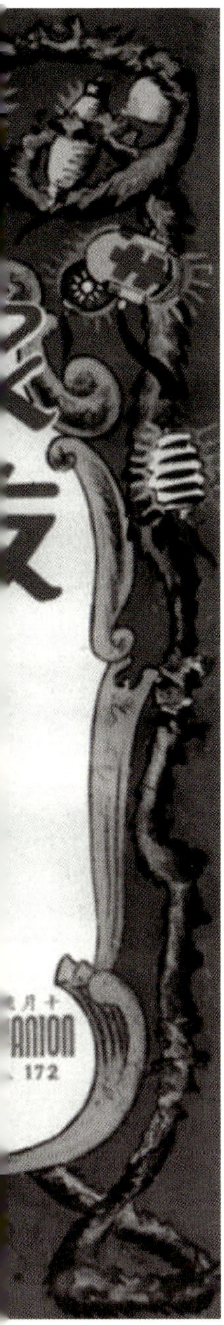

良友
THE YOUNG COMPANION
孫中山先生紀念特刊
A SUPPLEMENTARY ISSUE
IN COMMEMORATION OF
Dr. Sun Yat-sen Father of the Chinese Republic
PUBLISHED BY
Liang You Printing Co.
N. Szechuen Road
SHANGHAI
First Printing November, 1926
上海
北四川路
良友印刷公司
印行
民國十五年十一月初版

老城南一带，一直是南京市民的聚居地，民居多为传统样式，木质建筑，二层小楼，马头墙，精美别致。

23

# Architecture Styles in the Republic of China

# 住：中道西器的民国建筑风格

文：迟广赟　编：陆沉
text: Chi Guangyun　edit: Yuki

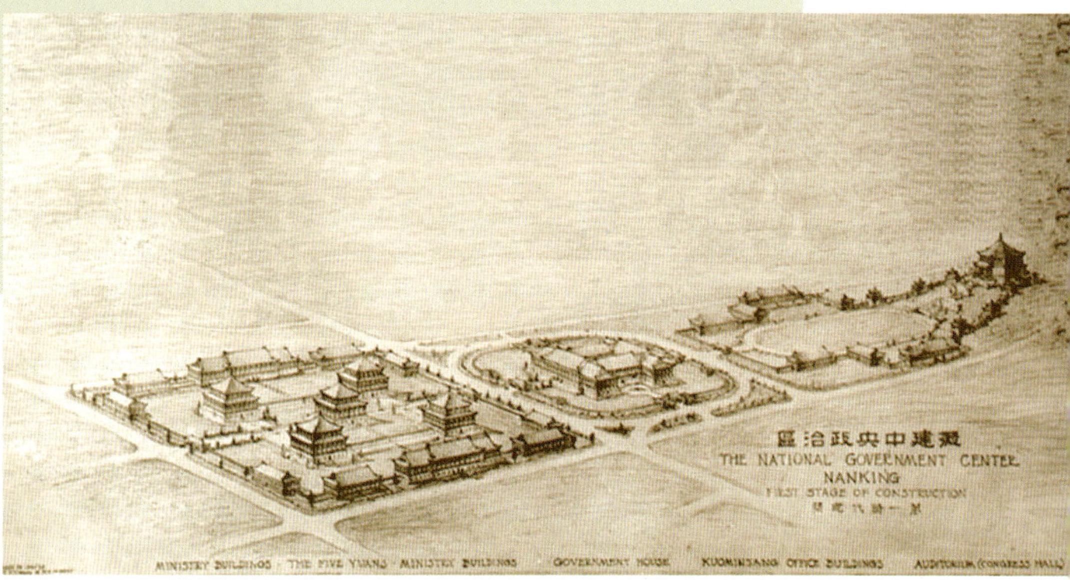


《首都计划》中，中央政治区设在紫金山南麓，这里空地充足，北面高峻南面平坦，又依靠在中山陵之下，颇有神圣森严之气象。中央政治区的这一设计，被称为中国的“国会山”。

**近代中国，在中华民国国民政府对“中国固有式”的倡导下，建筑师们开始了对现代建筑的探索，出现了自南唐、明初以来的又一次建筑高潮。这一时期诞生的一批被称为“民国范儿”的建筑，见证了中国近代建筑从“中西杂糅”，到真正“洋为中用”的转变。**

第一次鸦片战争结束以后，国门被西方侵略者“大开”，南京下关于 1899 年成为外国商埠，帝国主义列强的领事馆与商行纷纷于此建立，各国的流行设计思潮也随之传入中国。此时诞生的建筑，以直接移植或简化“洋风”式样为主，被形容为中国版的“新古典主义”风格。

“新古典主义”指的是资本主义初期最先出现在文化上的一种思潮，它在 18 世纪中期的欧美地区流行异常。南京的新古典主义风格建筑整体造型特点跟西方的是一致的——中心突出、有强烈的对称感；门窗采用典型的罗马券[1]形式；立面有立柱，立柱以爱奥尼柱式[2]和多立克柱式[3]为主。但相较于欧美华丽的装饰，南京的“新古典主义”建筑因受限于当时的经济条件，显得更为节制。在细节处理上，常使用中国传统纹样点缀。

1. 古罗马人在砌筑“拱”时，先将砖叠砌成一道弧状的曲线，称为“券”，砖块间再用火山灰混凝土进行黏结，每隔一段距离砌筑一道“券”，再用砖和混凝土把其间的空隙填补上。
2. 爱奥尼柱式，源于古希腊，是希腊式古典建筑常见柱式之一。柱身纤细秀美，有 24 条凹槽；柱头有一对向下的涡卷装饰，又被称为“女性柱”。
3. 多立克柱式，是希腊式建筑常见柱式中最早出现的一种。柱身粗大雄壮，有 20 条凹槽，柱头没有装饰，又被称为“男性柱”。

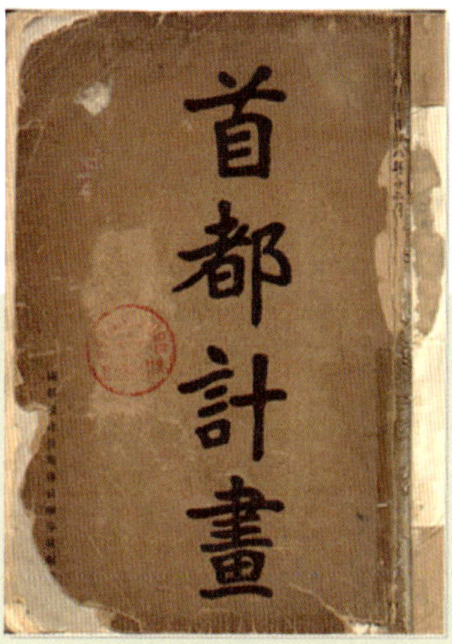


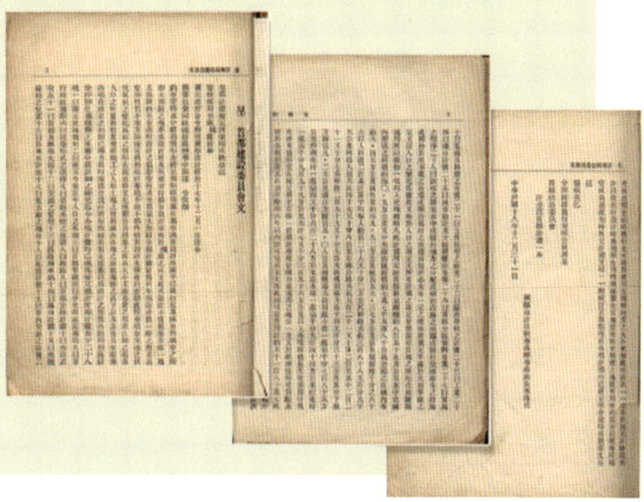

“首都计划”是 1927 年（民国十六年）国民政府定都南京后，对南京进行的百年规划，旨在打造一座中国的“华盛顿”，一年后，堪称“史诗”的《首都计划》问世。《首都计划》也是中国最早的现代城市规划，以及民国时期中国最重要的一部城市规划。

1927 年，国民政府定都南京，同年 10 月中华民国进入训政时期。“训政肇端，首重建设，矧在首都，四方是则。”国民政府命令“办理国都设计事宜”，而计划中的首都要求“不仅需要现代化的建筑安置政府办公，而且需要新的街道、供水、交通设施、公园、林荫道以及其他与 20 世纪城市相关的设施。”1928 年 11 月 1 日，南京国都设计技术专员办事处成立。林逸民任处长，主要负责管理。顾问为来自美国的亨利·墨菲与古力治，主要负责规划工作。吕彦直亦有参与规划，但他于办事处成立 4 个月后病逝，留有《规划首都都市区图案大纲草案》。

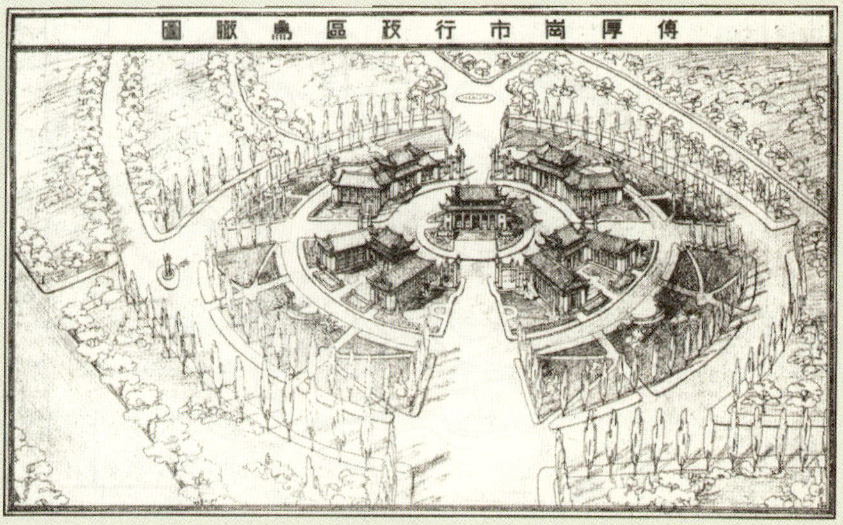


《首都计划》对市级行政区的规划，布局呈圆形，隐含“天圆地方”之意，整体建筑外表沿袭中国宫殿建筑风格，宏伟而又精美，内部装修则以外国建筑风格为主，讲究实用。明代时，朱元璋在南唐故城之北建造鼓楼，此后成为南京地名。当时规划的市行政区设在鼓楼的傅厚岗一带，与中央政治区一样，建筑皆采用“改良式中国建筑”风格，宏伟精致。

## 南京：国立中央大学

南京国立中央大学[4]建筑群是民国时期“新古典主义”建筑的代表。坐北朝南、门前开阔，位于中轴线上的大礼堂，由英国公和洋行[5]于 1930 年主持设计。此建筑采用三段式立面，正中由四根爱奥尼柱贯穿 2 至 3 层，顶部为绿色、饱满的钢结构穹隆顶，造型古朴简洁。考虑到室内通风、采光的需要，建筑师创新性地于穹顶上开八边形窗户，反映了 20 世纪设计对功能性的考量趋势。1933 年，杨廷宝[6]设计的中央大学南大门，由简化的四组多立克柱组成，省去了许多特殊装饰，造型简朴，与原先的建筑群风格保持了一致。

在教会建筑中也能看到中西合璧式的尝试。自 16 世纪后，西方传教士进入中国，初始的教堂多沿用民宅、寺庙建筑，只会稍稍做些西洋装饰，并立上十字架。待到洋务运动和维新变法之后，西方科教逐渐获得肯定，教会大学得到迅猛发展。20 世纪初，出现了首批“折衷主义”建筑[7]风格的教会学校。以上海圣约翰大学[8]的怀施堂为例，这栋教会式建筑，以欧洲常见的连续拱圈柱廊为墙身，上部采用中式歇山屋顶，并将南方常见的飞檐进行了夸张处理。

## 南京：中央博物院

南京中央博物院同为“折衷主义”建筑的代表作品。它采用辽代建筑[9]风格，使用现代钢筋混凝土建筑技术，模仿中国传统建筑结构，使其既符合现代需要，又能表现出传统的中国建筑风貌。整体造型朴实雄浑，屋面坡度较平缓，立面上的柱子从中心往两边逐渐加高，使得檐部缓缓翘起，减弱了大屋顶的沉重感。

4. 国立中央大学，近代校史肇始于 1902 年的三江师范学堂，是中华民国时期中国最高学府，1949 年 8 月 8 日，更名为“国立南京大学”，翌年更名“南京大学”。
5. 公和洋行（Palmer & Turner Group，P&T），1868 年成立，为英资建筑与工程事务所。在中国的主要作品包括上海汇丰银行大楼、南京东南大学大礼堂、香港渣打银行大厦等。
6. 杨廷宝（1901 – 1982），中国建筑学家、建筑教育学家，中国近现代建筑设计开拓者之一。代表作品有清华大学系列建筑、北京交通银行（旧址）、天津基泰大厦、南京中山陵音乐台等。
7. “折衷主义”建筑，指的是现代和古典融合式的建筑。
8. 圣约翰大学，由美国圣公会创建于 1879 年，原名圣约翰书院。1950 年 12 月，与美国圣公会脱离关系，改由国人自办，政府予以补助。1952 年，圣约翰大学停办，各院系被拆散，并入上海多所高校。
9. 辽代建筑是 10 世纪至 12 世纪，在我国北方地区形成的建筑样式。其承袭唐代建筑传统，建筑样式较真实地反映出结构和材料原理，造型雄浑朴实。

## 金陵女子大学

金陵女子大学建筑为美国建筑师亨利 · 墨菲[10]提出的“适应性建筑”[11]，同属“折衷主义”建筑风格。亨利 · 墨菲在中国的多所教会大学校舍项目中，都采用了这样的设计理念。比如在金陵女子大学校园建筑中出现了以混凝土模仿中国传统斗栱的设计元素；而在燕京大学校舍建筑中，则出现了使用歇山顶[12]的办公楼与图书馆，以及使用重檐四角攒尖顶[13]的南北阁这类“中西混搭”的建筑。

1927 年，南京国民政府成立后，倡导“国粹复兴”，后又有日本侵华，使得全国上下民族主义情绪高涨。隔年，中华民国国民政府成立“首都建设委员会”，由孙科[14]负责，着手国都规划建设，下设“国都设计技术专员办事处”。并聘请墨菲、古力冶[15]等外国专家为建筑顾问，负责主要规划工作。刚留美归来的青年建筑师吕彦直[16]亦参与其中。

1929 年末，《首都计划》正式公布，其内容涉及城市区域划分、建筑形式选择、道路系统规划以及实施管理方案等，每个专项分析都以欧美先进国家为参照标准。在《首都计划》中，特别设有“建筑形式之选择”章节，提出“要以采用中国固有之形式为最宜”及“本诸欧美科学之原则，吾国美术之优点”的指导方针，《首都计划》在宏观上采用欧美规划模式，微观上采用中国传统形式，掀起了中国建筑师探索“中国固有式”建筑的风潮。

伴随着 19 世纪末第二次工业革命的开始，新的技术应运而生，欧洲兴起了新建筑运动，诞生了“现代主义”风格建筑。这类建筑经济实用又美观，空间上更为符合现代建筑的功能需求，所以迅速在世界范围内流行起来。留洋归来的中国建筑师，带回了这样的新设计思潮，并在对中国古典建筑有所研究的基础上，寻求建筑的新功能、新技术与民族风格的和谐统一，以解决传统建筑造价高昂、费时费工、格局呆板以及与新的空间需求之间的矛盾。

10. 亨利·吉拉姆 · 墨菲（Henry Killam Murphy，1877 — 1954），美国建筑设计师，设计了雅礼大学、清华大学、福建协和大学、金陵女子大学和燕京大学等多所重要大学的校园，并主持了中华民国国民政府关于南京的“首都计划”工作。
11. 由亨利·墨菲提出的建筑理念，意在将中国传统建筑形式与西方建筑风格相糅合。
12. 歇山顶，中国古建筑屋顶样式之一。它有九条屋脊，也即一条正脊、四条垂脊和四条戗脊。由于其正脊两端到屋檐处中间“折断”了一次，分为垂脊和戗脊，好像“歇”了一歇，故名歇山顶。
13. 攒尖顶，中国古建筑屋顶样式之一。其特点是屋顶为锥形，没有正脊，顶部集中于一点。有单檐、重檐之分，按形状又可分为角式攒尖和圆形攒尖，如天坛祈年殿即为圆形攒尖。
14. 孙科（1891 — 1973），孙中山长子。曾任“中华民国”考试院、行政院、立法院院长。
15. 古力治（Ernest P. Goodrich，1874 — 1955），美国著名城市规划专家、工程师。
16. 吕彦直（1894 — 1929），中国著名建筑师。代表作品有南京中山陵、广州中山纪念堂及中山纪念碑等。

《首都计划》中的首都商业区以新街口为圆点，划出一个椭圆形区域，并采用了 20 世纪初巴黎总建筑师艾纳尔·赫纳德设计的环岛式交叉路口。这里至今仍是南京最繁华的商圈，设计图中的一些建筑如今仍然矗立。规划书中称，建成后，不仅能够促进南京的商业繁华，而且明故宫火车站“将会与纽约中部铁路的总客站，具有同一效力”。

### 南京中山陵

由吕彦直设计的南京中山陵，即为其中的集大成者。他“简朴典雅”的设计，在海内外众多应征方案中脱颖而出。中山陵的陵门、台阶、陵堂、碑亭、墓室表面，连同屋面、斗拱、牌匾、梁柱等，均采用钢筋混凝土材料建造而成，陵门和祭堂上则用紫铜仿造隔扇门。整座中山陵依山而建，墓道和石阶将其他建筑错落有致地串联在了同一条轴线上，给人一种庄严肃穆、气度非凡之感。同时，宽阔的广场、墓道以及台阶设计，极大程度上体现了公众性和开放性，强调了陵墓的外在功能。

广州的中山纪念堂，既延续吕彦直的一贯思想主张，传承了中国的传统建筑风格——层层飞檐、琉璃瓦、八角攒尖顶，同时，还借鉴了西方先进建筑力学原理，比如将内堂的八根柱子隐藏于墙壁间，而非矗立在大堂中，不仅使大堂的视野更加开阔，便于空气对流，也为大型集会提供了更宽广的场地。尤为值得一提的是它的排水系统。它的排水管被藏于柱子中，屋面天沟中积蓄的雨水被排下后，可快速汇入大堂四周平台下密布的地下排水系统，这种隐秘而有组织的排水泄水方式，充分彰显了美观与功能并重的特点。

南京城北下关，沿江一带，码头林立，因为交通便捷，这里成为当时最繁华的商圈之一。《首都计划》中，以下关码头为依托，把美国各大内河港作为样板，试图将南京建成国际贸易港口。

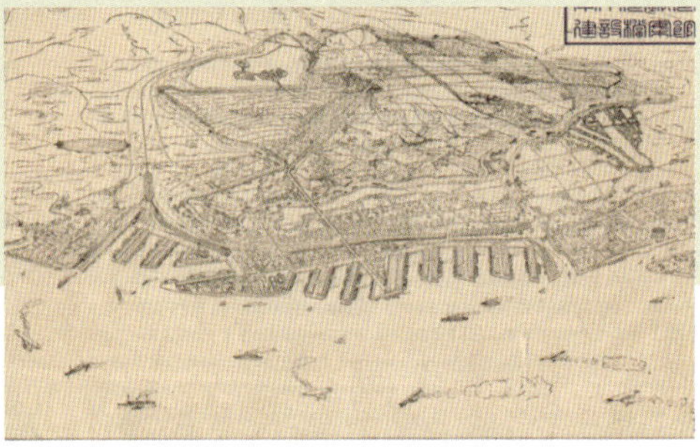

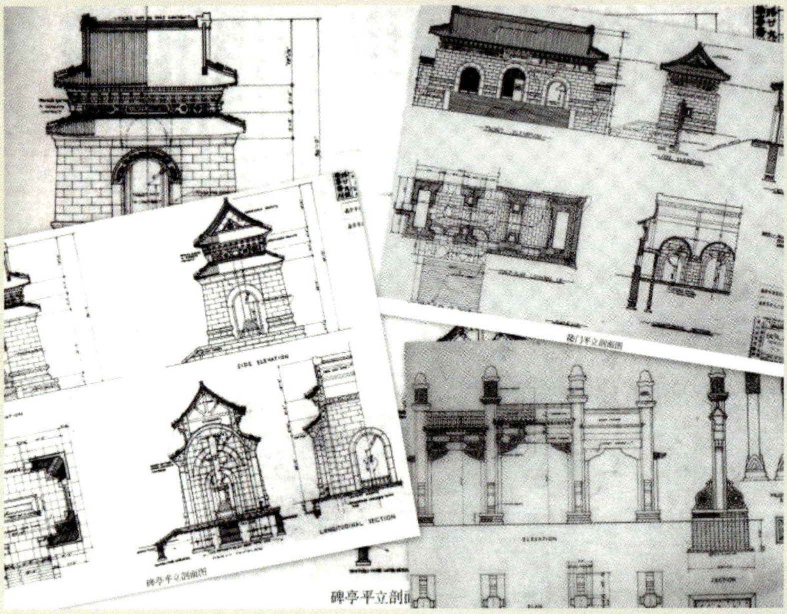


吕彦直中山陵设计图

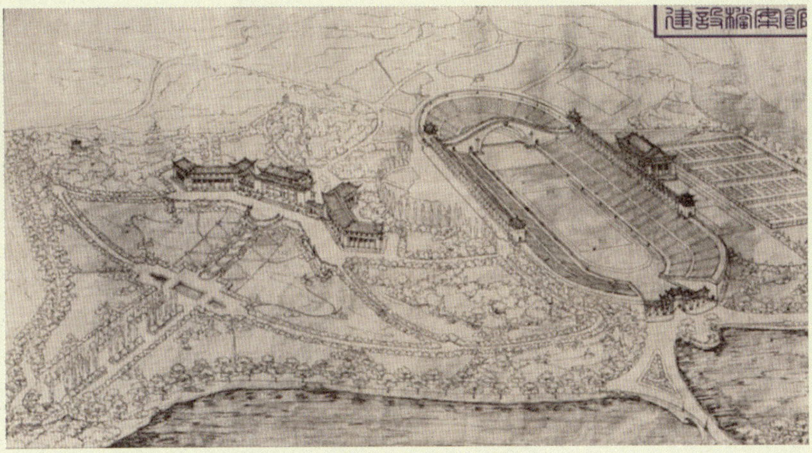

《首都计划》从当时国情的出发，按学校性质、学校的等级以及国民教育水准、经济能力，结合美国等国家学校设置情况，制定了南京学校建设规划，文教区的规划位于今天五台山一带。

## 南京音乐台

随着时代的发展，中国的“现代主义”风格建筑，逐渐摆脱了过去繁复建筑式样的束缚，它采用简洁的立面造型、抽象的几何形体、平直的线条组合，取代了古典的线脚、柱式和拱券，使布局更加服从功能需要，并且更为重视空间的合理性。杨廷宝设计的南京音乐台就极富创新性，它利用天然坡地设计出半圆形向心倾斜的草坪观众席，而且不设座位，让观众席地而坐；圆心处建舞台与弧形照壁，顶部饰有云纹图案和石雕龙头；观众席外圈是钢筋混凝土花架、坐凳。整体格局源自西方建筑的几何形体结构，细节处理精致优雅，取法于中国传统建筑形制。

在民国时期建筑设计风潮中，还涌现了部分使用“装饰艺术”[17]风格的建筑。这种风格是从“复古主义”向“现代主义”转变过程中的一种过渡形式，它既强调现代与革新及机器生产的结合，乂保留有许多传统元素。风格自由、活泼，是对现代艺术精髓的提炼。上海国际饭店、百老汇大厦和大光明电影院，这类代表着“摩登”的建筑，都充满了“装饰艺术”的味道。

而在“折衷主义”建筑发展期间，也出现了“后现代主义”[18]建筑设计元素的端倪。由建筑师梁思成与林徽因主持设计改建的北京仁立地毯公司铺面，将中国传统建筑的一斗三升与人字栱简化后，置于大面积玻璃橱窗之上，使传统建筑的气韵与现代建筑有效融合，呈现出民族化的橱窗设计，堪称中国“后现代主义”建筑的先声。

《首都计划》在规划铁路交通时，考虑了总客站、火车渡轮、过江隧道的设计。首都的火车总站，即明故宫火车总站，位于明故宫与富贵山之间，这里是当时规划的新市中心。在实施过程中，明故宫一带因交通便捷，国民政府的各大机关纷纷选择在此建立办公地点，商业区的一半变为了中央政治区。

17.“装饰艺术”是一种重装饰的艺术风格，在 1920 年左右成为欧洲主要的艺术风格。其设计面向的对象是富裕的上层阶级，所采用的是精致、稀有、贵重的材料，尤其强调装饰别致优雅

18. 后现代主义建筑，在现代主义的基础上，增加了对于建筑与环境、人文景观、美学等的多重考量

1947 年 6 月，在商业中心区通往外滩公共市场的路上出现的汽车。

24

# The Mode of Transportation in the Republic of China

# 行：传统与现代并存的民国交通

文：霜迟　编：陆沉
text: Shuang Chi　edit: Yuki

近代中国被经历了两次工业革命的西方远远抛下，“天朝上国”式的自信也在西方列强的坚船利炮之下被击得粉碎。虽然打开国门是被迫的，但这样的做法也让原来“南方舟楫，北方马车”[1]的出行方式发生了很大的改变。不少有识之士开始主动学习西方文化，自行车、汽车等一些当时先进的交通工具也被引入国内，使得当时的中国的交通工具异常多样。

1. 刘志琴著《近代中国社会文化变迁录》。

古代的二人抬轿子和轿夫。

妇孺盘腿坐驴车。

鸦片战争以前，中国的主要交通工具的动力都来自人力、畜力这些自然力。比如我们所熟知的轿子，便靠的是人力，不过，在古代，轿子并不是所有人都能随便坐的，它有着严格的等级划分。先从抬轿子的人数来说，最普通的是由一前一后两个人来抬，最显赫的莫过于民间说的所谓“八抬大轿”。

清代曾规定过不同身份的人乘坐轿子的规制。对普通人来说，出行时二人抬轿足矣，而且轿子必须是平顶、皂色。各省藩司、臬司以下，司道府县、教职人员及三品以上京官才可以乘坐四人抬大轿。八抬大轿的要求更严，必须是外官督抚、学政大员等，并会饰以绿呢轿幔，以便平民百姓看到后避让。

除了人力轿子，靠牲畜拉行的轿车在古时候也很盛行。这种轿车一般为两轮，并且需要车夫来驾车。不过，轿车也同样存在着等级划分。清代的规定是“庶民车，黑油、齐头、平顶、皂幔”[2]，且不能做雕饰。

而在民间，普通人出行多会选择坐独轮车或者骑驴。不管是坐轿、乘轿车，还是骑驴、坐独轮车等，都存在着空间窄小、行进缓慢、载客能力有限等制约条件，这也使得它们在现代交通工具面前，显得较为落后。

近代以来，开埠通商，中国的交通运输方式终于有了大的发展。在很长一段时间里，都是传统与现代并行。传统的交通方式如轿子、独轮车仍旧使用广泛，有记载说：“上海初辟租界时，仅有江北人所推独轮羊角车，……亦曰小车者。”[3]到 1874 年，上海租界里已有小车 3000 辆。[4]

1855 年前后，上海出现了西式马车。与上文说的中式传统马车不同，西式马车采用的是先进的制动装置，前端靠马拉动，后面是座式车厢，有两轮和四轮之分。不过坐这样的西式马车价格比较昂贵，只有有钱人和纨绔子弟才有资本坐着它招摇过市，所以并不是平民百姓的首选。到了 19 世纪 60 年代时，天津、汉口等地也引入了西式马车，并且乘客中出现了一些四处走动联络的商人。他们觉得轿子限制太多、速度太慢，自身又有能力支付马车的费用，所以成了西式马车上的“常客”。“马车飞行，迅如疾电，车铃一响，已到眼前。每见撞倒行人，不顾径去，街市过客，早宜留心”形容的就是进入 20 世纪之后北京城的马车繁荣情形。

除了马车，在天津、上海等通商城市里还兴起了人力车。人力车是一种双轮小车，乘坐时乘客在后，车夫在前，靠车夫拉动而行。《申报》1874 年 7 月 24 日报道：“东洋来之顺利小车，沪上依式置造者已多，租界共约有一千有零。”

1882 年后天津又产生了一个利于人力车发展的条件——官员将城内通往租界的道路改造成了石砂马路，时称“官道”。张焘的《津门杂记》上就记录说：“自官道工竣，人庆康庄，赶驴脚者及拉东洋车者，尤称利便。两项约以数百计，尚陆续增添，有加无已。”[5]可见，天津人力车引入以后，由于广受市民欢迎而快速发展起来，数量迅速增多。据统计，到 1906 年，天津的人力车已有 6700 多辆。[6]

西式马车、人力车都需要车夫，乘坐的人只需要坐好，不需要再做其他动作。但是有一种交通工具是需要乘客自

清末民初，同时行驶在景山前街的汽车和骡车。

民国年间，停在珠市口西大街天寿堂饭庄前歇脚的西式马车。图中，可见人力车和有轨电车轨道。

1935 年的上海外滩，画面右边为人力车夫。

己发力的，无须车夫帮助，那便是自行车。自行车作为一种西洋舶来器物也对中国社会产生了广泛而深刻的影响。

在 20 世纪 70 年代的中国，人们结婚时的“三大件”指的就是自行车、缝纫机和手表；一提到七八十年代，很多人的脑子里还会浮现出大家集体骑自行车上下班的景象。殊不知，虽然当时中国已是“自行车王国”，但在 19 世纪 60 年代之前，自行车对中国人还是真真正正的“闻所未闻”之物。“街衢游人，有只用两轮，贯以短轴，人坐轴上，足踏机关，轮自转以当车。又有只轮贯轴，两足跨轴端，踏动其机，驰行疾于奔马”[7] 描述的就是 1866 年受总理衙门派遣的内务府斌椿及其子广英、同文馆学生凤仪等仆从六人前往西方诸国访问时看到的情景，他们可以算是接触西方自行车的第一批中国人。

1871 年，在容闳的多方联络和推动下，曾国藩、李鸿章联名上书奏请朝廷“选派颖秀青年，送之出洋留学，以为国家储备人才”，得到批准。这批出国留学的青年也是最早接触到西方自行车的有识之士。1884 年，《申江胜景图》首次记载了国人骑自行车的情景：“人如踏动天平，亦系前后轮，转动如飞，人可省里走路。不独一人见之，相见者多矣。”

1939 年牛津大学出版社出版了曾在耶鲁大学任教的菲尔普斯教授的自传，书中专门辟有《中国同学》一章，回忆他与吴仰曾等中国留美幼童的往事。这一章里面就记录有关于自行车的有趣内容：“当自行车刚刚出现的时候，学校第一个买它的是曾（吴仰曾），我现在仿佛还可以看到，他骑着这奇怪的家伙在艰难的山路上走。”[8]

除了“引入说”之外，还有一种说法认为，自行车是

福特汽车广告牌。

做东洋车。

2. 出自《清史稿》。
3. 胡祥翰著《上海小志》。
4. 周武、吴桂龙著《晚清社会》。
5. 张焘著《津门杂记》。
6. 尚克强、刘海岩主编《天津租界社会研究》。
7. 斌椿著《乘槎笔记》（钟叔河点校本）。
8. 钱钢、胡劲草著《留美幼童：中国最早的官派留学生》。

由中国人发明的。支持这一观点的是黄履庄[9]与他发明的双轮小车。据《黄履庄小传》记载，黄履庄曾“作双轮小车一辆，长三尺许，约可坐一人，不烦推挽能自行。行住，以手挽轴旁曲拐，则复行如初。随住随挽，日足行八十里”。

且不论自行车究竟是哪国发明的，单从这些记录中我们便可以看到近代工业革命时期，人们的不断探索精神，以及对交通工具的不断革新。

以上说的这些都是仅可容纳 1 至 2 人的带有“私人”性质的交通工具，动力也多是自然力。随着国门打开，更为高级的“机动车”也随之传入中国，比如汽车。除此之外，电车、火车等载客量较大的公共交通工具也被引入中国并开始发挥出越来越重要的作用。

由内燃发动机驱动的汽车在我国最先出现的地方是上海，时间大约为 1902 年。汽车有不少优点，比如乘坐舒适、短途运输快捷等，但是也有一个让人无法忽略的缺点——售价昂贵。一般只有富贵人家才有能力购置一辆汽车作为私人座驾，手头拮据的平民百姓连坐的机会都没有。

对大城市里的平民来说，出行一般会选择乘坐电车。电车的载客量大、速度快、价钱也比汽车低廉，这些优势也让它变成了更为大众化的交通工具。

不过，在中国，第一个拥有电车的城市并不是我们首先会想到的北京或上海，而是天津。1904 年，天津和比利时签订了《天津电车电灯公司合同》，由比利时商人梅雅德承办天津有轨电车公司。1906 年 2 月 16 日，天津第一条有轨电车举行通车典礼。刘海岩在《电车、公共交通与近代天津城市发展》一文中记录了当时的情形：“观众人山人海，孩子们乘不起车，就跟着电车跑，电车靠站后，他们手攀电车，上上下下，十分好奇。”继天津之后，上海也拥有了城市电车系统。1907 年英商上海电车公司成立。1908 年 3 月 5 日由英商经营的上海第一条有轨电车线路从静安寺至上海总汇（今广东路外滩）正式通车。

电车在中国看起来发展顺利，不过，在最开始时，也遇到了不少阻碍。比如上海电车刚通车时，人们纷传电车带电，乘坐时会触电，有生命危险，所以第一天只有 24 个乘客“冒死”做了尝试。为了招揽顾客，电车公司想了一系列吸引人的手段，比如妇女只需要花三等座的票价就可以坐头等座。两年后，情况终于有所好转，电车以其准时、舒适、价廉的特点在中国站稳了脚跟。

以上这些交通工具，大家如果仔细观察的话很容易发现一个共同特点——适合短途乘坐。如果是北方商人想去南方购买茶叶，或者是南方皮料行想到北方进货，此时又该怎么办呢？这就不得不提另外两种适用于长途运输的交通工具了——轮船与火车。

中国因鸦片战争被迫开口通商以后，西洋轮船就开始在上海、武汉这些通商口岸运送货物，同时也搭载中外各国客商，来来往往畅通无阻。1898 年 8 月 4 日的《申报》中有一篇报道便曾提到内地通行的小轮船价格便宜行驶迅速，缙绅商人和其他各行各业都愿意乘船出行的情况。[10] 20 世纪中国国内掀起了兴办实业的高潮，轮船企业也包括在内。据统计，从 1901 年至 1911 年的 10 年间，中国先后创办了 500 多个小轮船企业，拥有小轮船 900 多艘，比 1900 年增长近 2 倍，民国初年便已拥有覆盖全国的轮船航运网。

随着航运网络的铺开，中国旅游业也有了蓬勃的发展。1933 年浙江省提出的《发展浙江省旅游事业计划》中有这样的描述：“杭州擅湖山之胜，风景清幽，游人如织，比年以来，因轮轨衔接，交通益便，每岁旅客约四十万人，输入之现金约四百余万元。”这就说明，浙江杭州以及周边地区秀美的风景因为轮船运输业的发展而被更多人所欣赏熟知。

说起旅游，现代人大部分会选择火车作为出行方式，而火车也是近代才兴起并发展起来的。中国出现的第一条正式运营铁路并不是我们普遍认为的唐胥铁路，而是吴淞铁路。19 世纪 80 年代，上海英商在我国修筑了一条自上海租界到吴淞口的铁路，全长近 15 公里。1876 年，吴淞铁路在修筑完成上海至江湾段后正式开始运营。不过因为这条铁路修筑之前并没有获得上海地方官的批准，后期又发生了轧死行人等纠纷事件，清政府于是在一年后出资赎回并拆除。

我们所熟悉的唐胥铁路是 1881 年由北洋重臣李鸿章主持建成的，只负责为开平矿务局运送煤炭，全长 9.7 公里。之后唐胥铁路展修至大沽，又至天津，1897 年天津至北京铁路建成。1895 年后的十几年间，中外官商陆续修建了多条铁路，我国出现了第一次铁路建设高潮。据统计，1911 年全国已有铁路近万公里。从 1912 年至 1937 年，我国又

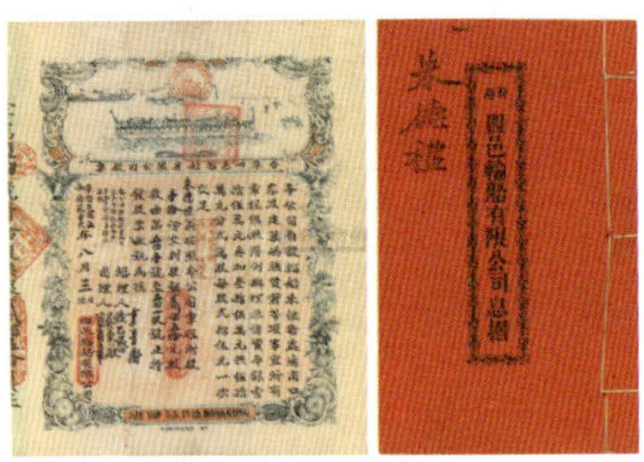

民国五年（1916）香港四邑轮船有限公司发行的股票。

古老的帆船。（艾伦·拉森 摄）

装卸工人在码头卸下一辆火车头，这台机车由联合国善后救济总署提供。

当当车。有轨电车在战时及战后的许多年里一直都行驶在南京东路上，其模样同美国、欧洲及印度的一些城市里的电车一样。街边那张巨型广告画，上面分别是中国、苏联、英国和美国的旗帜，以及“庆祝抗战胜利，庆祝世界和平”的标语。（艾伦·拉森 摄）

兴起第二次铁路建设高潮，铁路线路又有了较大拓展，到1937年时，全国铁路线总长已达2.1万公里。同时，随着粤汉铁路与广九铁路联运，陇海路向西延伸至宝鸡，形成了两条贯通东西、南北的铁路大动脉，与水路轮船航运共同构成了覆盖全国的机械化交通运输网。[11]

当时的火车票价也不贵，《申报》上刊登的《火轮车路告白》中标示的火车票价为：上座收洋半元，中座收洋二角五分，下座收制钱 一百二十文。这一价格比当时上海流行的马车车资还要便宜很多。

于是，拥有长途大量载客能力、速度快捷、价格优惠的火车迅速带动了铁路观光、科研等大量出行活动。比如平绥铁路建成之后，平绥铁路局就曾邀请冰心、郑振铎等人乘车游览平绥沿线风光。他们一行人到达大同云冈石窟之后被这里艺术杰作所震撼，冰心深情地写道：“万亿化身，罗刻满山，鬼斧神工，骇人心目。一如来，一世界，一翼，一蹄，一花，一叶，各具精严，写不胜写，画不胜画。后顾方作无限之留恋，前瞻又引起无量之企求，目不能注，足不能停，如偷儿骤入宝库，神魂丧失，莫知所携，事后追忆亦如梦入天宫，醒后，心自知而口不能道，此时方知文字之无用了。”[12]

李大钊在描述自家门前通街的时候写道：“骡车、马车、人力车、自转车、汽车等，把本世纪的东西同十五世纪以前的汇在一处。轮蹄轧轧，汽笛呜呜，车声马声，人力车夫互相唾骂声，纷纭错综，复杂万状……”[13] 正是由于清末以后汽车、电车、轮船、火车等交通工具的发展，才使各地之间及城市之内人们的流动变得更为便利。流动量的急剧增加也使得这一时期各地城市化速度加快，由此形成了这一时期工商业的发展繁荣，以及各种公共娱乐、公共社会活动兴旺发展的高潮。

南京路，黄包车在穿着制服的警察注视下穿越马路。1945年，除了电车和军用车辆以外，其他车辆是不允许在南京东路上行驶的（只允横穿）。（艾伦·拉森 摄）

1881年6月，李鸿章乘车视察正在修建的中国首条自办铁路——唐胥铁路。

9. 黄履庄，江苏人，生于顺治十三年（1656），生平事迹见于文献记载者不多，仅有其姑表兄弟戴榕所撰《黄履庄小传》一文，载于张潮编辑《虞初新志》之中。
10.《申报》原文：“内地通行小轮船，取费既廉，行驶亦捷，绅商士庶皆乐出于其途。沪上为南北要冲，商贾骈阗，尤为他处之冠。”
11. 何一民主编《 近代中国城市发展与社会变迁 （1840 — 1949 年 ）》。
12. 出自《冰心散文选》。
13. 出自《李大钊全集》。

25

## An Interview with the Old Jazz Band in Peace Hotel: The Past and Present of Shanghai Jazz Music

## 采访上海和平饭店老年爵士乐团：上海老爵士的前世与今生

采：吴沁恬　编：陆沉
interview: Wu Qintian　edit: Yuki

上海老年爵士乐团

## Profile

### 肖雪强

上海和平饭店老年爵士乐团经理兼次中音萨克斯手。上海和平饭店老年爵士乐团成立于1980年，活跃于有“远东第一楼”之称的上海标志性建筑——和平饭店内。乐团最初由风靡于20世纪40年代百乐门舞厅、第一支由中国人组建的爵士乐队——杰米·金乐队的成员周万荣组建并担任队长，以演绎三四十年代的爵士名曲为主，可以说是20世纪玫瑰色的爵士时代浪潮中保留至今的一颗明珠。英国女王伊丽莎白二世，法国前总统密特朗，美国前总统克林顿、卡特、里根，法国前总理若斯潘等众多国家元首、政府首脑们都曾到访聆听过他们的演奏。乐团还多次应邀出访美国、日本、新加坡等多个国家，并深受赞誉。1996年，老年爵士酒吧被美国《新闻周刊》评为世界最佳酒吧之一。

如今，平均年龄已82岁的六位乐手们在经理兼次中音萨克斯手肖雪强的带领下，继续演绎着带有海派风味的经典老歌曲，传递出旧时代对美与浪漫的追求。与此同时，乐团也在进行现代化革新，不仅同张杰合作演出了《我要你》，还受邀出席了多个综艺节目，获得了一大批年轻观众的喜爱。

经世界吉尼斯总部认证，和平饭店的老年爵士乐团是目前世界上年纪最大、演出时间最长的乐团。它某种意义上也记述了爵士乐在中国的发展历程，是东方文化与西方文化正面碰撞交融的一次印证。

**知中：肖老师，作为上海和平饭店老年爵士乐团的经理兼次中音萨克斯手，必然与爵士乐有着不解之缘。请问您是怎么理解爵士乐的？又是怎么开始接触并喜欢上爵士乐的呢？**

肖雪强：关于爵士乐，按照我自己的理解，这是一种“自由”的音乐。除此之外，它还是奔放的，有时候甚至是按着自己独特的规律在演奏。所以这种音乐能给人以想象空间，让人感到十分愉悦。

我是20世纪50年代出生的上海人，因为家庭原因，在十来岁的时候就已经对西方的古典音乐很熟悉了。这些古典音乐对我以后的音乐生涯起了很大的作用。虽然那时候还小，但是已经能够感受到这些音乐所反映的情感以及它们所体现的那种直白的浪漫。

到了改革开放，也就是80年代以后，我开始接触爵士乐。它里面所蕴含的那种自由、它的重音以及随意性的变化让我产生了很大的兴趣，所以在90年代末，我加入了上海和平饭店老年爵士乐团，并参与了其中的很多工作，这也让我对爵士乐更加痴迷，尤其是我们老上海的这种爵士乐。

**知中：老上海的爵士乐的确很有自己的独特味道。爵士乐虽然诞生于美国新奥尔良，但老上海爵士在演奏形式及演奏风格上其实跟美国本土爵士乐有着很大不同。关于它们之间的异同，以及传入上海的爵士乐又在各个舞厅内进行过哪些本土化的改造或发展？能细谈一下吗？**

肖雪强：这个问题太广泛了，我不能代表整个老上海的爵士乐来下定义，只能站在我们上海和平饭店老年爵士乐团的立场上来谈一谈。

这种爵士乐是在20世纪流入上海的，时间大概是在三四十年代，并开始在全国传播。上海和平饭店老年爵士乐队严格来说也是在西方的爵士乐传到上海以后才出现的，当时，大家都对这种新型音乐很感兴趣。

要搞这种音乐，首先要对它的乐器有所了解。所以第一批接触到西方爵士乐的中国乐手们就开始玩西方的小号、萨克斯等乐器。当时影响力比较大的是杰米·金乐队，当然除了杰米·金之外，也还有许多其他舞厅的乐队。那时候，各舞厅的乐队之间是流动的。

如今回头来看，我觉得最重要的是，我们本土的音乐，也就是由我们的前辈在当时的特定历史环境下创作的一些老上海音乐，才让我们真正进入了自己的爵士乐时代。——音乐是自己的，演奏也是自己的。

这里面有很多代表性的音乐。当时为电影谱写的一些主题乐以及为当时的某些现象或生活状态——歌舞升平、十里洋场等——所谱写的音乐，像《夜上海》《玫瑰玫瑰我爱你》等，都已成为经典。这些音乐都是我们自己创作的，曲风也是我们本土的。

可以说，这些是我们中国的音乐，更具体点应该说是我们上海的音乐，或者说是江南的音乐。比如《夜来香》，它的曲调一听就是属于江南的。这些乐曲既简单，又明朗、轻松。不过，这些乐曲的演奏风格、使用的乐器跟我们传统的民族乐曲不太一样，用的是国外的。它的演奏技巧，以及对每一小节的音乐的处理技术，也都用的是国外的方式。用国外的乐器来演奏我们本土曲风的音乐，这样就形成了我们上海本土的爵士乐。

而这种风格之所以能够到今天还在广泛流传，说明大家还是很喜欢它的。它好像是在讲一个故事，每个人都能够理解它；同时它又是轻松的，是有爵士风味的。有很多国外听众慕名来听我们的音乐，但是听了之后又往往会感到很失望。为什么呢？因为我们的爵士乐跟西方的很不同，它既不热烈，也不奔放。这些我们自己创作的、由我们自己的老先生们演奏的爵士音乐，我们给它了一个名字，叫“软爵士”。这种“软”，不仅体现在音乐形式上，还体现在它的演奏者身上。第一，我们的乐手都是白发苍苍的老人，他们都有着20世纪老上海音乐演奏者的气质；第二，演奏时大家都是很端正地坐着的，很绅士，无论是发型、服装、形象，都一丝不苟，这也是我们的爵士乐跟国外的不同的地方。所以说，用“软爵士”来形容我们的爵士乐还是比较贴切的。

**知中：我们知道上海作为中国爵士乐的代表地，近几年诞生了很多现代风格的爵士乐。它们多数采用现代电子乐器配合完成。作为一个老爵士乐人，您是怎么看待这些现代爵士乐的呢？您觉得上海的老爵士乐和当今的爵士乐在审美内涵上有什么差别？**

肖雪强：老实说，这些现代的爵士乐我接触得并不多。在我看来，这些现代的爵士乐是有老爵士乐的风格和内容的，但是还没有流行起来。这跟大家一提到上海爵士乐就会想到“老上海爵士乐”不同，流行不起来，也就意味着它生命力的延伸还比较有限。

现在有很多年轻人玩电声，其中也有改编老爵士乐的，并且还挺流行的。不过，电声毕竟是现代产物，演奏这些传统音乐，醇厚度要欠缺一些，还很难完全表达出它们的原有意境。电声确实会给人一种新的感觉，但是如果将它作为一种新的表现形式来彻底替换掉传统的，我觉得是不可取的。事实上，我们完全可以在原有的表现形式的基础上，加入一些这样的现代元素，这也不失为一种好办法。

和平饭店

和平饭店

就像阿姆斯特朗，他沙哑的嗓音很独特，如果换一个人来演唱他的歌曲，肯定就会是另外一种感觉了。再比如说贝多芬的大型交响乐曲《第五交响曲》，无论是欧美的老牌乐团还是我们自己的乐团，演奏时都很少会用电声，呈现的都是几百年前的音乐风貌。如果加入电声等新的音乐元素，虽然它也能把这种激昂、强劲的情感表现出来，但感觉肯定是不一样的。

我们的这种老爵士乐，其实在大家的心目中已经形成固定的印象了，如果突然换一种方式来表现，味道就变了。就像喝咖啡，我们这一代人一般会说“品”而不会说“喝”。我们会说“喝茶”“喝水”，但我们不会说“喝咖啡”。现在流行的那些欧美快捷咖啡店，消费群体一般都是年轻人，这跟我们的认知完全不一样。因为这真的是在“喝”，而不是“品”。这不仅仅是指它们的“量”，也同样是指它们的“质”。从量上来讲，我们不会一次性喝这么多的咖啡，量一多，口味肯定会不一样；从质上来讲，我们以前喝的咖啡都是采用传统工艺煮的，不像这些快捷咖啡店是用咖啡机做的。采用传统工艺煮咖啡，无论是火候、水分还是量等等，都需要严格把控，很讲究。不过，年轻人却很喜欢现代的这种咖啡机咖啡。这跟爵士音乐一样，如果完全用电声来做老爵士乐，感觉也会完全不一样。像我们乐队，始终都保持着几十年前的配置，而不会去用那些电子东西，我们甚至连话筒都不用，可以称得上是“原汁原味”了，这就跟原汁原味的咖啡一样。

**知中：那对中国爵士乐的后续发展，您是怎么看待的？**

肖雪强：我是这么想的，中国的爵士乐，还是要不断地推陈出新。不过在推陈出新的同时，那些传统的经典的东西也应该以一个流派的形式传承、保存下来。前几年出现了一个新名词，叫“新民乐”。

新民乐在演奏中加入了电声，并且它的演奏形式也变

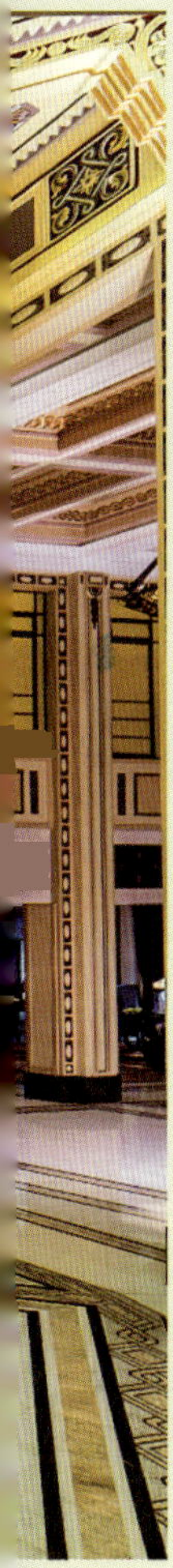

了，演奏者不再是一味地坐着，而是非常具有青春活力。这其中的代表就是我们所熟知的“女子十二乐坊”，她们采用西洋的乐器来演奏我们民族的乐曲，洋为中用，将现代乐器跟传统乐器完美组合，受到了人们的广泛喜爱。我们的爵士乐也是一样，我希望新的爵士能够流行起来，并且成为经典。但是我们的老爵士乐，作为一种流派也好，怀旧也好，也同样需要传承、保存下来。

**知中：相比中国传统音乐，爵士乐这种外来的“西洋音乐”想必在传入之初是很难被大家完全接受的。那么你们的乐团是如何发展并成功的呢？**

肖雪强：这其实跟时代背景有关。改革开放以后，百花齐放，百家争鸣，那些老规矩老传统都被打破了，原先被冷落的很多事物再次进入人们的视野，这其中就包括三四十年代的老上海音乐。不过，当时的受众还比较有限，很大一部分都是老人，特别是那些老华侨，他们都经历过那个年代，一些人甚至在当时还参与过演奏，已经很久没有听到这种音乐了，所以这时候再听到，就觉得特别怀念。经过一段时间的坚持，乐团影响力慢慢扩大，熟悉的人才渐渐多了起来，一些听众还会模仿我们演奏。现在，随着时代发展，也出现了很多新事物，比如广场舞，而随着爱好跳舞的人增多，自然也会带动这些为跳舞服务的音乐兴旺起来。

至于和平饭店，很多人喜欢这里，我想很大一部分原因在于，这里的环境能够更为真实地体现出原来的那种旧上海的繁华、风情等等。就是这么简单。

**知中：我们知道和平饭店的老年爵士乐团在国内外都负有盛名，乐团最受欢迎的曲目是什么呢？乐团从原来的第一代到现在的第二代进行过哪些传承和创新呢？**

肖雪强：乐团的第一代老先生们完全是还原三四十年代老上海的那些欧美音乐。到现在，也就是第二代老年爵士乐团，除了保留原来的那些经典曲目外，也进行了发展和创新。具体表现在，对于老曲目，我们保留了观众很喜欢听的《夜来香》以及电影《教父》的主题曲《温柔的倾诉》。《夜来香》相信大家都很熟悉了，不再赘述；《温柔的倾诉》则反映了人情、博爱、自由、善良等等，虽然这两首乐曲的风格完全不同，但是观众都特别喜欢。

这是保留下来的曲目。至于创新方面，首先是对形式的创新。比如在中秋节的时候，我们演奏了《明月千里来相会》作为开场音乐。现在，在我国的传统节假日以及一些西方节假日里，我们都会选取一些具有代表性的曲目来演奏。其次，因为我们的客人以年长的居多，所以在吸引年轻人方面我们也做了一些新的尝试。比如 2017 年年初，我们受邀到湖南卫视《我是歌手》节目跟张杰合作了电影《驴得水》的主题音乐《我要你》，节目播出以后，获得了广大年轻朋友们的喜欢。所以在传承和创新问题上，我们也一直都在努力。

**知中：那么您觉得上海和平饭店老年爵士乐团存在至今的意义是什么？大家到如今还乐意听这样的爵士乐的原因又是什么呢？**

肖雪强：音乐的内涵需要每个人自己理解。当然，在理解时，可能会有共同点，但是，从深度上讲每个人其实都是不一样的。

我自己也一直在思考，我们爵士乐团存在至今的意义是什么。

我们的乐团以演奏老上海音乐为主，这表示我们中国人在 20 世纪 30 年代已经会玩爵士，西洋的乐器并不能难倒我们，甚至我们还做出了自己的、本土的爵士，所以这一块是不应该被抹除的。除此之外呢，还有一个意义，即音乐本身能够鼓舞人，能够给予人一种新的启示和力量，并传达出一种文字难以表达的意境，无论是哪一种音乐都是如此。

我们的乐团除了想传达对老上海的怀旧情感以外，还想把老年人的精神文明——那种乐观向上、不服老、平和的心态，传播给所有的同龄人。在精神领域要做的事有很多。我想通过我们在舞台上的演出和知名度，树立新的老人形象，丰富一下我们老年人的生活，更重要的是在精神上起到表率作用。

26

# Chinese Words Formed by Japanese and Chinese Words Formed by Chinese

## 和制汉语和华制汉语

文：金阁寺　编：陆沉
text: Jin Gesi　edit: Yuki

中日交流在东汉时就已有历史记载，其中以隋唐时交流最为频繁。在很长一段时间里，两国间的交流都是以单向为主，中国是文化输出国，日本是学习中国“先进文化”的输入国。这种状态一直持续到日本明治维新时期。

19 世纪中后期，日本由于受到西方资本主义工业文明的冲击，出现了提倡全盘西化与现代化的改革运动——明治维新。这是一场由以明治天皇为首的新政府自上而下推行的全面改革，确立了日本新的天皇制度和行政体系。而和制汉语，就是明治维新带来的产物。

日本人决定学习西方，力图模仿西方人的生活方式，于是翻译政治、经济、法律等日常各个领域的西方作品成为首要解决问题。由于日语中同音字较多，想要将西方作品翻译成日本人能看懂的文字，还需要汉字来解决。

汉字是日本文字的基础，大约在 3 世纪末，汉字传入日本。此后，日本人以汉字为基础，用汉字楷书的偏旁创造出片假名，用汉字草书的偏旁创造出平假名。日语音节较少，导致同音异义词很多，而汉字具有的表意功能和灵活的造词能力，成为日本人创造新词汇的绝佳选择。

明治维新被视为近代日本国运的转折点，日本由此成为亚洲强国。30 年后的 1894 年，日本对中国发动甲午战争，最终以清政府创建的北洋水师全军覆没告终。在被迫签署了《马关条约》之后，清代的大量有识之士痛定思痛，客观分析战事，改革维新的思想日益高涨。改革维新派主张向日本学习，因此引发了国人留学日本的热潮。赴日留学生归国后，带回了日本人翻译的西方科学著作，也同时带回了日本人创造的和制汉语。

日本早稻田大学教授实藤惠秀著的《中国人留学日本史》一书中提道："日本维新以前，汉文行乎日本；自维新而后，日文行乎中土。"

日本在引入西方的新事物、新思想、新文化时，借助汉字创造新词汇，通常有两种方法，一是对汉语词的原义进行改造，二是新造汉语词。

第一种原义改造的方法适用于西文概念的译语，比如文学、阶级、革命、民主、文化、文明、封建、自由、经济、社会等词汇。通常采用缩小汉语词原义的方式，取其部分含义来译西文概念。例如"文学"一词，在汉语中早就存在，概念广泛，一切文字形态的书籍文献都算是文学，甚至还是官名。日本学者取"文学"的部分意思，用来翻译英语的 literature 一词。

又如"阶级"一词，汉语原义指台阶或官职等级，日本学者重新定义并缩小了词义范围，意义也发生了变化。再比如"革命"一词，来源于汉语的"革天命"，日本学者用它来翻译英语中的 revolution。还有"民主"这个词，汉语中原来的意思是"庶民之主宰"，日本学者用来翻译了英文中的 democracy。

第二种新造汉语词的方法是重新组合汉字，自行创造。面对西方语言概念，有些无法在汉语词汇中找到对应词作为译语，于是日本学者就用汉字组成新词，如"哲学""美学""交流""解放"等，这些词汇虽然是日本人创造的，但完全按照汉语的造词法来构词。

## 美学

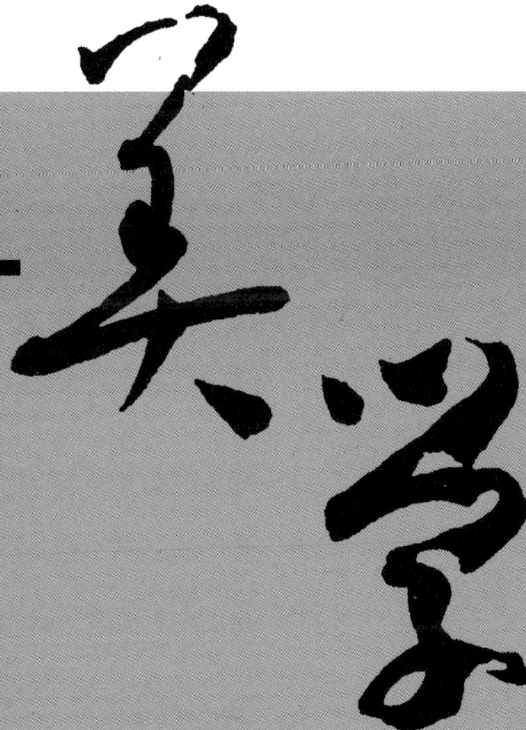

1883 年，日本人中江兆民将 aesthetics 翻译为"美学"。明治时期，中江兆民被日本政府派去法国留学。回到日本后开始宣传法国唯物主义和民主共和思想，中江兆民 1883 年出版翻译了法国维龙的《美学》，并将其命名为《维氏美学》，希望利用艺术论，即美学为社会政治服务。1902 年，王国维将"美学"这一术语从日本译介到中国。

自由

## 自由

中江兆民翻译了卢梭的《社会契约论》，取名《民约译解》，社会影响巨大，在当时被誉为“东洋卢梭”，在书中，他把法语 liberté 翻译为汉字“自由”，将 démocratie 译为“民主”。

社會

經濟

## 社会

福泽谕吉在 1876 年将“社会”一词用作 society 的半和制汉语翻译。严复认为此翻译不妥，遂将社会学译为“群学”。

## 天理

清末百日维新的扛旗人谭嗣同，写了本哲学著作《仁学》，书中认为世界是由物质构成的，“仁”是万物之源，世界的存在和发展都是“仁”的作用，所以哲学也就被称为“仁学”，“以太”是将世界连接成一个整体的桥梁，“以太”不生不灭，人类社会和自然界是不断运动和发展的，由此也批判了“天不变，道亦不变”的思想。在《仁学》一书中，谭嗣同将西方所说的“客观规律”译为“天理”，将“神学宗教”译为“神教”。

## 经济

明清时，政治秩序急剧变动，以王夫之、顾炎武、黄梨洲为代表的一部分儒家学者开始理论反思，批判程朱理学和心学末流，提出学术要“经世致用”。这种思想也东传至日本，“经世论”也逐渐在一部分日本学者中流行起来。日本经济学家福泽谕吉是希望日本脱亚入欧的提倡者，他是最早将经济学引入亚洲的人之一，福泽谕吉缩小了中国古汉语“经世济民”的范围，将 economy 翻译为“经济”。

## 华制新汉语

在日本人用汉字翻译西方的外来概念的同时，也有中国人用汉字在创造新名词。明清时期，很多中国人与外国人合作翻译了大量西方书籍，其中就创制了很多新名词，这些新名词被称作“华制新汉语”。和制汉语的基础，也有很多源自华制新汉语。

日本人对汉字的使用，不仅限于经史子集，甚至还将研究范围扩大到了明清两代的世俗小说。比如 17 至 18 世纪由长崎唐商翻译冈岛冠山所著《唐话纂要》便是最典型的例子。据统计，仅 19 世纪出版的汉译西书就有 155 种被日本人翻刻利用。

西方传教士在中国开设了很多出版机构，并编纂有中西词典供来华传教士研习汉语，1822 年出版的由英国传教士马礼逊编纂的《华英字典》中，就已将“使徒”“消化”“交换”“审判”“法律”“水准”“医学”“自然”“必要”“新闻”“风琴”“演习”“精神”“单位”“行为”等词汇与英语进行了翻译。这些词典东传日本，也被日本人借鉴。

中国人还自己开办翻译机构，如京师同文馆、上海广方言馆、江南制造局翻译馆、海军衙门、税务总司、京师大学堂编译馆、上海的南洋公学、湖北官书局、北洋官书局等。今天很多常用的科学名词，都是江南制造局翻译馆确定下来的。

严复作为“华制新汉语”的推广人之一，亦有着自己的鲜明立场，他坚持使用华制汉语，对于和制汉语持抵制态度。他在翻译《天演论》时，将 evolution（进化）译为“天演”，material（物质）译为“气质”，虽然没有沿用至今，但是他在汉语翻译领域还是功不可没。

在幕末时期到明治初期，日本人是通过中国学习西洋文化的，《几何原本》《万国公法》《海国图志》等西学书籍的汉译本给予当时日本的有识之士很大影响。其中《海国图志》和《万国公法》中的很多名词被流传下来，成为日后和制汉语创作的重要基础。

## 国家

汉语中的“国家”一词，上古称为国，甲骨文本字为“或”，象征执武器守卫领土。在金文中加入口，象征城墙，形成“國”，有城邦、城市、都城之意。域也是由此分化出来的。另外又有“邦”这个字，与“国”同义，甲骨文本义为在田野疆界上种植的树木，金文转变为“丰”加上“邑”，强化领土与边界的概念，后也代指诸侯的封地。

古汉语“国”的含义类似但不等同于欧洲观念中的“国家”，而“国”与“家”在最初是有区分的。如《周易》:“是以身安而国家可保也”。秦汉以后以一国而统天下，由于儒家文化强调“家国同构”,家又指家庭、家族,从而形成了“家”“国”并提的条件，“国家”指一国的整体，如西汉刘向《说苑》:“苟有可以安国家，利人民者”,《明史》:“国家正赖公耳”。但是中国古籍中出现的“国家”指的是由某个姓氏家族形成的中原王朝，并非近代民族“国家”的观念。在西学东渐时，才用“国家”一词翻译英文中的 state。

## 文学

“文学”一词，在汉语中早就存在，原意广泛，一切文字形态的书籍文献，都算文学，汉唐时期，“文学”还是官职，日本学者压缩“文章博学”，取其部分意思，用文学来翻译西文的 literature。

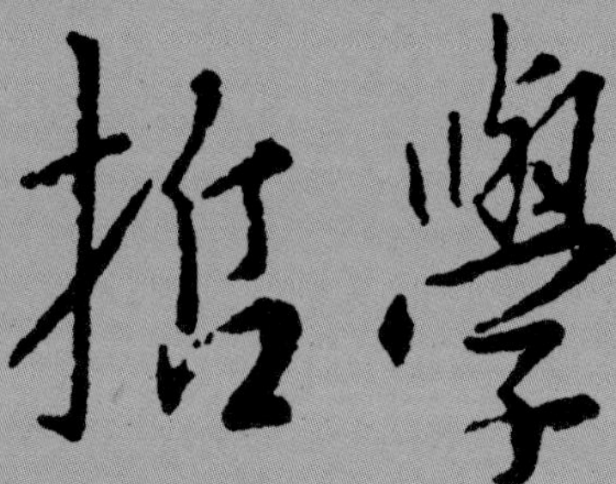

## 哲学

1874 年，日本启蒙家西周，在《百一新论》中首先用汉文“哲学”来翻译 philosophy 一词。西周曾根据周敦颐的“士希贤”之说，试将 philosophy 译为“希哲学”，但在荷兰留学归国后，对哲学的进一步理解，让他最终选择了将 philosophy 译为“哲学”。

## 精神

《庄子·知北游》:“汝齐戒，疏瀹而心，澡雪而精神。”其中“精神”表达了用雪沐浴后心情舒畅的心理状态。1822 年出版的由英国传教士马礼逊编纂的《华英字典》，已经使用“精神”一词。这本字典后来东传日本，也被日本借鉴。

# 参考文献
# REFERENCES

## 中文

①白云涛 . 洋人在中国 [M]. 太原：山西人民出版社，2005.
②陈炎 . 海上丝绸之路与中外文化交流 [M]. 北京：北京大学出版社，1996.
③丹科纳 . 光明之城 [M]. 上海：上海人民出版社，1999.
④高罗佩 . 琴道：高罗佩学术著作集 [M]. 上海：中西书局，2013.
⑤古濑奈津子 . 遣唐使眼里的中国 [M]. 武汉：武汉大学出版社，2007.
⑥胡铭 . 民国社会风情图录 服饰卷 [M]. 南京：江苏古籍出版社，2000.
⑦黄仲先 . 中国古代茶文化研究 [M]. 北京：科学出版社，2010.
⑧李金明 . 明代海外贸易史 [M]. 北京：中国社会科学出版社，1990.
⑨李喜所 . 中国留学通史 . 晚清卷 [M]. 广州：广东教育出版社，2010.
⑩李寅生 . 论唐代文化对日本文化的影响 [M]. 成都：巴蜀书社，2001.
⑪廖宜方 . 唐代的历史记忆 [M]. 台北：台湾大学出版中心，2011.
⑫刘登阁，周云芳 . 西学东渐与东学西渐 [M]. 北京：中国社会科学出版社，2000.
⑬刘迎胜 . 蒙元帝国与 13 至 15 世纪的世界 [M]. 北京：生活 · 读书 · 新知三联书店，2013.
⑭刘志强，郭登浩 . 天津社会科学院图书馆珍贵馆藏书目 . 民国卷 [M]. 天津：天津社科院出版社，2009.
⑮刘志琴，李长莉，闵杰，等 . 近代中国社会文化变迁录 [M]. 杭州：浙江人民出版社，1998.
⑯卢海鸣 . 南京民国建筑 [M]. 南京：南京大学出版社，2001.
⑰马可波罗 . 马可波罗行纪 [M]. 冯承钧，译 . 上海：上海书店出版社，2001.
⑱马士 . 东印度公司对华贸易编年史 [M]. 厦门：中山大学出版社，1991.
⑲潘吉星 . 中国古代四大发明：源流、外传及世界影响 [M]. 合肥：中国科学技术大学出版社，2002.
⑳斯坦因 . 西域考古图记 [M]. 桂林：广西师范大学出版社，1998.
㉑尚智丛 . 传教士与西学东渐 [M]. 太原：山西教育出版社，2012.
㉒沈福伟 . 中西文化交流史 [M]. 上海：上海人民出版社，2014.
㉓沈毅 . 中国清代科技史 [M]. 北京：人民出版社，1994.
㉔许凤仪 . 鉴真东渡 [M]. 上海：上海人民出版社，2000.
㉕许倬云 . 中国文化与世界文化 [M]. 桂林：广西师范大学出版社，2006.
㉖约翰 · 汤姆逊 . 中国与中国人影像：约翰汤姆逊记录的晚清帝国 [M]. 桂林：广西师范大学出版社，2012.
㉗中国国际文化书院 . 中西文化交流先驱：马可 · 波罗 [M]. 北京：商务印书馆，1995.
㉘陈娟娟 . 明代的丝绸艺术 [J]. 故宫博物院院刊，1992(1).
㉙崔崟 . 进入中国的“和制汉语”[J]. 日语学习与研究，2007(6)
㉚龚缨晏，邬银兰 . 来自东方的讯息：马可 · 波罗与欧洲中世纪旅行家 [J]. 地图，2005(1).
㉛蒋岱 .《利玛窦中国札记》与《马可 · 波罗行记》的跨文化想象的异同：两个意大利人的文本的中国形象的比较 [J]. 东方丛刊，2006(4).
㉜荆慧 . 在唐朝做官的洋人 [J]. 语文天地，2010(16).
㉝李宝臣 . 西学东渐与明代社会特征 [J]. 北京社会科学，1994(2).
㉞李金明 . 明清时期中国瓷器文化在欧洲的传播与影响 [J]. 中国社会经济史研究，1999(2).
㉟李梅花 .10—13 世纪中朝日文化交流与东亚文化圈 [J]. 东疆学刊，2004(21).
㊱司徒尚纪，许桂灵 . 中国海上丝绸之路的历史演变 [J]. 热带地理，2015(35).
㊲王建新 . 唐代的日本留学生与遣唐使 [J]. 西北大学学报：哲学社会科学版，2004(34).
㊳徐鞠 . 海上丝绸之路 ( 汉朝 )[J]. 椰城，2008(3).
㊴周尚兵，王洪军 . 走向世界：汉代开放对古代中国的影响 [J]. 黄冈师范学院学报，2002(22).
㊵宋迎春 . 唐代汉文化西传西域与东传日本的比较研究 [D]. 北京：北京语言大学，2007.
㊶王雪羚 .“始知创物智，不尽出华夏”：《红楼梦》中的西方器物形象研究 [D]. 上海：上海师范大学，2013.
㊷武斌 . 中华文化海外传播的历史规律 [N]. 光明日报，2008-08-21.

## 外文

① BENN J A. Tea in China: A religious and cultural history[M]. University of Hawaii Press, 2015.
② DENG, YINKE. Ancient Chinese inventions[M]. China Intercontnental Press, 2005.
③ PETER K. Neo-Confucianism in History[M]. Harvard University Asia Center, 2008.
④ CHAN H L. The "Chinese Barbarian Officials" in the foreign tributary missions to China during the Ming Dynasty[J]. Journal of the American Oriental Society, 1968, 88(3):411-418.
⑤ CHEN B Y. The origination of Tea-Horse Road[J]. Thinking, 2004.
⑥ GAO Y A. On Chinese as a foreign language in last Ming Dynasty[J]. Journal of Zhongzhou University, 2007.
⑦ HAN Y. A Look at the cultural exchange between Tang Dynasty and foreign countries from the foreign merchants in Tang Novels[J]. Journal of Zhejiang Education Institute, 2004.
⑧ KONO T. The grant of office toward foreigners by Tang Dynasty and its transition: mainly the case of Military Officers[J]. Gakushuin Historical Review, 2009, 47(7):325-6.
⑨ LIN M A. The influence of the end of Zongfan system in late Qing Dynasty on the formation of "Foreigner's Imperial Court"[J]. Journal of Chuxiong Teachers College, 2005, 40(2):61-3.
⑩ LIU G X. The late Qing Dynasty and Early Republic of China[J]. Journal of Southwest University of Science & Technology, 2014.
⑪ MILLER F P, VANDOME A F, MCBREWSTER J, et al. History of silk[M]. Alphascript Publishing, 2010.
⑫ SONG P Z. Overseas trade at the end of the Ming Dynasty[J]. Seeking Truth, 2001.
⑬ TOYNBEE A J. Half the world: the history and culture of China and Japan[J]. Half the World the History & Culture of China & Japan, 1973.
⑭ WAN M. Western missionaries' attempts in China in the late Ming Dynasty: their success and failure[J]. Journal of Peking University, 1993.
⑮ WEI Y. Crossover with the West: Tang Dynasty Chinese fashion and craftsmanship in relationship to its foreign policies[J]. Undergraduate Research Opportunities Program, 2015.
⑯ YAN P. On the scientists' view of western and Chinese cultures in the period of National Republic of China[J]. Journal of Xuzhou Normal University, 2009.
⑰ YU A N. The returned students and the spread of western culture in China in late Qing Dynasty[J]. 2000.
⑱ YUAN P X. Studying from foreign countries in the agricultural realm during the late Qing Dynasty[J]. Journal of Shandong Teachers University, 2004.
⑲ ZHAO W. Western missionaries coming' to China and translation in China in the period at the end of the Ming and beginning of the Qing Dynasty[J]. Chinese Science & Technology Translators Journal, 1998.
⑳ ZHANG Y F. Important figure of cultural exchanges between China and Japan in Sui and Tang Dynasties and its influence[J]. Journal of Jiamusi Education Institute, 2011.
㉑ ZHANG Z. On the Hangu Pass in Han Dynasty, Silk Road and Silkworm Culture[J]. Ancient & Modern Agriculture, 2013.

# 知中 ZHICHINA 零售名录

知中 "ZHICHINA" 特集，每月出版，可前往以下零售书店购买，也欢迎书店来信洽谈合作。
工作邮箱：ZHICHINA@foxmail.com

**网站**
亚马逊
当当网
京东
文轩网
博库网

**天猫**
中信出版社官方旗舰店
博文书集图书专营店
墨轩文阁图书专营店
唐人图书专营店
新经典一力图书专营店
新视角图书专营店
新华文轩网络书店

**北京**
三联书店
Page One 书店
单向空间
时尚廊
字里行间
中信书店
万圣书园
王府井书店
西单图书大厦
中关村图书大厦
亚运村图书大厦

**上海**
上海书城福州路店
上海书城五角场店
上海书城东方店
上海书城长宁店
上海新华连锁书店港汇店
季风书园上海图书馆店
上海古籍书店
"物心" K11 店（新天地店）

**广州**
广州方所书店
广东联合书店
广州购书中心
广东学而优书店
新华书店北京路店

**深圳**
深圳西西弗书店
深圳中心书城
深圳罗湖书城
深圳南山书城

**江苏**
苏州诚品书店
南京大众书局
南京先锋书店
南京市新华书店
凤凰国际书城
常州半山书局

**浙江**
杭州晓风书屋
杭州庆春路购书中心
杭州解放路购书中心
宁波市新华书店

**河南**
三联书店郑州分销店
郑州市新华书店
郑州市图书城五环书店
郑州市英典文化书社

**广西**
南宁西西弗书店
南宁书城新华大厦
南宁新华书店五象书城

**福建**
厦门外图书城
福州安泰书城

**山东**
青岛方所书店
青岛书城
济南泉城新华书店

**山西**
山西尔雅书店
山西新华现代连锁有限公司

**湖北**
武汉光谷书城
文华书城汉街店

**湖南**
长沙弘道书店

**天津**
天津图书大厦

**安徽**
安徽图书城

**江西**
南昌青苑书店

**陕西**
西安曲江书城

**香港**
香港绿野仙踪书店

**云贵川渝**
重庆方所书店
成都方所书店
贵州西西弗书店
重庆西西弗书店
成都西西弗书店
文轩成都购书中心
文轩西南书城
重庆书城
重庆精典书店
云南新华大厦
云南昆明书城
云南昆明新知图书百汇店

**东北地区**
大连市新华购书中心
沈阳市新华购书中心
长春市联合图书城
新华书店北方图书城
长春市学人书店
长春市新华书店
哈尔滨学府书店
哈尔滨中央书店
黑龙江省新华书城

**西北地区**
甘肃兰州新华书店西北书城
甘肃兰州纸中城邦书城
宁夏银川市新华书店
新疆乌鲁木齐新华书店
新疆新华书店国际图书城

**机场书店**
北京首都国际机场 T3 航站楼
中信书店
杭州萧山国际机场中信书店
福州长乐国际机场
中信书店
西安咸阳国际机场 T1 航站楼
中信书店
福建厦门高崎国际机场
中信书店

**微博账号**
@知中 ZHICHINA

**微信账号**
ZHICHINA2017